HISTOIRE
DE
LA CAMPAGNE DE FRANCE
1870-1871

PAR

FERDINAND DELAUNAY

AVEC SIX CARTES A L'APPUI

Première partie
ORIGINES ET PRÉLUDES DE LA GUERRE

Prix : 1 franc

PARIS
LIBRAIRIE INTERNATIONALE
A. LACROIX, VERBOECKHOVEN ET C°, ÉDITEURS
15, boulevard Montmartre et faubourg Montmartre, 13
MÊME MAISON A BRUXELLES, A LEIPZIG ET A LIVOURNE

1871

TOUS DROITS DE TRADUCTION ET DE REPRODUCTION RÉSERVÉS

HISTOIRE
DE
LA CAMPAGNE DE FRANCE 1870-1871

Paris. — Imp. Émile Voitelain et Cⁱᵉ, rue J.-J.-Rousseau, 61.

HISTOIRE

DE

LA CAMPAGNE DE FRANCE

1870-1871

PAR

FERDINAND DELAUNAY

AVEC HUIT CARTES D'APRÈS L'ÉTAT-MAJOR, ET GRAVÉES PAR M. E. JOUARD

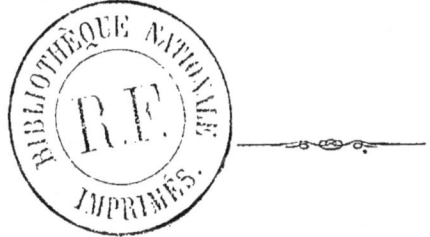

PARIS

LIBRAIRIE INTERNATIONALE
A. LACROIX, VERBOECKHOVEN ET Cie, ÉDITEURS
15, boulevard Montmartre et faubourg Montmartre, 13
MÊME MAISON A BRUXELLES, A LEIPZIG ET A LIVOURNE

—

1871

Tous droits de traduction et de reproduction réservés

PRÉFACE

—

« Aucune guerre n'a encore pénétré si profondément dans la chair de tous, aucune n'a encore refoulé si puissamment le progrès et la civilisation de notre époque dans les ténèbres du Moyen-Age.

« Du sang des hommes massacrés selon toutes les règles de l'art, des ruines fumantes des villes, des tortures de la faim et des vapeurs pestilentielles des captifs, de la tombe des victimes traquées jusque dans la mort, a surgi le fantôme du César germanique. Et tandis que les peuples lèvent vers lui l'œil fixe du désespoir, on voit danser autour de son trône des laquais ivres de sang et de victoires. »

* *
*

Qui a peint ce sombre et véridique tableau?

Un Allemand [1].

Qui a, dans cet énergique langage, flétri la conquête cynique, la guerre barbare, sans pitié ni merci?

Un compatriote de nos ennemis.

Notre expiation finit, la justice de Dieu commence.

***

« Nous avons vu un grand peuple qui, coup sur coup, ayant été entraîné avec une légèreté criminelle dans une guerre dont il ne soupçonnait pas la portée, fut brisé, broyé et tomba en quelques semaines aux pieds de son vainqueur. Est-ce réellement l'anéantissement de cette nation, ou bien n'en est-ce qu'une épuration terrible? [2] »

A cette question, un avenir prochain répondra.

Dès aujourd'hui il nous faut travailler à l'œuvre de guérison et de résurrection.

---

[1] M. Carl Vogt, savant naturaliste, d'une réputation européenne. Ce passage est extrait d'un article publié par lui dans le *Tagespress* de Vienne, à la date du 1er janvier 1871.

[2] Autre passage du même article.

PRÉFACE

*
* *

Ce récit y contribuera, je l'espère. Nos fils y puiseront plus d'un enseignement. Ils verront comment un peuple noble et généreux, autant par terreur de l'anarchie que par lassitude et dégoût des crises révolutionnaires, s'est abandonné à un aventurier qui l'a conduit aux abîmes. Ils sauront qu'une nation n'abdique jamais impunément le droit inaliénable de se gouverner.

Ils comprendront que l'invasion de 1870, l'invasion barbare par excellence, a été rendue possible et victorieuse par une série de faits et un enchaînement de causes qui peuvent ainsi se formuler :

Fièvre de révolution mêlée à la passion du gouvernementalisme; manie d'administration associée au progrès de l'individualisme; penchant à une centralisation excessive; oscillation continuelle entre deux termes extrêmes, qui sont l'horreur du joug et la terreur puérile de la liberté.

Tout cela indique un malaise profond du corps social, un défaut d'équilibre entre les forces diverses dont le jeu régulier assure la santé et maintient la vie dans une nation.

⁎

Il s'agit pour nous, après cette terrible épreuve, de porter sur nos plaies le fer et le feu, de reconnaître nos vices, nos faiblesses, nos fautes, pour les proscrire et les effacer. Descendons en nous-mêmes, éclairons nos consciences, devenons attentifs, modestes, sérieux et forts.

Que le châtiment nous profite!

Vengeance! vengeance! Tel est le cri qui s'échappe de tous les cœurs.

Mais savez-vous quelle sera l'arme de la vengeance?

La réhabilitation.

L'étude, le travail, le devoir, la discipline dans les idées et dans les mœurs.

Paris, 15 juin 1871.

HISTOIRE
DE
LA CAMPAGNE DE FRANCE
1870 – 1871

PREMIÈRE PARTIE

ORIGINES ET PRÉLUDES DE LA GUERRE

CHAPITRE Ier

L'Empire

L'année 1848 marquera dans les fastes de la France et de l'Europe.

Le mouvement français se propagea presque partout sur le continent et y produisit de graves conséquences. En Allemagne, il fit prévaloir soudainement l'idée unitaire, qui eut pour la première fois un organe politique, le Parlement issu des élections générales. Ce Parlement se trouva revêtu d'une autorité morale assez grande pour reléguer quelque temps dans l'ombre les gouvernements réguliers. Un courant énergique d'opinion se créa ; les idées et les vœux se tournèrent vers l'image d'une Allemagne unie et forte. On reconnut que la rivalité de la Prusse et de l'Autriche était la cause principale du mal, c'est-à-dire de l'impuissance politique du pays. L'Allemagne était dans la situation d'une voiture à laquelle seraient attelés devant et derrière deux chevaux d'égale force et qui, pour cette raison, resterait immobile [1].

---

[1] Voici l'analyse de la remarquable lettre de M. Strauss à M. Renan à laquelle nous empruntons ces appréciations.

Depuis 1866, nous tenions en Allemagne une guerre avec la France inévitable, non que nous désirions la guerre, mais nous connaissions assez les Français pour savoir qu'ils la voudraient. Ils la voulaient et l'ont faite, parce qu'un peuple ne renonce pas sans peine à une suprématie traditionnelle.

Cette suprématie de la France date de Richelieu et de Louis XIV; Napoléon Ier a confirmé le pays dans cette prétention de souveraineté.

La suprématie française se fondait : 1° Sur la littérature classique des dix-septième et dix-huitième siècles, laquelle avait assuré à la langue française et à sa culture la prépondérance en Europe ; 2° sur une forte organisation politique et militaire.

L'Allemagne, au contraire, était désunie, divisée, impuissante, en proie par suite à une véritable décadence intellectuelle ; mais elle se recueillit et se mit à l'œuvre. Elle commença par ce qui avait créé, non pas la puissance française, mais le droit de la France à la suprématie européenne ; elle produisit une littérature inférieure peut-être à celle des classiques français pour certaines qualités de goût,

Napoléon Ier, en établissant cet antagonisme au sein de la Confédération germanique, savait qu'il la vouait à une faiblesse incurable. La révolution de fé-

de délicatesse, de culture sociale, de clarté, d'élégance, mais supérieure par la profondeur de la pensée et la sincérité du sentiment. L'idée de *l'humanité*, du développement harmonique de la nature humaine dans la vie individuelle comme dans la vie générale, fut mise en lumière.

L'Allemagne avait ainsi obtenu à son tour la suprématie intellectuelle en Europe, tandis que la France continuait d'exercer une prépondérance politique que lui disputait vivement l'Angleterre.

A l'essor intellectuel devait succéder l'action politique. La cause première de notre impuissance était le manque d'unité politique. Cette agrégation d'Etats indépendants rendait impossible toute action vigoureuse de l'ensemble; la Diète, absolutiste, n'était qu'un obstacle aux mouvements libéraux partiels. L'Allemagne n'était garantie, dans cette situation, des attaques et des envahissements de la France que par la protection de la Russie ou de l'Angleterre.

L'orage de la révolution de juillet en France purifia chez nous l'atmosphère, mais ne fut suivi d'aucun progrès essentiel : on se préoccupa beaucoup trop de copier l'étranger. Néanmoins, plusieurs Etats furent le théâtre d'un mouvement libéral; mais que pouvaient ces efforts isolés, tant que les gouvernements de ces Etats s'appuieraient sur la Diète, émanation de la Prusse et de l'Autriche absolutistes?

La révolution de février 1848 nous fut plus profitable, et fit prévaloir soudainement l'idée unitaire, qui eut pour la première fois un organe politique, le Parlement allemand issu des élections générales, et qui se trouva revêtu d'une autorité morale assez grande pour reléguer pendant quelque temps dans l'ombre les gouvernements réguliers.

On put enfin reconnaître, toujours mieux, que la rivalité

vrier porta un coup fatal à l'œuvre de l'Empereur.

Voici, sur la Révolution de 1848 et sur le second empire, le jugement d'un républicain :

de la Prusse et de l'Autriche était la cause principale du mal dont souffrait la politique allemande; l'Allemagne était dans la situation d'une voiture à laquelle seraient attelés deux chevaux d'égale force et qui pour cette raison resterait immobile. Tout ce que la Prusse tenta de faire en Allemagne, à commencer par le Zollverein, fut combattu ouvertement ou secrètement par l'Autriche.

M. de Bismarck, représentant de la Prusse à la diète de Francfort, jura vengeance à l'Autriche pour les humiliations dont elle avait abreuvé son pays. Il sentait qu'en relevant la Prusse il relèverait aussi l'Allemagne.

A l'occasion des affaires du Schleswig-Holstein on réussit un instant à atteler les deux chevaux dans la même direction, mais, le but atteint, ils se séparèrent de nouveau. Il s'agissait de briser résolument les traits qui retenaient au char le cheval de derrière; idée simple, qui semblait devoir venir à tout le monde. Un seul homme pourtant a su découvrir les vrais moyens de la mettre à exécution.

« La guerre austro-prussienne nous apportait le résultat que nous désirions depuis longtemps; mais elle ne l'apportait pas *comme* nous l'avions voulu. Le nombre fut grand de ceux qui refusèrent d'accepter ce que la force venait d'accomplir et que nous rêvions par l'idée. Il nous répugnait de voir les Allemands du sud et les Allemands de l'Autriche en dehors de l'Allemagne nouvelle. Il a fallu du temps pour que notre ténacité se réconciliât avec les faits. »

Ce qui a beaucoup contribué à nous ouvrir les yeux, c'est l'attitude de la France à la suite de ces événements. « Elle avait laissé faire dans l'espérance de tirer parti pour sa prépondérance des divisions intérieures de l'Allemagne. Trompée dans son calcul, elle ne put cacher son dépit et

L'EMPIRE

« La République était venue trop tôt, sans préparation, car elle n'avait aucune idée, aucun système pratiques à mettre en avant ; elle devait nécessaire-

nous jugeâmes très-exactement notre situation politique à la lumière des appréciations françaises. Nous comprîmes bientôt que la cause de la Prusse était celle de l'Allemagne et que l'existence du Sonderbund sudiste nous exposait aux plus grands dangers. Peu à peu le langage de la France s'aigrit, sa conduite devint tracassière ; tout mouvement de la Prusse, non pour faire entrer les États du sud dans la Confédération nouvelle, mais pour tenir la porte ouverte, était l'objet d'intrigues et de récriminations. » La France voulait entraver le droit primordial, dont elle-même a si souvent usé ou abusé, qu'a tout peuple de s'organiser chez lui comme il l'entend.

La France ne veut pas renoncer à sa suprématie sur l'Europe. Sur quoi fonde-t-elle son droit à la suprématie ? Notre littérature ne le cède en rien à la sienne ; l'instruction et la moralité populaires en Allemagne nous sont enviées par les meilleurs citoyens de la France. Pour ce qui est de la capacité politique, nous sommes aujourd'hui au moins égaux aux Français. Depuis le beau mouvement de 1789 la France roule de crise en crise sans s'arrêter à aucune forme précise, à aucun système pratique, et oscille entre l'anarchie et le despotisme.

« Je reconnais les qualités de la nation française, je vois en elle un membre essentiel et indispensable de la famille européenne, un ferment bienfaisant dans la masse. Comme elle, nous avons nos qualités ; comme nous, elle a les défauts de ses qualités. Mais depuis deux siècles l'éducation des deux peuples a été bien différente. Nous, à la dure école de la honte et du malheur, nous avons appris à reconnaître nos défauts capitaux et héréditaires, nos rêveries, notre lenteur et avant tout notre manque d'unité ; nous avons lutté contre eux. Au contraire les défauts nationaux de la France,

ment apporter l'erreur et la confusion. Elle s'attaquait aux priviléges, aux abus, aux fautes du passé; elle devait rencontrer la résistance des intérêts effrayés, des habitudes bouleversées, de l'égoïsme menacé. Elle exprimait des velléités de réforme, dis-

entretenus par une suite de souverains, favorisés par le succès, se sont exagérés. Ce sont : « la recherche de l'éclat et de la gloire, le désir de briller, non par un travail tranquille à l'intérieur, mais par d'aventureuses entreprises au dehors, la prétention arrogante d'être à la tête de la civilisation, le penchant à prendre les autres nations en tutelle et à les exploiter; la gloire, en particulier, que vous appelez le premier mot de votre langue en est au contraire le plus mauvais et le plus pernicieux; c'est le veau d'or devant lequel vous dansez depuis des siècles, le Moloch auquel vous sacrifiez aujourd'hui tant de milliers de vos fils, le feu follet qui vous a toujours attirés loin des champs prospères du travail pour vous conduire à l'abîme. »

Napoléon Ier, possédé plus que tout autre de ce démon national de la gloire, était au moins et jusqu'à un certain point naïf dans ses guerres injustes; mais ce qui pousse Napoléon III à surexciter sans cesse la passion nationale pour l'éclat, « c'est un dessein conscient et raffiné d'égarer la nation, au profit des calculs d'un froid égoïsme, et de détourner son attention de la décadence morale et politique à l'intérieur. »

Vis-à-vis de la Prusse il a laissé passer le bon moment. L'unité qu'il voulait empêcher nous l'avons maintenant.

« Le but que nous voulons atteindre est uniquement l'égalité des peuples européens et cette sécurité qui est impossible pour notre nation tant qu'un voisin inquiet peut, selon son caprice, venir nous troubler dans nos travaux paisibles, et nous enlever les fruits de notre labeur... Mais pour cela nous voulons des garanties. »

cutait des théories nouvelles et rêvait le bonheur social de l'Europe ; elle ne pouvait échapper aux attaques de la haine et de l'erreur. Elle devait succomber à la calomnie et à la peur.

« Louis-Napoléon le comprit. Il exploita habilement cette situation, aviva les haines, sema la division et l'inquiétude, encouragea la peur, s'associa le crime et la cupidité.

« Le deux décembre 1851, ayant attendu patiemment sa proie, il saisit la République et l'étrangla. Ce crime fut décoré du nom de coup d'Etat et absous par des millions de votes. Louis-Napoléon fut déclaré le sauveur de la France et de la société. L'Europe consacra le fait accompli par son adhésion.

« On organisa le nouveau règne : les représentants du peuple, les hommes d'action furent exilés, emprisonnés, déportés; la presse libre fut brisée, la tribune renversée, la loi suspendue, la France livrée à des hommes sans nom, la plupart sans honneur; un plébiscite légitima l'usurpation et la fraude; enfin, un Sénat peuplé de personnages complaisants, un Corps législatif servile, sans initiative, sans dignité, issu d'un suffrage universel faussé, égaré par la crainte de l'imprévu, remplacèrent les anciennes assemblées. Les ministres devinrent des commis que le maître pouvait renvoyer comme des valets; la presse bâillonnée fut livrée à des hommes sans principes et sans considération. La littérature française se débattit dans les bas-fonds de la société.

« On se jeta dans des opérations véreuses. La richesse publique fut mise au pillage par des agioteurs éhontés; des fortunes scandaleuses s'élevèrent; la conscience publique fut corrompue. Les principes firent place à la rage de s'enrichir par n'importe quels moyens. La France devint un tripot. On avait soif de jouir de cette fortune précaire, fruit de la rapine et de la honte. Des parvenus, des courtisans, des courtisanes donnaient le funeste exemple d'un luxe effréné, de mœurs dévergondées. Le cœur même de la France fut atteint. Les liens de la famille se relâchèrent; la pudeur fut un ridicule, l'honnêteté un travers; le scandale fut à la mode et fit la loi. Des prostituées furent prises pour modèles par des princesses. La dépravation envahit toutes les classes [1]. »

L'histoire n'acceptera pas tout entier ce violent réquisitoire de la République contre l'Empire; elle fera aux deux gouvernements une part plus équitable.

Si la République eut de nobles aspirations et des rêves généreux, elle manqua d'énergie dirigeante et créatrice et glissa bientôt vers l'anarchie, aussi impuissante à protéger qu'à refaire la société. L'Empire eut le grand mérite de rétablir temporairement l'or-

---

[1] *La Réconciliation de la France et de l'Allemagne*, par Gossi.

dre et la sécurité. Ce service ne légitime pas les procédés du coup d'État mais il les excuse dans une certaine mesure. Le crime de l'Empire est dans sa politique intérieure : on le vit éveiller et flatter les appétits des masses et perpétuer le danger social, afin de perpétuer aussi par la crainte inspirée aux classes émancipées la raison d'être de son gouvernement. L'histoire dira que cette politique de conspiration eut pour conséquences et pour auxiliaires, en haut, le dévergondage des mœurs, l'avilissement des âmes, le pillage de la richesse publique, en bas, l'audace croissante des revendications du prolétariat, lequel puisa aussi bien dans le spectacle des vices sociaux que dans la faiblesse à son égard du gouvernement et dans les excitations malsaines de la tourbe des démagogues, le sentiment de sa force et de ce qu'il appelait sa dignité.

Cependant l'Allemagne nous disputait le sceptre de la littérature et continuait l'œuvre de son unification.

La littérature allemande n'est certainement pas au niveau de nos auteurs classiques du dix-septième et du dix-huitième siècles pour l'élégance de la forme, la délicatesse de la langue, l'atticisme et la limpidité; les philosophes d'outre-Rhin sont nuageux, subtils, obscurs, quand ils ne sont pas grossièrement matérialistes et athées; les poëtes sont submergés par le sentimentalisme et la rêverie; les historiens, à force de critique, tombent dans le scepticisme ; les philologues et les antiquaires se perdent dans des études microscopiques et pulvérisent en quelque sorte tout ce qu'ils touchent ; les juristes mêlent leur science à la métaphysique et dégagent mal de leurs théories vagues la formule du droit. Pour être juste, il convient d'ajouter que ces défauts ont été largement compensés, en philosophie par des conceptions neuves et hardies, en histoire par des restaurations admirables de sagacité et de patience investigatrice, en philologie par des découvertes importantes et des travaux de premier ordre, en archéologie par des études consciencieuses et profondes, en science juridique par des systèmes très élevés, en poésie enfin par une profondeur et une sincérité de sentiment auxquelles les Français ont rarement atteint.

Sous le rapport politique, le progrès que le mouvement de 1848 avait opéré en faveur de l'unité fut vigoureusement secondé par un homme que ses tendances absolutistes désignaient comme l'adversaire résolu de toute tentative libérale et émancipatrice. M. de Bismarck-Schœnhausen était destiné à être l'instrument de l'unité allemande ; seulement, cette unité, que tous les esprits généreux rêvaient d'établir par l'idée et la liberté, devait se faire par la force, l'oppression, la rapine, le sang, l'iniquité, la conquête. Représentant de la Prusse à la diète de

Francfort, M. de Bismarck jura vengeance à l'Autriche pour les humiliations dont elle avait abreuvé son pays. Il sentit qu'en relevant la Prusse il relèverait aussi l'Allemagne; tous ses efforts, toute son habileté tendirent dès lors à identifier la cause de la Prusse à celle de l'Allemagne.

M. de Bismarck forma le projet de conquérir l'Allemagne à la Prusse.

Dans cette grande entreprise, il avait pour auxiliaires la force d'expansion et le génie militaire de la Prusse. Des obstacles formidables et multiples se dressaient devant lui, obstacles intérieurs, obstacles extérieurs. Parmi les premiers, l'Autriche à vaincre, à supprimer peut-être; les tendances unitaires à développer, à confisquer au profit de ses desseins; les intérêts des princes et des souverains à ménager ou à faire taire. Parmi les seconds, l'Europe à désintéresser, en la trompant, en l'effrayant, et, par dessus tout, la France à enchaîner. Il était à prévoir, en effet, que la France serait de toute nécessité placée dans cette alternative : ou bien de se conformer dans sa politique avec l'Allemagne au principe libéral d'après lequel chaque nation est absolue maîtresse de s'organiser, de se grouper selon ses vœux et ses besoins; ou bien de continuer l'œuvre de Napoléon qui avait fait de l'Allemagne organisée en trois groupes la base de la constitution de l'Europe et le pivot de son équilibre. Il n'était pas douteux qu'à moins d'un changement de gouvernement, la politique française serait engagée dans une direction hostile à l'œuvre de M. de Bismarck, et, de ce côté, les complications les plus périlleuses pouvaient à tout instant surgir.

L'Autriche fut vaincue, l'Allemagne ralliée, les petits États disparurent graduellement; la France fut déloyalement jouée. Un jour enfin, l'Europe étonnée se réveilla au bruit du canon qui annonçait le triomphe de M. de Bismarck, la chute de la France et la conquête de l'Allemagne par le roi Guillaume.

La réalisation d'un tel dessein suppose une énergie, une persévérance, une habileté extraordinaires. Si les moyens employés, c'est-à-dire l'astuce, la violence et le mensonge, souffraient une pareille expression, nous dirions que l'honneur en revient presque entièrement à M. de Bismarck.

« Patient, tenace, violent, astucieux et vindicatif, l'homme d'état prussien dissimule tout cela sous une franchise feinte et un certain sans-façon poméranien. S'appuyant tour à tour sur tous les partis, à force de jongler avec toutes les idées, de surprendre et de tromper, de satisfaire les uns et d'allécher les autres, de flatter les féodaux prussiens et de caresser les libéraux allemands, d'embaucher les rois et les démocrates, d'embrouiller le droit divin et le droit du peuple, d'éblouir et de réussir, il arriva à se créer un immense parti, qui ne représenta, ne voulut et n'espéra que ce qu'il voulait, lui, de sa volonté souveraine. Sa supériorité consiste en une souplesse d'acrobate et dans le machiavélisme le plus consommé. » L'écrivain, qui trace de M. de Bismarck ce portrait, ajoute : « On se demande quelquefois s'il n'y a pas du sang tartare dans ce menton opiniâtre, dans ces pommettes saillantes, dans cet œil vitreux, impénétrable, qui épie tout sans se laisser épier. L'heureux ministre n'a jamais été gêné dans ses entreprises par une conscience trop délicate. Il a le mépris souverain de tout ce qui est idée, idéal, sentiment, droit, humanité; par contre il a le culte de la force brutale, le respect des faits, l'amour des moyens expéditifs. Il s'habille en cuirassier pour aller au Reichstag et pose son casque devant lui en guise de loi. Il sait ce qu'il veut, ne recule devant aucun moyen, et en trouve tous les jours de nouveaux. Jamais il n'est à bout d'expédients [1]. » Sa maxime favorite et cyniquement avouée est que *la force prime le droit.*

Le croira-t-on? Avant 1866 nul ne fut plus impopulaire que M. de Bismarck en Allemagne. Malgré la guerre du Schleswig, dans laquelle il entraîna bon gré mal gré l'Autriche, et qui marquait sa première étape dans la campagne si fatalement dénouée sous les murs de Paris, le ministre prussien avait à lutter contre

---

[1] *L'Alsace et les prétentions prussiennes*, brochure in-8, par M. E. Schuré. Genève. 1871.

l'opposition de tout le parti libéral, mis en défiance par son absolutisme politique et militaire.

A cette époque, « si le coup de pistolet de Blind avait frappé juste, la grande majorité des Allemands eût poussé un soupir de soulagement. Mais la campagne de Bohême, terminée en six jours par le coup de foudre de Sadowa, ayant réussi au delà de toute espérance, il fut porté aux nues.

« Ceux qui l'avaient le plus attaqué, les Sybel, les Virchow se mirent à l'exalter sans réserve. La volte-face fut générale et tout le parti libéral-national tomba à ses pieds. Que s'était-il donc passé dans l'esprit allemand? Une chose bien simple. Le comte de Bismarck avait joué Napoléon III et mis en perspective l'unité allemande sous l'épée de la Prusse. Ce coup de théâtre valait toutes les libertés du monde. Avoir berné le souverain réputé jusqu'alors le plus rusé était aux yeux des Allemands, peu habitués à de semblables bonnes fortunes, la merveille la plus réjouissante. Ceci et l'hégémonie prussienne en Europe séduisit l'Allemagne en dépit des antipathies très-réelles des Allemands du Sud contre le régime prussien [1]. »

Que s'était-il passé du côté de la France?

[1] *L'Alsace et les prétentions prussiennes.*

CHAPITRE II

Les conséquences de Sadowa

La France, ou plutôt le gouvernement impérial s'était décidé à *laisser faire*, dans la persuasion que sa neutralité et son inaction lui donneraient tous les profits de la lutte.

Prendre parti pour l'Autriche, tout au moins intervenir énergiquement au traité de paix pour lui maintenir une influence en Allemagne, c'était suivre une politique, discutable, il est vrai, au point de vue des principes libéraux et de nos véritables intérêts, mais soutenable et consacrée chez nous par une sorte de tradition.

Se désintéresser du conflit, c'était le parti le plus sage, à notre avis; c'était encore une politique sérieuse.

Mais, conspirer avec l'Autriche, en lui promettant vaguement amitié et sympathie, pendant qu'on traitait avec la Prusse en secret, qu'on l'assurait de notre inaction et qu'on acceptait pour prix de cette inaction la future cession des provinces rhénanes et l'abandon à notre convoitise du duché de Luxembourg, c'était manquer de politique. Chose plus grave, c'était manquer d'honneur et de dignité!

Les embarras où nous avait plongé la folle aventure du Mexique ne peuvent ni excuser ni légitimer cette attitude.

A larron, larron et demi. Lorsque Napoléon III somma le vainqueur de Sadowa d'exécuter ses promesses et de lui livrer le prix de sa complicité dans l'immolation de l'Autriche, M. de Bismarck répondit que l'Allemagne était plus forte que lui et qu'il n'était pas libre de disposer des provinces du Rhin. L'affaire du Luxembourg, qui faillit s'envenimer, ébruita ces honteuses menées, ces pactes déshonorants, et fit de Napoléon III la risée de l'Allemagne. « L'Empire avait perdu son prestige. Après la défaite morale, les défaites matérielles : chassé du Mexique, raillé par les Etats-Unis, menacé dans ses institutions de crédit, l'Empereur, voyant crouler son œuvre, prévit le réveil de la France, publia les décrets du dix-neuf janvier et annonça le *couronnement de l'édifice*. La presse se mit à discuter l'origine du parjure, les clubs le battirent en brèche, les élections le condamnèrent. Il se sentit perdu, et, pour se sauver, imagina de provoquer un nouveau plébiscite et de recourir à la guerre [1]. »

[1] *Réconciliation de la France et de l'Allemagne.*

« Le bon moment était passé [1] » ; c'était au lendemain de Sadowa, c'était à propos de l'affaire du Luxembourg qu'il fallait agir. L'œuvre politique et militaire de M. de Bismarck était déjà à peu près consommée.

On avait laissé démembrer le Danemark, première faute ; on avait laissé chasser l'Autriche de la Confédération, seconde faute ; on avait laissé impunie la perfide insolence de M. de Bismarck, troisième faute ; faute plus impardonnable encore, on s'était mis dans le cas de mériter cet affront. C'était assez, c'était trop d'erreurs et d'inepties. Mais, telle est l'inexorable logique des événements, qu'une maladresse en appelle toujours une autre. En 1867, le Gouvernement impérial n'avait point su prendre parti et choisir résolûment entre la paix avec sa honte ou ses avantages et la guerre avec ses terribles chances. Il continua dès lors à louvoyer inhabilement entre l'amitié et la rancune ; ses discours et ses actes trahirent manifestement cette funeste indécision. En Allemagne, on ne remarqua que ce qui révélait chez nous le dépit ; les protestations d'amitié, les déclarations en faveur de l'unification furent reçues avec défiance et firent ressortir davantage les moindres traces de mécontentement. Il arriva que nous hâtâmes ainsi le moment de l'unification, que nous

---
[1] Première lettre de Strauss à M. Renan.

ouvrîmes bien des yeux, et ralliâmes à M. de Bismarck le reste des dissidents peu nombreux qui entravaient encore sa marche.

Le ministre prussien avançait à pas de géant. Des traités qui imposaient aux États au delà du Mein le système militaire prussien, des conventions qui permettaient de faire des forces confédérées une armée parfaitement une et organisée, des arrangements commerciaux destinés à multiplier et renforcer les fils du réseau que la Prusse jetait sur l'Allemagne, furent peu à peu proposés ou imposés aux divers gouvernements. La France, ne voulant pas s'opposer à ces actes, n'eut pas la sagesse de les ignorer; ne pouvant pas se résoudre à les blâmer ouvertement, elle s'en plaignit tout bas et tâcha de faire passer pour amicales des récriminations où l'on sentait trop l'amertume.

Certes, nous avions le droit de parler haut et clair. « La France avait manifesté quatre désirs, et l'on avait promis d'y déférer : 1° Les petites dynasties allemandes spoliées par la Prusse seraient du moins traitées avec ménagements; 2° la nationalité des habitants des districts danois du Schleswig serait respectée; 3° la Confédération du Sud aurait une existence distincte et séparée; 4° le Luxembourg, s'il n'était pas français, ne deviendrait pas allemand.

« Que s'était-il passé, pendant et après le séjour

du roi de Prusse et de M. de Bismarck à Paris? Quel compte avait-on tenu de ces vœux?

« 1° La maison de Hanovre fut l'objet des plus rigoureuses persécutions; 2° les Danois du Schleswig furent plus que jamais opprimés et pourchassés; 3° Pendant que des traités d'alliance offensive et défensive rattachaient la Confédération du Nord à celle du Sud et la plaçaient en cas de guerre sous le commandement de la Prusse, une convention soumettait toutes les questions commerciales entre le Nord et le Sud à la décision d'une assemblée où la Prusse comptait vingt-neuf voix sur huit, c'est-à-dire que l'inféodation militaire et économique s'accomplissait au mépris du traité de Prague. En même temps, la Prusse occupait Mayence, qui ne lui appartenait pas et n'est pas même situé sur le territoire de la Confédération du Nord. Enfin, elle préparait la création ou le développement de plusieurs places de guerre et se réservait le droit de comprendre dans sa Confédération la portion de la Hesse en deçà du Mein, malgré la lettre du traité; 4° la Prusse s'apprêtait à germaniser le Luxembourg en le faisant entrer dans les liens du nouveau Zollverein, ce que le roi des Pays-Bas avait considéré en 1841 comme l'équivalent d'une absorption [1]. »

C'est un ministre de l'empire, M. Drouyn de Lhuys,

[1] Extrait d'une note de M. Drouyn de Lhuys trouvée aux Tuileries.

qui écrit ces choses et place sous les regards de son maître cette série de violences et d'audaces. C'est en 1867 que Napoléon III entend résonner à ses oreilles ces réflexions salutaires et cette dénonciation de ses fautes. Qu'importe ? Il trouvera de bonnes raisons pour se justifier ou se rassurer : on n'a pas le droit de s'immiscer dans les affaires intérieures d'un pays ; les intentions de M. de Bismarck sont patriotiques, celles du roi Guillaume pacifiques ; l'Empereur ira jusqu'à proclamer ces choses dans un discours solennel prononcé à l'ouverture des Chambres ; et la presse officieuse, prenant de là occasion de faire un acte de faux libéralisme, célébrera la future alliance de la France et de l'Allemagne.

Napoléon III était placé, par la guerre de 1859, dans une situation qui contribua à produire cette indécision et cette incohérence. Il ne pouvait pas ne point comprendre que le succès des plans de M. de Bismarck, en brisant l'ancienne constitution de l'Europe, en détruisant l'œuvre de Napoléon Ier, modifiait profondément les conditions de l'équilibre tel que l'avaient établi les traités, même ceux de 1815, les plus défavorables à la France. Il était non moins évident que l'unification de l'Allemagne créait sur le continent un État nouveau, placé au centre, représentant l'agglomération la plus considérable et menaçant tous ses voisins le jour où l'esprit de conquête et d'ambition viendrait à s'emparer de lui.

En présence de cette éventualité, que faire? Quelle attitude prendre? Devait-il se déclarer et agir pour ou contre l'unification? La difficulté gisait précisément dans une déclaration de ce genre. En la faisant pour l'unification, on livrait la faiblesse de la France à la merci de l'Allemagne omnipotente; en la faisant contre l'unification, on provoquait la guerre, une guerre formidable qui nous eût peut-être ramené une coalition générale; on manquait de logique, car on violait le droit des nationalités, pour lequel nous avions fait la campagne d'Italie.

Ce droit, comme tout principe absolu en politique, soulève de graves embarras d'application. On a dit avec justice qu'un peuple doit être mûri pour la liberté, et qu'avant l'heure de cette maturité il y a plus d'inconvénients et de dangers pour lui dans la liberté que dans le despotisme. Le droit des nationalités est en quelque sorte la liberté extérieure des groupes sociaux. Incontestable au point de vue du droit strict, on peut, sans manquer de libéralisme, contester l'opportunité de sa réalisation dans des circonstances données.

Supposez que nous ayons reconnu le droit de M. de Bismarck de grouper, par tous les moyens, sous le sceptre du roi Guillaume les soixante millions de Germains ou de peuples germanisés répandus du Rhin à la Vistule et au Danube, nous aurions par avance autorisé la Russie à unifier toutes les nations d'origine slave, à détruire la Turquie et à s'emparer de Constantinople. Et qui ne voit le danger et l'exagération possible de cette politique des grandes agglomérations? La France pourrait prétendre à l'annexion de l'Italie et de l'Espagne, sous prétexte que les races latines ou latinisées occupent ces pays; l'Allemagne viendrait un jour sommer l'Angleterre d'adhérer aux traités de la Confédération, par cette raison que la Grande-Bretagne est habitée par des peuples de race saxonne ou teutonique, et que la langue anglaise est un rameau détaché des idiomes germains. Enfin, surgirait quelque prince, plus grand que tous les autres, à qui l'on aurait enseigné que les dialectes européens ont une origine commune, que les peuples qui les parlent sont issus d'une même souche, que la raison et la nature commandent leur rapprochement en un vaste État, et ce prince, mettant l'épée à la main, dompterait les dissidents, écraserait les rebelles, couvrirait l'Europe de sang et de ruines en invoquant le droit, la justice, la science et l'histoire. Nous exagérons à dessein la supposition afin de rendre notre pensée plus saisissante et faire, en quelque sorte, toucher du doigt cette vérité, que le droit des nationalités, c'est-à-dire le droit qu'ont les hommes de se grouper et de se gouverner selon qu'il leur convient, est un de ceux dont il faut surveiller avec le plus d'attention l'exercice, parce qu'il peut couvrir les plus abominables plans de conquête et de rapine.

L'Europe n'est pas mûre encore pour cette liberté, qui implique la possession pleine et sûre des libertés intérieures; l'Allemagne, asservie par les caporaux prussiens, courbée sous le joug humiliant de Berlin, en est moins digne que tout autre peuple peut-être. On pourra proclamer sans restrictions le droit des nationalités lorsqu'il n'y aura plus en Europe de place pour la violence et la conquête; lorsque sera venue l'ère de l'absolue justice.

Le rôle de la France était difficile, sans doute; mais pour le tenir avec dignité, avec suite, il n'était point nécessaire d'être un génie supérieur. Une guerre avec la Prusse, pour arrêter la conquête de M. de Bismarck, était le plus détestable des moyens. M. de Bismarck (il y allait de son intérêt) cherchait à nous l'imposer; il fallait à tout prix éviter cet écueil; il fallait prévoir que cette guerre, si nous l'acceptions, pouvait achever le triomphe de la politique de Berlin.

Encore une fois, quelle attitude prendre? Il fallait se désintéresser de la question allemande intérieure, sans toutefois en abandonner la solution au ministre du roi Guillaume; il fallait y intéresser l'Europe entière, en traduisant à sa barre, dans un congrès, M. de Bismarck, violateur des traités, conquérant sans foi, envahisseur par état, provocateur dissimulé. Mais, pour tenter cette voie et pour y réussir, il était nécessaire que la France eût maintenu son ancienne influence par la diplomatie, qu'elle eût conservé son droit d'être écoutée avec déférence dans les conseils de l'Europe, qu'elle eût gardé son ascendant moral et son prestige politique, que son souverain fût aimé et respecté des autres souverains. Or, tout cela nous manquait : nous n'avions plus ni diplomatie, ni alliances, ni prestige d'aucune sorte, et le prince qui siégeait aux Tuileries ne possédait ni ne méritait le respect de personne.

Napoléon III sentit sans doute à quel degré de honte, d'impuissance et d'isolement il avait réduit la France. Ne pouvant pas en appeler au congrès européen, au sein duquel sa parole n'eût pas trouvé d'écho, hésitant à faire la guerre à des armées dont la campagne de Bohême avait révélé la puissance, dont il connaissait la multitude et l'organisation, ajournant sa revanche et la rendant chaque jour plus difficile, aiguisant sa vengeance au lieu de mesurer ses forces et de les accroître, oscillant dans son langage et dans ses actes entre un dépit mal dissimulé et une amitié maladroitement feinte, il finit par tomber dans le piége que lui tendait son redoutable adversaire. Il s'y précipita avec une sorte de fascination et d'aveuglement, pareil à l'oiseau qui disparaît éperdu dans la gueule du serpent.

Depuis 1859, la France n'a eu, dans sa politique extérieure, ni direction ni principes. L'opinion publique a été faussée en ce qui touche le droit des nationalités, proclamé par le Gouvernement et outré par une opposition peu sagace. Vit-on jamais spectacle plus affligeant? Une diplomatie ignorante, sans tenue, sans tradition, un peuple vivant sur son passé glorieux, trompé sur sa force, enivré de lui-même, dédaigneux d'autrui et toujours prêt sur les plus futiles préjugés à célébrer son omnipotence!

Pendant que nous jouissions de cette dangereuse quiétude, la Prusse poursuivait avec une fiévreuse impatience ses armements; elle achevait l'organisation des armées allemandes, dont la masse devait être irrésistible; elle fondait une artillerie formidable; elle fabriquait près de deux millions de fusils à aiguille; des officiers instruits préparaient tout pour la discipline et le dressage du soldat. Aucun détail n'était omis : des petits livres, sortes de manuels militaires, donnaient toutes les indications nécessaires à guider le troupier en ligne, en marche, en réquisition. Une immense cavalerie se recrutait; un matériel roulant, pour l'artillerie et les convois, était créé dans des conditions jusque là inouïes de quantité et de célérité; des approvisionnements étaient préparés pour faire face à tous les besoins; les places fortes étaient mises sur le pied de guerre.

Nos ministres, nos agents, notre ambassadeur, M. Benedetti, signalaient-ils ces armements? On a pu en douter un moment, au début de la guerre, en évaluant les forces immenses qui nous enveloppaient et nous broyaient ; on a pu prendre pour de l'ignorance le vertige de Napoléon III. Aujourd'hui, les faits sont mieux connus. M. Benedetti, accusé d'avoir manqué à son devoir d'informateur, répond en annonçant la publication de ses dépêches, et promet de démontrer ainsi jusqu'à l'évidence qu'il a, en temps opportun, éclairé le Gouvernement sur les vues du cabinet de Berlin, et les développements que la Prusse donnait à son état militaire, qu'il l'a notamment averti de l'élan patriotique qui unirait le Nord et le Sud dans une guerre contre la France, au cas où nous serions les premiers à la déclarer ; qu'enfin il n'a cessé de rappeler, en éveillant toute attention sur ce point, que son organisation permettait à la Prusse de passer très rapidement de l'état de paix à celui de guerre, que toutes les dispositions préparatoires étaient pour cela concertées à l'avance, que pour opérer la mobilisation des troupes confédérées il suffirait d'un ordre du roi tenu secret, sans que le concours et l'assentiment des Chambres fussent nécessaires comme en France[1].

Non-seulement Napoléon III était renseigné sur l'avantage capital que donnait aux Allemands cette mobilisation instantanée, mais encore depuis long-

---

[1] Lettre de M. Benedetti publiée en novembre 1870 par les journaux anglais.

temps il savait qu'à cette supériorité militaire s'ajoutait la force d'impulsion d'un fait en voie d'accomplissement malgré nous, l'unification.

Le 26 septembre 1867, M. Drouyn de Lhuys écrivait à l'empereur :

« Je viens de passer un mois sur les bords du Rhin. Les provinces rhénanes jouissent d'une prospérité inouïe. Elles sont devenues fières de leur Gouvernement. La guerre, il y a quinze mois, pesait sur elles d'un poids énorme et intolérable, mais l'orgueil du succès a effacé les souvenirs des sacrifices. Personne en Allemagne ne croit à nos sympathies; toutes les protestations du Gouvernement n'y rencontrent qu'une froide et moqueuse incrédulité. Mieux vaudrait le silence; car, nous avons beau dire, on nous fait l'honneur de penser qu'au fond nous ne sommes pas contents de la situation qui nous est faite. On croit à l'unification de l'Allemagne; il n'y a de doute que sur le mode. Se fera-t-elle par action régulière du cabinet prussien ou par un effort de la démocratie? Il y a concurrence entre ces deux pouvoirs : c'est à qui s'assurera l'honneur et l'avantage de ce triomphe. De là pour l'entreprise une double chance de succès [1]. »

Il était impossible d'apprécier avec plus de netteté et de clairvoyance la situation.

---

[1] Papiers trouvés aux Tuileries.

Les militaires ne s'y trompaient pas. Le maréchal Niel, mort trop tôt pour la France, songeait à nous créer des ressources contre l'invasion allemande en organisant la garde nationale mobile, sorte de transaction entre notre système, inique et insuffisant, de conscription et le système plus radical de la Prusse. Le maréchal mourut; son idée fut abandonnée par M. Lebœuf qui, ne la reconnaissant pas pour sienne, la trouva difficile et coûteuse à réaliser.

M. de Stoffel, attaché militaire à l'ambassade de Berlin, signalait dans des rapports exacts et alarmants le soin minutieux avec lequel on pratiquait l'instruction générale du soldat allemand, et les magnifiques résultats obtenus dans cette entreprise [1]. De Strasbourg, le général Ducrot, notre sentinelle avancée, poussait le cri d'alarme et priait le général Trochu de se faire en haut lieu l'écho de ses avertissements [2].

Hélas! tous ces indices révélateurs ne pouvaient rien changer à une situation politique et morale irrémédiablement compromise. Une chance de salut restait, c'est que l'opinion publique prît l'éveil et, acquérant la conscience de l'effroyable péril qui menaçait la France, emportée à la dérive comme un vaisseau sans pilote et sans gouvernail, ne donnât à notre politique extérieure une direction et une fermeté in-

---

[1] Papiers trouvés aux Tuileries.
[2] *Ibid.*

dispensables. Mais la France, avilie et engraissée par dix-neuf ans d'un régime corrupteur, s'était endormie et ne devait sortir de ce léthargique sommeil qu'en roulant dans le précipice.

La presse, dans ces conjonctures, avait un grand service à rendre, un grand devoir à accomplir, c'était d'attirer l'attention du public sur l'état des esprits et des choses en Allemagne; mais la presse, corrompue comme tout le reste, était devenue étrangère à ces questions. Les quelques hommes capables d'écrire là-dessus eussent fait tache et scandale parmi les publicistes agréables et badins qui s'étaient donné la mission de nous amuser au lieu de nous instruire. Pour être admis au rang des journalistes, il fallait avant tout se sentir de l'esprit, un grand fonds de scepticisme à l'égard des principes politiques et une pointe de mépris pour ses lecteurs. Tout cela était de mode, par conséquent de rigueur. A cette école, nous ne pouvions manquer de devenir les gens les plus prétentieux et les plus ridicules du monde. Nous savions bien qu'il existait de par l'Europe un certain M. de Bismarck, qui s'était montré à Paris à la suite du roi Guillaume, et que sur la carte une place assez large était réservée à la Confédération germanique. Au surplus, nous éprouvions pour le Prussien un mépris délirant et nous regardions du haut de notre élégance et de notre supériorité ces braves Allemands à tête carrée, à idées lentes, à cerveau obscurci par les fumées de la bière et de la métaphysique. Nous parlait-on de guerroyer contre la Prusse? On n'éveillait en nous que l'espoir d'un triomphe facile. Pour ce qui est d'avoir une opinion ferme et réfléchie sur l'œuvre de M. de Bismarck, ses progrès et ses dangers, sur la nécessité de surveiller ses actes et d'entraver ses projets, sur l'opportunité de la guerre ou de la paix, nous n'avions là-dessus rien qui ressemblât à des idées. M. de Bismarck et ses partisans ont sans doute de bonnes raisons, à leur point de vue, pour prétendre que la France voulait la guerre; en réalité (et ils le savent aussi bien que nous), la France, ne sachant rien, ne voulait rien; plongée dans un assoupissement mortel, la France, au lieu d'opinions, n'avait que des hallucinations décousues et des rêves incohérents.

Les avertissements publics, éclairs précurseurs de l'orage, se croisaient pourtant d'un bout à l'autre de l'horizon. Un prince de la famille de Prusse écrivait un livre sur la tactique militaire des Français et en montrait les défauts. Les géographes allemands étudiaient le sol de la vieille Gaule et préparaient les travaux de l'état-major prussien; les résultats de ces études étaient consignés dans des cartes savantes. Les officiers prussiens rédigeaient des plans sur une campagne de France et sur le siége de Paris, où toutes les chances, bonnes et mauvaises, étaient calculées en vue du triomphe définitif, où toutes les combinaisons stratégiques étaient pesées et discutées. Tout cela n'était-il pas assez significatif, et fallait-il, pour nous éclairer, que M. Kiépert dressât la carte des pays de langue allemande? Ce mouvement s'accomplissait sous nos yeux sans les dessiller ; l'aveuglement restait incurable !

Les cabinets européens en vinrent à s'occuper du désarmement. A la démarche qui fut faite dans ce but auprès de la Prusse, M. de Bismarck répondit par un refus catégorique ; et cette suprême lueur n'éclaira personne en France.

CHAPITRE III

L'agression de M. de Bismarck

M. de Bismarck voulait-il la guerre?

Poser ainsi la question, comme on l'a fait généralement en France, c'est se condamner à l'erreur, qu'on se prononce pour l'affirmative ou la négative.

Le but du chancelier fédéral n'est plus douteux aujourd'hui; il voulait élever la Prusse au rang de puissance de premier ordre. L'unification de l'Allemagne était le moyen, non le but. L'Autriche vaincue, expulsée de la Confédération et paralysée pour un long temps, l'absorption, au profit de l'œuvre prussienne, du mouvement libéral-national, la forte organisation militaire de la Prusse étendue progressivement aux divers États de la Confédération du Sud, constituaient, au lendemain de Sadowa, un ensemble de succès de la dernière importance.

Néanmoins, une guerre avec la France pouvait tout compromettre. L'œuvre de cohésion était récente; un choc, même léger, ébranlait l'édifice, et M. de Bismarck savait que si un triomphe lui avait rallié nombre d'adversaires, un échec pouvait ressusciter tout-à-coup des défiances à peine éteintes et des répugnances mal surmontées.

La première nécessité était donc la paix pour mener à bien ses desseins ; la seconde était le temps. Avec de la sagesse, de la modération, des délais, il achevait d'organiser militairement l'Allemagne, il fortifiait son alliance avec les libéraux, il rassurait l'Europe, se créait des alliances et se préparait à la lutte. Cette lutte en effet était inévitable, mais la prudence commandait de ne l'accepter que dans des conditions qui donneraient à la France les torts de la provocation et entraîneraient l'Allemagne dans un élan unanime sur le Rhin.

Aussi, la querelle survenue à propos de la citadelle de Luxembourg, fut-elle traitée par M. de Bismarck avec toute sorte de ménagements et un désir manifeste de la terminer pacifiquement.

Deux années s'écoulent ; nous atteignons 1869. La situation se modifie et avec elle l'attitude de M. de Bismarck, qui, sentant son terrain s'affermir et s'enhardissant à mesure que ses forces morales et matérielles s'accroissent, redoute moins le conflit fatal. En Prusse, l'état des esprits peut se résumer en deux mots : malaise, inquiétude. « Chacun sent que l'état des choses n'est que provisoire. Tout cela changerait, dit-on, si la France voulait ne pas se mêler de nos affaires. » Et alors on accumule cent accusations contre la France; on lui reproche le rôle qu'elle a joué pendant l'armistice de 1866 en empêchant la Prusse de dicter la paix dans Vienne, sa jalousie excitée par les succès de l'armée prussienne, ses susceptibilités non fondées, sa prétention à s'immiscer dans les affaires des pays étrangers [1].

« Le peuple prussien, dit encore le document

---

[1] Voici les passages les plus saillants du rapport de M. le baron de Stoffel; il est daté du 12 août 1869. On verra en les lisant quelle clairvoyance prophétique, quelle sagacité militaire et politique notre attaché d'ambassade mettait au service du gouvernement impérial; c'est là une circonstance qui aggrave son incurie et augmente sa responsabilité.

La Prusse se regarde comme appelée à remplir une mission, celle de faire l'unité germanique, et elle a la ferme volonté de s'y consacrer. Elle n'ignore pas d'ailleurs que ce projet ne peut laisser la France indifférente, que ses succès de 1866 ont éveillé les susceptibilités de son ancienne ennemie, et que les sentiments de méfiance réciproque ont atteint de telles proportions, que la rupture peut naître du moindre incident. Et comme cette nation est sérieuse et vigilante, elle veille soigneusement à ne pas se laisser surprendre le jour où le conflit se produira, tout comme elle est résolue à accepter la lutte avec tous les moyens dont elle dispose.

De là ce redoublement d'activité militaire dans toute la Prusse; de là cette hâte à s'assimiler le plus vite possible ses trois nouveaux corps d'armée et celui de la Saxe, en y introduisant son organisation, ses règlements et son armement; de là ces dépenses, ces améliorations de toutes sortes,

que nous citons, est tout aussi susceptible que le peuple français, tout aussi fier, plus pénétré de sa propre valeur ; il est énergique, tenace, ambitieux, plein de

fruits de l'expérience acquise dans la guerre de 1866 ; de là ces essais coûteux et de toute nature ; de là ces dépenses et ces efforts considérables pour se créer une puissante marine.

Il faut nous le tenir pour dit : nous ne surprendrons pas la Prusse. Son organisation militaire, qui lui permet de concentrer sur nos frontières, en vingt ou vingt-cinq jours, plusieurs armées de 100,000 hommes chacune ; la vigilance du gouvernement qui préside à ses destinées ; sa croyance dans la probabilité d'une lutte suprême avec la France, sont autant de raisons pour que nous la trouvions toute préparée à l'heure où éclatera le fatal conflit.

La France montre-t-elle, dans ces graves circonstances, la même clairvoyance que la Prusse ? Malheureusement non ; et, chose triste à reconnaître, nul ne saurait dire quand finira le funeste aveuglement dont la France est frappée. Ainsi donc, une guerre effroyable s'annonce et menace d'éclater d'un jour à l'autre ; notre ennemi le plus sérieux discerne clairement cette chance redoutable ; il épie le moment de la lutte ; il est prêt à la soutenir avec *toute la partie virile de la nation*, avec un million de soldats les plus disciplinés, les plus aguerris, les plus fortement organisés qu'il y ait ; — et en France, où 40 millions d'hommes devraient être tous convaincus, comme le peuple prussien, que la guerre est fatale et à la merci d'un incident, où toutes les préoccupations devraient s'évanouir devant une seule, celle du salut public, à peine compterait-on quelques personnes qui se fassent une idée précise de la situation et qui aient conscience de l'immense danger qu'elle comporte.

Ce qui fait l'objet de mes appréhensions, c'est précisément ce contraste entre la clairvoyance de la Prusse et l'aveugle-

qualités solides et estimables, mais rude, arrogant, dépourvu de toute générosité. Ce peuple a entrepris de résoudre, à n'importe quel prix, la question

ment de la France. Les nations comme les individus ne se préparent à un danger qu'à la condition d'en avoir conscience ; dans le cas contraire, elles demeurent inactives, au risque d'essuyer les plus cruels mécomptes. Aussi voyons-nous la Prusse subordonner tout à cette question vitale de la *préparation à la guerre* et se tenir constamment prête à entrer en lice avec les forces imposantes dont elle dispose, tandis que la France s'affaiblit de plus en plus, comme insouciante de sa propre sécurité. A la vue d'un pareil spectacle, on ne peut se défendre d'accuser hautement cette funeste ignorance et cette détestable infatuation qui nous empêchent de discerner ce que la Prusse voit si clairement : la guerre inévitable et fatale.

Le contraste que présentent les deux pays se retrouve malheureusement partout : dans les Chambres, dans la presse, comme dans l'état moral des deux nations.

Dans les Chambres prussiennes, les différents partis, quelque divisés qu'ils soient sur les questions de politique intérieure, se rencontrent tous dans une même pensée contre la France et contre ce qu'ils appellent son ambition ou sa prétention à se mêler des affaires d'Allemagne. Tous, animés d'un patriotisme ardent et pleins d'une clairvoyante susceptibilité, sacrifient leurs ressentiments et appuient ou encouragent le gouvernement dans les efforts qu'il fait pour organiser des forces militaires redoutables, pour créer une marine imposante et pour être prêt au moment décisif.

Que voyons-nous en France, au contraire? Une Chambre qui se vante de représenter le pays, et qui en est bien l'image, en effet, comme inconséquence et légèreté, témoin sa loi sur la garde nationale mobile et son obstination à ne pas voir du côté de l'Allemagne le nuage qui grossit sans cesse et

de l'unité allemande quand la France ne veut pas y consentir. Et ce litige si grave s'est élevé entre deux nations également susceptibles et fières, ambitieuses

qui menace de crever; une majorité formée presque entièrement de médiocrités, d'hommes sans caractère, sans élévation et sans aucune des connaissances qui font le législateur; une opposition où dominent des avocats ambitieux et vains, qui n'ont pas d'autre patriotisme que leurs récriminations haineuses ou leurs rancunes calculées, qui cachent leur incapacité et leur impuissance sous les fleurs du langage, qui se prétendent seuls soucieux des intérêts du pays, et qui, pour conquérir une popularité factice, disputent au gouvernement jusqu'à un soldat et un écu.

Les mêmes contrastes se retrouvent dans la presse des deux pays.

Tandis que la presse prussienne ne néglige rien pour exciter contre la France la haine et l'envie; qu'elle ne recule ni devant l'outrage, ni devant la calomnie; qu'elle se montre unanime à entretenir dans le public toutes les passions hostiles à la France, en la représentant comme la seule et irréconciliable ennemie de l'Allemagne, et qu'elle appuie le gouvernement de toute son influence dans l'exécution des mesures qu'il prend pour être prêt à tout événement, que se passe-t-il en France?

Là, une presse dont la plupart des organes ignorent le danger de la situation, s'occupe incessamment à battre en brèche les institutions fondamentales du pays, s'efforce de jeter l'indiscipline et la démoralisation dans l'armée et pousse l'aberration jusqu'à demander des réductions d'effectifs ou un désarmement, quand la France n'aurait pas trop de toutes ses forces, de toute son énergie, de l'union de tous les partis pour soutenir une lutte prochaine peut-être, et dans tous les cas formidable.

Si maintenant on considère l'état moral des deux pays, on

et puissantes, qui se regardent comme des ennemis séculaires, qui se sont infligé l'une à l'autre, au commencement de ce siècle, les plus sanglants affronts,

doit reconnaître que cette nation prussienne si clairvoyante, si vigilante, si convaincue de la mission qu'elle poursuit, est en même temps la plus instruite de l'Europe, la plus disciplinée; qu'elle est pleine de sève, d'énergie et de patriotisme, non encore pervertie par le besoin des jouissances matérielles; qu'elle a conservé une foi ardente et le respect de toutes les choses respectables.

Contraste affligeant! la France a ri de tout, et les choses les plus respectables n'y sont plus respectées : la vertu, la famille, l'amour de la patrie, l'honneur, la religion y sont présentés comme des sujets de risée à une génération frivole et sceptique. Les théâtres y sont devenus des écoles de cynisme et de turpitude.

Le poison s'infiltre de toutes parts, goutte à goutte; toutes les belles qualités de la nation, la générosité, la loyauté, le charme de l'esprit, l'élan du cœur, s'affaiblissent ou s'effacent peu à peu, à tel point que bientôt cette noble race française ne se reconnaîtra plus qu'à ses défauts.

Comment ne pas être profondément affecté de ces contrastes quand on est convaincu, comme moi, que la guerre est inévitable? Mais (il importe de ne pas l'oublier), dans cette guerre, la Prusse, ou plus exactement la Confédération de l'Allemagne du Nord, disposera d'un million de soldats instruits, disciplinés et fortement organisés, lorsque la France en compte à peine 3 à 400,000; mais, les armées de la Confédération renfermeront toute la partie virile, toutes les intelligences, toutes les forces vives d'une nation pleine de foi, d'énergie et de patriotisme, quand l'armée française est composée presque exclusivement de la partie la plus ignorante et la plus pauvre de la nation; mais, l'armée allemande, par cela même qu'elle comprend toute la partie virile du peuple, sans

entre deux nations que tout divise, la langue, la religion, les tendances, les caractères ! Comment espérer, après cela, qu'une entente soit possible entre elles?

acception de condition sociale, se sentira soutenue et fortifiée par l'estime et la considération sans égales dont elle jouit dans le pays, quand l'armée française, regardée par les uns comme une institution inutile, battue en brèche par les autres, qui y sèment la corruption et l'indiscipline, vit comme affaissée sous un manque de considération absolu et sans conscience de la mission qu'elle remplit.

Ce serait au gouvernement d'entreprendre un travail de régénération devenu indispensable.

Parmi ces institutions régénératrices, il en est deux qui tiendraient le premier rang, comme le prouve surabondamment l'exemple de la Prusse : c'est le service militaire obligatoire et l'instruction obligatoire.

A ne parler que du service obligatoire, on doit avant tout se demander si la nation française a les qualités nécessaires pour l'adopter et pour l'appliquer. La réponse, malheureusement, est décourageante. Infatuée d'elle-même et pervertie par l'égoïsme, la nation se plierait difficilement à une institution dont elle ne soupçonne même pas le principe fortifiant et fécond, et dont l'application exige des vertus qu'elle ne possède pas : l'amour du sacrifice, l'abnégation, le sentiment du devoir.

Semblables aux individus que rien ne corrige dans la vie, sinon les dures leçons de l'expérience, les peuples n'arrivent à améliorer les institutions qui les gouvernent qu'après en avoir reconnu la nécessité à la suite des plus cruelles épreuves.

Il a fallu Iéna pour que la Prusse fît un retour sur elle-même et que, sentant le besoin de se retremper dans de saines et mâles institutions, elle adoptât le principe du service militaire obligatoire pour tous les citoyens. Et, soit dit

On doit s'y attendre : le conflit naîtra un jour ou l'autre, terrible et acharné. Il n'est pas probable qu'il éclate sur la question même de l'unité allemande. La gravité de la situation n'est pas dans cette question, mais dans l'attitude réciproque où cette question a placé la France et la Prusse. Cette situation ne peut même que s'aggraver. Aujourd'hui déjà, les choses en sont arrivées à ce point que le fait le plus simple en

en passant, on pourrait affirmer que, si la Prusse n'était pas dotée de cette institution, il serait impossible de la lui faire adopter aujourd'hui.

La France s'est trouvée une seule fois, depuis cinquante ans, dans des circonstances favorables pour faire entrer dans ses institutions celle du service obligatoire. C'est en 1848, où, grâce au mouvement d'idées produit par la révolution de février, l'Assemblée nationale se vit placée dans une excellente situation pour montrer, en adoptant le service obligatoire, qu'elle entendait faire des principes d'égalité, qu'on proclamait si bruyamment, une application réelle et sérieuse.

Elle tenta un effort dans ce sens, en voulant abolir cette plaie hideuse du remplacement militaire, et elle nomma une commission dont fut rapporteur le général Lamoricière. Mais la majorité de l'Assemblée, dominée par les sentiments égoïstes et mesquins de la bourgeoisie, fit échouer le projet de loi, et, je n'hésite pas à le dire, les hommes qui empêchèrent la France d'entrer, dès 1849, dans une voie qui l'eût conduite plus tard à adopter l'institution du service militaire obligatoire, avec tout ce qu'elle comporte de fécond pour le développement moral et intellectuel d'un peuple, exercèrent sur les destinées du pays une influence désastreuse.

Berlin, 12 août 1869.

BARON STOFFEL.

apparence ou l'événement le plus insignifiant peut amener une rupture. La guerre est à la merci d'un incident. Les esprits superficiels le regarderont comme la cause de la guerre, mais cette cause est beaucoup plus complexe et plus profonde. L'hostilité réciproque et croissante des deux peuples pourrait se comparer à un fruit qui mûrit et l'incident d'où naîtra la rupture sera comme le choc accidentel qui fait tomber de l'arbre le fruit parvenu à maturité. »

Le choc toutefois ne devait pas être aussi accidentel qu'on le supposait.

M. de Bismarck en 1867 et en 1868 avait des raisons impérieuses de vouloir la paix ; d'une manière absolue on peut dire que, la guerre étant un jeu qui mettait en péril son œuvre, il n'avait pas de bonnes raisons de la désirer et que, en conséquence, il ne la recherchait pas. Mais la certitude qu'il avait acquise que le gouvernement français viendrait tôt ou tard lui barrer le chemin, le mit dans la situation d'un homme voyageant la nuit, sûr d'être attaqué, prenant ses précautions, armant ses pistolets et tendant des pièges à ceux qui le guettent.

Son langage ne cessa d'être rassurant pour nous; il n'avait pas de peine à trouver d'excellentes raisons et des arguments pleins de bon sens[1], pour démontrer que la Prusse ne pouvait ni provoquer, ni désirer la guerre. Il se gardait d'ajouter toutefois que c'était à

[1] Rapport militaire du 12 août 1869.

condition que la France la laisserait libre de s'assimiler l'Allemagne; et nous acceptions naïvement, sans tenir compte du sous-entendu, cette déclaration qu'il nous adressait : « Jamais nous ne vous ferons la guerre ; il faudra que vous veniez nous tirer des coups de fusil chez nous, à bout portant. »

M. de Bismarck était initié aux moindres détails de notre organisation militaire; il connaissait notre infériorité, nos préjugés, notre présomptueuse confiance. Tandis que nous nous trainions misérablement dans l'ornière de la routine la Prusse, en dix ans, depuis 1860, avait accompli des merveilles : le service obligatoire remis en vigueur dans toute sa plénitude lui donnait 600,000 soldats faits; la plupart des services militaires s'étaient améliorés. En outre, les travaux assidus des commissions, les grandes manœuvres d'automne tous les ans, les exercices de la réserve et de la landwehr, l'adoption d'un nouveau plan de mobilisation de l'armée, la création d'un magnifique matériel d'artillerie en acier se chargeant par la culasse[1], les expériences incessantes dans le domaine de l'artillerie de terre, les pays annexés (Hanovre, Schleswig-Holstein, duché de Hesse-Cassel, Nassau et Francfort), associés à cette transformation, à ce progrès, la Bavière, le Wurtemberg et Bade, liés par des traités

---

[1] Des pièces trouvées aux Tuileries ont appris que l'adoption des canons Krupp avait été proposée au gouvernement français et repoussée par le ministre de la guerre, M. Lebeuf.

d'alliance offensive et défensive et entraînés à leur tour dans ce grand mouvement organisateur, tout cela permettait au Chancelier fédéral de calculer avec espoir de succès l'issue du conflit. Il pouvait même, sans présomption, sans témérité, le provoquer, pourvu toutefois qu'il ne parût pas le faire.

Le gouvernement français (les rapports du baron de Stoffel en font foi) était renseigné sur l'immense activité militaire de l'Allemagne ; on lui signalait avec persistance les améliorations urgentes à réaliser en ce qui concernait les services spéciaux, tels que les compagnies de porteurs de blessés, les compagnies de chemins de fer, les divisions télégraphiques ; on lui signalait également la supériorité des deux pièces de campagne prussiennes du calibre 4 et 6, ayant une portée plus grande et un tir plus juste que les nôtres; on insistait sur une supériorité plus importante encore, celle de l'état-major, qui a été sans nul doute une des causes principales de nos désastres [1].

---

[1] Un rapport militaire du mois d'avril 1868, émané de M. le baron de Stoffel, dit en substance :

De tous les éléments de supériorité dont la Prusse tirerait avantage dans une guerre prochaine, le plus grand, le plus incontestable lui serait acquis par la composition de son corps d'officiers d'état-major.

Il faut le proclamer bien haut comme une vérité éclatante : l'état-major prussien est le premier de l'Europe. Le nôtre ne saurait lui être comparé. *Je n'ai pas cessé d'insister sur ce sujet dans mes premiers rapports de 1866* et d'émettre l'avis

Ces avertissements demeuraient stériles; on ne faisait rien pour réformer l'intendance, rien pour per-

qu'il était urgent d'aviser aux moyens d'élever notre corps d'état-major à la hauteur du corps d'état-major prussien. Persuadé que dans une guerre prochaine l'armée de l'Allemagne du nord tirerait de son état-major de sérieux avantages et que *nous aurions à nous repentir cruellement peut-être de notre infériorité*, je reviens sur cette question, selon moi la plus grave de toutes. Je ne le dissimulerai pas, ma conviction est telle à cette égard que je croirais manquer à un devoir en agissant autrement.

Tous mes rapports font comprendre les raisons de la supériorité du corps d'état-major prussien :

1º Le choix se fait sur toute l'armée, puisque tous les lieutenants, sans distinction d'arme, sont appelés à concourir;

2º Il ne se présente que des officiers ambitieux, intelligents et travailleurs, qui désirent avancer rapidement et qui savent qu'on les soumettra, pendant toute la durée de leur carrière, à un système d'épuration et à un travail incessants.

C'est ainsi qu'en partant de ce principe juste, qui veut que les officiers d'état-major soient l'élite de l'armée, et qu'en l'appliquant à l'aide d'un moyen simple, celui d'un avantage fait aux officiers d'état-major sous le rapport de l'avancement, la Prusse est parvenue à composer le corps le plus instruit de l'Europe. Plus j'ai l'occasion de le comparer au nôtre, plus je suis frappé de sa supériorité. Non pas que notre état-major ne compte des officiers aussi distingués que les meilleurs de l'état-major prussien; mais celui-ci n'en a pas de médiocres. Et combien, au contraire, n'en comptons-nous pas dont l'instruction est plus qu'insuffisante? Combien n'en trouve-t-on pas chez nous qui ne savent pas lire sur une carte, qui n'ont aucune connaissance des manœuvres des diverses armes, qui n'ont jamais étudié une campagne

fectionner l'artillerie, rien pour étendre nos ressources en hommes et en instruction.

M. de Bismarck s'était ménagé des avantages d'un

des temps modernes, qui, enfin (on a pu le voir dans la campagne de 1859), ne savent même pas choisir un campement convenable pour une brigade d'infanterie ou un régiment de cavalerie! Ici, rien de pareil : de tels officiers ne seraient pas admis dans l'état-major ou bien on les excluerait aussitôt leur incapacité reconnue.

Il ne m'appartient pas d'indiquer les moyens de relever de son infériorité notre corps d'état-major, mais je cherche en vain de quel principe nous partons comme base de son organisation. Admettons-nous, comme en Prusse, que les officiers d'état-major doivent être l'élite de l'armée? Nullement. Chez nous le recrutement de ces officiers est laissé aux hasards d'un seul examen passé à vingt et un ans, puisque nous les prenons en majeure partie parmi les premiers numéros sortis de Saint-Cyr.

Y a-t-il là, pour toute la durée d'une carrière, qui, selon le précepte prussien, n'admet pas de médiocrité, la moindre garantie d'un jugement sain, d'un goût prononcé au travail, d'une aptitude spéciale? Et pourtant ces jeunes gens sont et resteront officiers d'état-major quand même jusqu'à leur retraite. Qu'après leur sortie des écoles ils ne manifestent aucun goût pour l'état militaire, aucune disposition, qu'ils s'adonnent à la paresse et vivent dans l'ignorance, qu'importe! Nous confierons pendant la guerre à ces officiers incapables ou dégoûtés les fonctions qui exigent le plus d'activité, de jugement, les connaissances les plus étendues. Voilà cependant où nous conduit l'absence de tout principe. Comme on comprend tout autrement en Prusse ces importantes fonctions! Je le répète, on y excuse la paresse ou la médiocrité chez un officier quelconque, hormis celui de l'état-major. Et, pour ne parler que des aptitudes physiques, croit-on rencontrer ici,

autre genre. Une profonde expérience des mœurs et de la vénalité de la presse lui avait appris à s'assurer par des largesses secrètement octroyées le concours des

comme en France, des officiers hors d'état de faire une lieue à cheval à grande vitesse? Je suis de près ce qui concerne l'état-major prussien, et j'affirme que le général de Moltke exclueraît de cette arme sur-le-champ tout officier impropre au service à cheval. Lui-même donne l'exemple et monte à cheval tous les jours.

En général, et il importe de ne pas l'ignorer en France, on prend ici incessamment les soins les plus minutieux pour qu'en toutes choses, civiles ou militaires, les détails d'organisation et d'exécution approchent de la perfection. Mais ces soins se portent particulièrement sur l'armée...

Comment ne pas s'affliger de la position faite à ces nombreux officiers qui, en France, passent des années entières, celles où l'homme jouit de la plénitude entière de ses facultés, dans un bureau d'état-major général, occupés exclusivement à un travail d'écriture que ferait aussi bien tout sous-officier intelligent? Que de temps et d'intelligence perdus! Et comment s'étonner après cela que nos officiers servent de sujet de risée même à des feuilles militaires autrichiennes, comme on peut s'en convaincre en lisant certains numéros du *Camarade*, publié à Vienne? Elles les appellent des *encroûtés*, qualifient leurs fonctions d'*indignes* d'un officier, et se moquent de leur attitude devant la troupe. Quand aux officiers prussiens intelligents, ils s'étonnent d'autant plus du mode d'organisation de notre état-major qu'ils rendent pleine justice à notre armée sous les autres rapports. Mais ils se refusent à comprendre qu'on soit officier d'état-major quand même, par le seul fait d'avoir passé, à vingt et un ans, un bon examen de sortie d'une école militaire; ils n'admettent pas qu'un officier d'état-major ne puisse pas faire au besoin plusieurs lieues de plein galop, qu'il ne parle

journaux les plus influents ou les plus propres à seconder ses desseins. Après la campagne de Bohême, des rumeurs persistantes désignèrent comme stipendiés du cabinet de Berlin plusieurs organes de la presse parisienne. La calomnie fit sans doute, et dans une large mesure, son profit de ces rumeurs. Aujourd'hui on affirme avec plus de vraisemblance que des feuilles de Londres, de Vienne et de Bruxelles étaient d'avance acquises à la défense de la Prusse, au cas d'un conflit avec la France : la partialité de leurs appréciations, le parti-pris de leur dénigrement ou de leur approbation ont rendu la chose très-croyable.

pas au moins une langue étrangère, qu'il n'ait jamais commandé ni une compagnie, ni un bataillon, ni un régiment, et ils m'en expriment souvent leur surprise.

Et maintenant est-ce à dire qu'il faille adopter pour notre état-major l'organisation prussienne? Évidemment non; y songeât-on qu'on en serait empêché par le mode d'avancement général des officiers de l'armée, qui est tout autre chez nous... En supposant que nous reconnaissions la nécessité de perfectionner notre état-major, la question serait de savoir si le principe posé en Prusse, qui exige que l'état-major soit l'élite de l'armée, ne doit pas être adopté comme éminemment juste...

Il est urgent d'aviser au moyen de relever notre état-major de son état d'infériorité; cette infériorité est trop réelle, trop évidente. Et c'est sans exagération, après un examen approfondi, après mûre réflexion que j'ai dit plus haut : *La composition de l'état-major prussien constituerait dans une guerre prochaine le plus sérieux élément de supériorité en faveur de l'armée prussienne.*

L'appui de tels auxiliaires n'était pas à dédaigner pour un esprit clairvoyant comme celui du chancelier ; le souci de ce détail en apparence secondaire et les sacrifices pécuniaires considérables qu'il imposait prouvent que le ministre prussien songeait à tout, ne négligeait nul moyen d'action et se préoccupait de ne laisser aucun défaut à sa cuirasse. Il avait compris qu'il ne fallait pas abandonner sans contre-poids assuré l'opinion, en Europe, à l'influence de la presse française, à la contagion de nos plaintes et de nos revendications.

M. de Bismarck n'oubliait pas non plus de pratiquer la maxime du grand Frédéric : « La Prusse doit toujours être en vedette. » Il organisait un immense système d'espionnage, une vaste machine de police dont le chef fut M. de Blumenthal et qu'il parvint à élever à la hauteur d'une institution nationale. L'idée première lui en vint, dit-on, lors de son passage à Paris, en 1867. La France était déjà considérée comme une proie dont il était nécessaire de préparer l'immolation. Une sorte de ministère d'un nouvelle espèce fut créé à Berlin, destiné à diriger et mouvoir tous les ressorts de cette opération, à centraliser, trier, étudier, condenser les informations diverses qu'elle avait pour but d'obtenir. La France, la Russie, l'Angleterre, l'Italie, l'Espagne furent enveloppées dans les mailles d'un invisible filet dont toutes les fibres aboutissaient à Berlin, dans la main du chancelier. Une véritable armée d'agents, soumis aux règles de la hiérarchie et de l'avancement, grassement rétribués selon leur intelligence, leur activité, leurs services, lui rendaient jour par jour un compte exact et détaillé des événements et des choses des pays qu'ils habitaient. Leur organisation était si parfaite que leurs personnes, leurs relations et leurs démarches étaient couvertes du secret le plus impénétrable, non-seulement à l'étranger mais encore en Allemagne.

Cet instrument était formidable aussi bien en paix qu'en guerre. M. de Bismarck savait mieux que nous l'état de nos ports militaires, de nos chantiers, de nos magasins, de nos arsenaux, de nos places fortes ; il connaissait mieux que nos officiers d'état-major la topographie de nos moindres villages ; mieux que nos statisticiens et nos administrateurs, les ressources locales, la situation des principaux propriétaires et négociants, les finances municipales, le chiffre des productions industrielles, agricoles et commerciales ; il était à même de dresser à l'avance le tableau des contributions de guerre et de fixer les sommes à extorquer aux particuliers et aux communes. Mieux que nous il savait ce qui se passait aux Chambres, aux ministères et jusque dans les conseils du souverain. La guerre engagée, il fut instruit avec une ponctualité étonnante, une exactitude rigoureuse de nos forces, de nos positions, de nos mouvements, de nos armements ; nos attaques furent constamment éventées; nos villes assiégées, malgré tous les efforts et toutes les précautions, ne réussirent jamais à supprimer les intelligences avec l'ennemi, à Strasbourg, à Metz, à Paris.

Deux causes principales servirent M. de Bismarck dans la création de cette institution policière. D'abord la dispersion et l'établissement des Allemands dans tous les pays du monde, ensuite l'absence chez cette nation du sentiment délicat et chevaleresque que nous nommons en France *le point d'honneur*. Le ministre prussien trouva un concours efficace et discret dans les colonies allemandes, mêlées au mouvement commercial et financier des divers États de l'Europe, associées à leur vie intime et considérées, grâce à des relations de longue date et à un contact journalier, comme citoyens de ces États. D'ailleurs, la cupidité et l'ambition des agents furent éveillées et satisfaites avec une science remarquable. Enfin, l'idée qu'ils servaient leur pays effaçait dans l'esprit de ces agents, même de ceux réputés honorables, le caractère bas et honteux, à plus d'un point de vue, de leur conduite.

En jetant un coup d'œil en arrière, à la fin de 1869, M. de Bismarck pouvait s'enorgueillir des résultats obtenus : au dedans, l'Allemagne presque entière transformée en un vaste camp, disciplinée par des mains fermes et habiles et docilement rangée sous le sceptre du roi Guillaume; des armées innombrables, pourvues d'un armement et d'un équipement supérieurs à tout ce qu'on avait jusque là rêvé ou réalisé ; à la tête de ces armées, un corps d'état-major admirable pour sa science pratique, son activité, son dévouement, enfin une foule d'officiers éprouvés, énergiques, instruits ; au dehors, des appuis, des auxiliaires, des yeux et des oreilles ouverts partout. Il y avait là de quoi tourner la tête à un homme moins maître de lui-même et de ses moyens. L'homme d'Etat prussien ne commit pas la faute, sentant sa force et notre faiblesse, de nous provoquer, mais il appliqua toutes les ressources de son génie d'intrigues à nous isoler du reste de l'Europe, à nous pousser en même temps dans la voie de la provocation. Il n'eût jamais consenti, pour nous servir de son langage, à nous déclarer la guerre, mais il sentait l'avantage que nous lui offririons *en venant lui tirer des coups de fusil en Allemagne*, et il travailla résolûment à se donner cet avantage.

Sa première visée paraît avoir été de chercher, partout où la politique française avait des intérêts en jeu, à nous susciter des embarras, à faire naître des complications, afin qu'à l'heure opportune du conflit dans lequel la France serait ainsi engagée, **M. de Bismarck** pût intervenir et nous obliger, soit à affronter une coalition nouvelle, soit à reconnaître et légitimer son œuvre.

La question d'Orient, ajournée, mais non résolue

par la campagne de Crimée et la paix de Paris, offrait matière aux intrigues du cabinet de Berlin. On pouvait ressusciter les prétentions de la Russie, les soutenir ou les encourager, et s'assurer de la sorte son concours ou sa neutralité. Toutefois, comme cette attitude dévoilée coalisait la France, l'Angleterre et peut-être l'Autriche, il était nécessaire d'agir avec la dernière prudence; il fallait, tout en prenant sur les affaires d'Orient des engagements favorables à la Russie et destinés à acheter son abstention, surseoir à l'action, éviter à tout prix d'éveiller les soupçons de la diplomatie anglaise, si bien renseignée d'ordinaire et si puissante par sa fermeté autant que par sa vigilance. Un jour, nous connaîtrons sans doute avec quelque certitude les événements diplomatiques secrets qui amenèrent entre la Prusse et la Russie l'entente dont nous parlons, à l'insu de l'Angleterre et de l'Europe. Il n'y a aujourd'hui de certain que cette entente. Ce qui est vraisemblable, c'est qu'un traité mystérieux[1] lie les deux puissances du Nord et

---

[1] S'il en faut croire des révélations récentes dues aux journaux anglais le traité dont il s'agit consisterait en trois articles ayant en vue de faire face aux éventualités qui devaient, selon toute probabilité, naitre de la guerre.

Vraisemblablement les Polonais, toujours au guet pour saisir l'occasion qui se présenterait de reconquérir leur indépendance, se révolteraient, et dans ce cas, la Russie promettait son intervention armée.

Par le deuxième article, et en prévision d'une attitude menaçante de la part de l'Autriche envers la Prusse, la Russie s'engageait à

leur partage l'Europe, à l'exclusion ou au détriment des peuples saxons et latins de l'Occident.

La question italienne était plus propre à faire naître des complications prochaines. Là encore, la France avait sa politique en jeu; mais la France seule était engagée, car l'Autriche avait pris son parti de l'abandon du royaume lombard-vénitien. Il y avait en Italie deux grands sujets de mécontentement contre nous, qui nous avaient fait perdre, au point de vue d'une alliance, tous les fruits de la campagne de 1859, l'annexion de Nice et de la Savoie, et l'occupation de Rome. Le parti d'action ne nous pardonnait point l'annexion qui, à ses yeux, affaiblissait la patrie et ôtait de son prix à notre prétendu dévouement; le

---

placer un corps d'armée sur la frontière autrichienne, de manière à tenir cette puissance en échec. Enfin, l'article trois stipulait qu'au cas où une puissance européenne quelconque viendrait à conclure une alliance avec la France, la Russie concluerait immédiatement une alliance semblable avec la Prusse.

Cette dernière prévision a eu principalement pour objet de parer à l'éventualité d'une union de l'Autriche et de l'Italie avec la France; mais si l'intention était manifestée par la Grande-Bretagne de se départir de la politique de neutralité, le fait de l'existence du traité aurait incontestablement été dénoncé au gouvernement britannique.

Il paraît certain que la rémunération accordée à la Russie, à propos de ses promesses inférées dans le traité secret, est l'engagement pris par la Prusse d'assister énergiquement cette puissance dans sa demande d'un nouveau traité qui lui permettrait enfin d'avoir sa flotte dans la mer Noire, et d'y rétablir sa puissance, dans un moment surtout où les trois États signataires seraient mis dans l'impossibilité de s'opposer à la mesure.

même parti nous pardonnait encore moins de retarder le moment où Rome, rendue au royaume italien, deviendrait sa capitale, le symbole, le levier, le centre de son unité et de sa force. Pour mettre le comble à nos embarras, tandis que les libéraux et les unitaires nous accusaient de tenir l'Italie en tutelle, en menace de dissolution, en impuissance par notre occupation de Rome, de son côté, le parti qui gouvernait l'église catholique sous le nom du pape nous reprochait nos procédés de protection, nos concessions au royaume italien, la spoliation qui en avait été la suite, et l'éventualité d'un abandon prévu par la Convention de septembre.

En face de l'Italie, nous étions dans la situation d'un intrus qui, entré dans une maison pour prêter secours et assistance, s'y établit en maître et refuse d'en sortir; en face de la papauté, dans la situation d'un homme qui défend quelqu'un contre des larrons, à la condition qu'il laissera prendre tout ou partie de son bien et de sa vie. Des deux côtés, notre intervention n'avait produit que haines, rancunes, difficultés.

L'hostilité du parti radical italien nous créait par la conspiration ténébreuse et l'action des sociétés secrètes plus d'un embarras intérieur, à défaut de complications extérieures; l'hostilité du clergé catholique nous mettait sur les bras dans le monde entier des influences plus puissantes et plus redoutables. M. de Bismarck les exploita l'une et l'autre.

A Rome, il ouvrit habilement la perspective d'une protection allemande plus entière, plus désintéressée que la nôtre ; on accueillit ces insinuations qui eurent pour effet de donner un libre cours à la colère de la cour de Rome, laquelle feignant de se croire assurée d'un appui moins lourd que le nôtre, ne nous ménagea ni les violences, ni les reproches.

A Florence, on joua un autre jeu. On fut muet sur la question romaine, de peur d'indisposer le pape, dont on avait besoin ; mais on offrit à l'Italie l'appui moral et matériel de la Confédération si elle croyait devoir réclamer la Savoie, berceau de la famille royale, et le comté de Nice, pays natal de Garibaldi. Ce dernier, sur lequel on comptait pour exciter les ardeurs du parti de l'action, repoussa hautement, dit-on, la proposition que lui faisait l'ambassadeur prussien, M. Brassier de Saint-Simon.

Quant à réclamer la Savoie, les ministres de Victor-Emmanuel n'eussent pas été éloignés de le faire avec l'appui de M. de Bismarck, si le général La Marmora n'eût pas entraîné l'esprit hésitant du roi en lui représentant que cet acte de véritable trahison flétrirait à jamais l'Italie. Le roi, une fois rangé à l'avis du général La Marmora, résista avec une louable opiniâtreté aux instances de Cialdini, qui, depuis Sedan, n'a jamais cessé de demander l'occupation par l'armée italienne de Nice et de la Savoie.

Ces intrigues du chancelier fédéral et le rôle des

personnages qui y ont été mêlés ont été dévoilés à la diète de Galicie par M. Klaczko, sous-directeur des affaires étrangères de l'empire austro-hongrois. M. Klaczko nous a appris en outre que M. de Bismarck, voyant l'Italie lui glisser entre les doigts, avait tourné ses regards et ses menées vers l'Espagne.

Là encore notre politique était faussement, maladroitement engagée, et l'agression diplomatique du ministre prussien devait y rencontrer la complication qu'il cherchait. Napoléon III, souverain et représentant de la France, avait sans doute le droit et le devoir de ne point se désintéresser de la situation de l'Espagne. Depuis près de deux ans, la Péninsule ibérique, par suite de l'expulsion d'Isabelle de Bourbon, se trouvait à la recherche d'un monarque. Les prétendants au trône ne manquaient pas, mais l'embarras était grand pour amener les partis à une entente ou à une transaction. On en était venu à l'idée de choisir un prince étranger; c'était, croyait-on, un avantage que de n'accorder à aucun parti intérieur le triomphe de son candidat ou de la forme républicaine.

Napoléon III pouvait et devait veiller à ce que le choix fût libre et conforme aux vœux de la nation, à ce qu'aucune ingérence extérieure n'intervînt au débat ou à la lutte. Loin de là, il conspira avec la reine déchue; il prétendit, lui aussi, avoir son candidat. Il laissa dire et répéter autour de lui par ceux que la voix publique désignait comme initiés à ses plus secrètes pensées qu'il ne souffrirait pas vingt-quatre heures le duc de Montpensier ou la république en Espagne. Cette conduite, ce langage mécontentèrent tous les esprits intelligents et patriotiques de la péninsule.

M. de Bismarck saisit l'occasion et fit au général Prim des ouvertures qui furent accueillies. Il ne s'agissait tout d'abord, croit-on, que de tirer parti du mécontentement provoqué à Madrid par l'attitude de l'empereur; il était question d'une guerre entre l'Espagne et la France, dans laquelle la Prusse interviendrait. Prim, peu scrupuleux sur les moyens, ne cherchant qu'à satisfaire son ambition et à perpétuer son pouvoir, envoya à Berlin sa créature, Castro, afin de se concerter avec le Chancelier fédéral. Ne voulant point se mettre en scène, de peur d'éveiller les soupçons de M. Benedetti, M. de Bismarck renvoya l'agent de Prim au secrétaire d'État prussien, M. de Thile.

Cela se passait en 1869.

Le mystère de ces pourparlers ne fut pas assez bien gardé pour ne pas donner naissance à des rumeurs. Le 17 novembre, M. Drouyn de Lhuys écrivait à l'empereur : « J'ai l'honneur de placer sous les yeux de Votre Majesté une lettre confidentielle et deux documents qui traitent des diverses candidatures au trône d'Espagne. L'auteur demande un prince quelconque, majeur et capable ; mais, en réalité, c'est le prince de

Hohenzollern qui paraît avoir ses préférences [1]. »
Ce fut sans doute à la suite de ce renseignement que
M. Benedetti dut s'enquérir de ce qui se passait à
Berlin. Notre ambassadeur se contenta d'interroger
verbalement M. de Thile sur la réalité des bruits
qui circulaient. Le ministre prussien répondit qu'il
ne fallait pas s'arrêter à *ces vaines rumeurs*. Aux
Tuileries, on se tint pour satisfait!

Cependant les conférences qui continuaient entre
MM. Castro et de Thile eurent pour résultat la candidature du prince de Hohenzollern au trône d'Espagne et un projet de traité, écrit de la main de M. Castro sous la dictée de M. de Thile. Ce traité, accepté par Prim et par le régent Serrano, mais destiné à rester secret, stipulait une alliance offensive et défensive entre la Prusse et l'Espagne. A la paix, la Prusse garantissait à l'Espagne le retour du Roussillon jusqu'à Leucade et les Corbières (département entier des Pyrénées-Orientales), et la citadelle de Bayonne avec extension des frontières jusqu'à l'Adour (départements des Hautes et des Basses-Pyrénées et partie du département des Landes).

L'intrigue de M. de Bismarck était enfin nouée; le motif de la querelle préparé, la France isolée ou plutôt entourée partout de mines et de chausse-trapes. La Russie et l'Espagne associées à la politi-

---

[1] Papiers trouvés aux Tuileries.

que du cabinet prussien, il ne restait de libres durant la lutte prochaine, de plus en plus inévitable, que l'Autriche impuissante, l'Angleterre jalouse, l'Italie occupée de Rome, n'ayant à l'égard de la Prusse que des souvenirs sympathiques et récents et nourissant contre la France plus d'un sujet de mécontentement.

CHAPITRE IV

Le ministère Ollivier

« Il n'y a pas de droit contre le droit. »

Peu à peu la panique morale, la défaillance politique qui avaient poussé la France à ratifier et acclamer le coup d'État du Deux Décembre, venant à se calmer et à disparaître, des symptômes de malaise et de mécontentement s'étaient fait jour. Timide encore, mais s'enhardissant chaque jour, la presse donna le signal de ce réveil. Il fallut du temps toutefois pour que ce mouvement devînt sensible au milieu de la prospérité matérielle qui étouffait les idées et les sentiments d'indépendance. On eut la preuve que les revendications gagnaient du terrain quand on vit l'opposition au Corps législatif, représentée d'abord par cinq députés, grandir tout à coup, malgré les précautions, les pressions et l'arbitraire qui présidaient au vote.

Il ne nous appartient pas de suivre la marche, le progrès, la lutte du parti libéral et républicain autour duquel se trouvèrent groupés les légitimistes et les orléanistes, ramenés sur le champ de bataille politique déserté par eux aux premières heures. Nous dirons seulement que cette opposition, manquant d'homogénéité, avait tout avantage pour attaquer, critiquer, détruire, mais qu'elle ne donna naissance ni à des caractères, ni à des talents propres à saisir et diriger les affaires du pays. Ce fut une école d'escarmouches et d'embuscades qui laissa l'individu à sa propre inspiration et aux écarts de sa personnalité.

Cet inconvénient était grave pour le groupe républicain plus que pour les deux autres. L'Empire une fois renversé, les partis monarchiques, à défaut d'hommes, possédaient du moins un système de gouvernement, un programme défini, tandis que le parti républicain se trouvait en pleine indiscipline, sans hommes marquants, sans doctrine arrêtée, sans cohésion, sans puissance. Pareille faute n'eût pas été commise en Angleterre où, avant d'entreprendre campagne contre un ministère, on commence toujours par songer d'avance à celui qui le remplacera. Dès lors, les esprits clairvoyants purent prévoir que si l'Empire succombait à une crise intérieure sous les coups réitérés des partis coalisés, ce serait au détriment du parti républicain; car le groupe qui le représentait était le plus faible de tous au point de vue de l'organisation et de la valeur des individus. Ce groupe, placé à l'avant-garde, pourrait donc recueillir le premier les fruits de la victoire, mais, selon toute vraisemblance, supporterait mal le fardeau du pouvoir et le poids de sa propre faiblesse.

Napoléon III sentait le flot monter. Une troisième législature, en dépit des candidatures officielles, en dépit de la violence et de la corruption pratiquées par l'administration préfectorale, venait de renforcer à nouveau l'opposition. L'empereur voulut-il sincèrement s'engager dans la voie des réformes et céder aux vœux toujours plus énergiques de l'opinion? ou bien ne se laissa-t-il extorquer quelques lambeaux de liberté qu'avec l'arrière-pensée de les reprendre et le dessein d'en paralyser l'exercice? Il est difficile de le dire avec certitude. Ce qui est certain, c'est que bientôt Napoléon III craignit d'être débordé par l'opposition et la presse. Ce fut moins pour consacrer les réformes introduites dans la Constitution que pour enrayer les progrès de ses adversaires, qu'il se décida à recourir à un plébiscite. L'empereur croyait qu'en posant la question plébiscitaire de façon à mettre en cause l'ordre et la paix intérieurs, il ramènerait, sinon à lui, du moins à l'ordre de choses établi, un grand nombre de ceux qui avaient voté pour l'opposition. Il ne se trompait pas. On réclama à la chambre le droit de discuter la formule de la question, mais inutilement. D'ailleurs l'intérêt n'était pas tant dans les termes de la formule que dans l'interprétation que le gouvernement par ses mille voix lui donnerait auprès de la population.

En effet, la question parlait seulement d'approuver les réformes proposées, mais l'interprétation disait : Il s'agit de choisir entre la guerre civile et la paix, entre l'anarchie et l'ordre, entre la prospérité et la ruine. C'était un piége, sans doute. On s'y laissa prendre pourtant, et plus de sept millions de suffrages acclamèrent de nouveau l'Empire.

A la veille du vote, un incident se produisit qui causa en France une immense émotion, triompha de bien des abstentions et vainquit bien des répugnances. On arrêta un conspirateur qui, quelques heures après, devait assassiner l'empereur; on découvrit en même temps un complot contre la vie du souverain, dans lequel une cinquantaine de personnes étaient compromises; les journaux publièrent les dessins des bombes fulminantes saisies chez les conjurés. Cette révélation fit l'effet d'une traînée de poudre. L'imagination et la peur aidant, on se vit au lendemain de l'assassinat projeté; on entendait déjà dans les rues le bruit de la fusillade; on voyait s'élever les barricades; dans les campagnes se répandaient des bandes dévastatrices d'insurgés; l'image de la guerre civile avec son cortége de hideuses horreurs apparut soudain à tous les gens paisibles, aux conservateurs libéraux et les rallia à l'empereur, à l'Empire.

Complot et assassinat, comme on en eut depuis la

preuve, étaient l'œuvre de la police impériale. Le sergent Beaury, qui devait tuer Napoléon III, obéissait aux ordres des agents de M. Pietri et avait été adressé à M. Flourens, réfugié en Angleterre, afin de l'entraîner et de le perdre dans cette comédie de conspiration. Dans le complot, il n'y avait que des espions de la police et des dupes, qui avaient cédé aux promesses et aux provocations des espions. Quoi qu'il en soit, cette manœuvre réussit à merveille, et on doit compter pour beaucoup dans le résultat du vote l'influence qu'elle exerça à la dernière heure.

L'empereur avait-il le droit de se croire plus populaire que jamais, puisqu'après vingt et un ans de règne, il avait conservé les sympathies de l'immense majorité du pays? Non certes, car mieux que personne il était dans le secret des moyens employés pour grossir le chiffre de ses adhérents; il savait que la France avait parlé sous le coup de l'erreur et de la peur; il savait que son triomphe était de mauvais aloi. Mais ce triomphe lui suffisait pour le moment, faisait le calme à l'intérieur et le débarrassait pour un temps des tracasseries de l'opposition et des attaques des monarchistes.

Napoléon III se préparait à la guerre.

Le ministère Ollivier-Gramont, formé depuis le 2 janvier 1870, semblait devoir inaugurer en France une nouvelle pratique du régime parlementaire. M. Ollivier avait beaucoup promis; son programme regorgeait de libertés et de réformes en perspective. Il avait deux groupes d'ennemis bien décidés, l'un à gauche, l'autre à droite. Le premier l'accusait de mauvaise foi et trouvait que ses promesses étaient ou insuffisantes, ou éludées, ou trop longtemps différées; le second le combattait en secret, soit par intérêt pour un régime qui comblait ses partisans d'or et de faveurs, soit par haine pour le régime parlementaire, impuissant et stérile aux yeux de quelques-uns. La gauche voulait renverser le ministère Ollivier pour y substituer la République ou un ministère plus sincèrement libéral; la droite voulait aussi sa chute avec l'intention de restituer au pouvoir exécutif toutes les concessions que lui avaient arrachées la presse et les diverses manifestations de l'opinion.

M. Émile Ollivier, dont le rôle avait été brillant parmi les Cinq, qui osèrent, après le coup d'État protester contre la violence et le parjure, avait été amené à penser que le régime issu de ce coup d'État pouvait progressivement, sans crise, sans secousse, se transformer en *self-government*, en gouvernement libéral, et il avait quitté les rangs de l'opposition radicale pour ceux de l'opposition parlementaire. Celle-ci, après bien des fluctuations, l'avait enfin porté au pouvoir.

Ceux qui pensaient que le nouveau ministre n'avait d'autre ambition que de réaliser en France la liberté sans révolution, et que toutes ses vues personnelles étaient subordonnées à cette noble conquête furent bientôt déçus. M. Ollivier, par ses condescendances envers l'empereur, par ses transactions continuelles avec les hommes du pouvoir personnel, par son attitude rogue, son langage cassant et hautain, par ses mesures peu libérales envers la presse, par une conduite où l'indécision le disputait à la maladresse, fit clairement voir qu'il ne possédait ni les qualités de l'homme d'État, ni la fermeté de caractère propre à former et grouper autour de lui un parti homogène et actif. Il perdit un à un tous ses amis politiques, froissa beaucoup de ses amis personnels, et le moment arriva où, nul ne trouvant plus de raisons pour le maintenir au pouvoir, il tomba sans effort, comme un fruit mûr se détache d'une branche flétrie.

M. Ollivier était devenu amoureux du pouvoir; peut-être aussi avait-il cru que dans le nombre imposant des suffrages donnés par le plébiscite à l'Empire, sa politique, sinon sa personne, pouvait en revendiquer un grand nombre. Erreur naïve, inspirée par une trop haute idée de soi-même! Les masses n'entendent absolument rien aux subtilités parlementaires et ne s'intéressent pas même de loin aux individus qui les pratiquent; on avait voté pour l'Empire par cette simple et grosse raison qu'on avait peur du désordre, de la République rouge et des socialistes. M. Ollivier, dit-on, n'était pas dans le secret de la comédie plébiscitaire, et y jouait sans arrière-pensée le rôle qu'on lui avait donné; c'est avec la conviction de rester libéral, ajoute-t-on, qu'il traita durement les journalistes, menaça Paris du chassepot, emprisonna M. Rochefort, mena l'affaire du vote et fit faire le procès aux prétendus conjurés.

Quoi qu'il en soit, le ministre avait perdu toute sympathie dans la gauche et toute influence sur la droite; le centre, désuni, en petit nombre, sans énergie, le soutenait mollement.

Tout à coup, sans prélude d'aucune sorte, la rumeur, circulant dans le monde diplomatique et politique, se répandit au dehors que la candidature du prince de Hohenzollern au trône d'Espagne était posée. L'origine de l'intrigue nous est connue; cette candidature n'avait rien qui pût surprendre Napoléon III, préparé depuis plusieurs mois à son éclosion. Notons que, cette fois, l'empereur relevait le gant de la cour de Berlin et qu'il le faisait de son plein gré.

En effet, rien ne l'obligeait à ébruiter cette affaire. Assurément tôt ou tard elle serait parvenue à la connaissance de tous, mais il est permis de croire que la guerre n'en fût point sortie, que la France y eût pris moins d'intérêt et porté moins de passion, si le gouvernement, s'autorisant des déclarations antérieures et des principes de non intervention, eût annoncé que sa politique ne devait pas engager le pays dans une immixtion fâcheuse. Au contraire, qu'arriva-t-il? Le groupe qui comptait, au sein de la droite, les partisans les plus remuants et le plus personnellement dévoués à l'Empire et à l'empereur, prit en mains la question de la candidature allemande, en fit une affaire de dignité nationale et affirma l'intention d'interpeller à cet égard le ministère.

Ces députés agissaient-ils sous l'impulsion de leur propre initiative? ou bien cédaient-ils à un mot d'ordre venu des Tuileries? On ne saurait le décider avec une entière certitude. Il paraît vraisemblable toutefois, quoi qu'on ait allégué pour atténuer cette vraisemblance et diminuer la responsabilité de Napoléon III, que M. Jérôme David et ses amis ne se résolurent point à produire à la tribune leur interpellation sans l'assentiment préalable du souverain. On aura beau rappeler que les dernières réformes restituaient à la Chambre, dans la direction des affaires et de la politique, une initiative et une influence considérables [1], tant qu'on n'aura pas démontré par des preuves irréfragables que, dans cette occasion, cette initiative s'exerça librement, sans excitation secrète, sans encouragement détourné, il restera acquis, comme un fait de la plus grande probabilité, que Napoléon III, par ses amis, saisit la Chambre de la candidature du prince allemand et travailla à susciter autour du

---

[1] V. *Les Relations de l'Empire et de l'Allemagne*, écrit anonyme attribué à l'inspiration de Napoléon III.

débat ainsi provoqué toutes les susceptibilités de l'amour-propre national. Il restera encore acquis que cette candidature, connue de l'empereur depuis un an, fut tirée par lui de l'ombre au moment qu'il crut opportun, à l'heure où le plébiscite venait de lui refaire une nouvelle popularité.

On en concluera que le plébiscite, qui n'était point indispensable à la sanction des réformes introduites, puisqu'un sénatus-consulte pouvait, aux termes mêmes de la Constitution, les consacrer, fut un moyen d'asseoir à l'intérieur le calme, première condition de la possibilité du succès dans l'éventualité d'une guerre. Nous le répétons, le plébiscite, inutile à beaucoup d'égards, source d'une agitation dangereuse, sera interprété comme un signe de l'intention où était l'empereur de faire la guerre. La manière brusque dont on fit sortir de l'ombre, où on l'avait tenue jusque-là, la nouvelle de la candidature allemande; la situation et les relations des hommes qui jetèrent dans l'opinion ce débat et poussèrent au conflit, seront autant de raisons pour affirmer que Napoléon III était décidé à ne plus retarder l'heure de la lutte.

Quelques-uns vont plus loin et prétendent qu'il hâtait cette heure fatale. Suivant ceux-ci, l'empereur, épouvanté par les progrès constants de l'opposition, qui, pareille à un fleuve débordé, menaçait d'emporter l'édifice de 1852, comptant peu sur l'effet prolongé des moyens violents au prix desquels il avait acheté l'avantage factice du vote plébiscitaire ; l'empereur s'était convaincu qu'une guerre heureuse était l'unique moyen de consolider sa dynastie, qu'avec un peu de cette vaine fumée qu'on nomme la gloire il achèverait de griser les esprits et parviendrait à donner à son œuvre la consécration qui, seule, la défendrait contre les tentatives révolutionnaires.

D'autres ajoutent que Napoléon III avait le sentiment de la décadence intellectuelle et morale du pays, qu'il prévoyait qu'un jour la corruption semée par lui se retournerait contre lui, et que, « par un dessein conscient et raffiné, par un calcul de froid égoïsme, il cherchait à détourner les yeux de la France de cet abaissement et de cette honte [1] » A notre avis, ces accusations ne manquent ni de fondement ni d'exagération. Elles n'ont d'ailleurs d'autre valeur pour l'historien que celle de la conjecture.

L'interpellation de la droite, bien que manifestement hostile, ne troubla point d'abord l'assurance naïve et la sérénité peu sagace du chef du cabinet. M. Ollivier avait proclamé qu'il serait toujours un défenseur zélé de la paix ; l'interpellation lui créait pourtant une difficulté sérieuse en le forçant de prendre une attitude, sinon belliqueuse, du moins ferme et pouvant

---

[1] Lettre de Strauss à M. Renan.

amener un conflit ou l'obliger à la retraite devant la menace de ce dénoûment.

Il fut répondu par le cabinet qu'on avait eu assez indirectement connaissance de certaines négociations entamées entre le maréchal Prim et le prince Léopold, lesquelles, grâce à l'autorisation du roi de Prusse, avaient eu pour résultat l'acceptation par le prince de la candidature au trône d'Espagne. Le cabinet promettait de faire tout ce qui serait nécessaire pour maintenir la dignité et l'honneur de la France. Ce langage contenait une série de graves maladresses : d'abord l'aveu que nos renseignements diplomatiques étaient insuffisants ; ensuite l'indication de ce fait, propre à blesser le pays, que la candidature nous avait été soigneusement cachée, ce qui n'était ni habile ni assez exact, car on envenimait l'affaire avant d'avoir épuisé ou tenté les moyens de conciliation, et on omettait de dire que l'intrigue n'avait rien au fond de bien mystérieux ; enfin cette suprême imprudence de représenter comme engagés dans cette affaire l'honneur et la dignité de la France, ce qu'il eût fallu avant tout examiner.

A partir de ce moment, M. Ollivier put s'apercevoir qu'il avait parmi ses collègues beaucoup de partisans de la guerre avoués ou secrets, et fut le seul à désirer plutôt qu'à poursuivre, au milieu des négociations qui s'entamaient, une issue pacifique.

Aux premières questions de notre ambassadeur, le

comte de Bismarck répondit que les affaires domestiques de Sa Majesté le roi de Prusse ne le regardaient pas, et que l'autorisation accordée au prince Léopold par le chef de la famille de Hohenzollern ne pouvait être ni connue du cabinet prussien ni discutée par lui. Au point de vue politique, réponse correcte ; au point de vue moral, impudent mensonge.

Il fallut porter l'affaire devant le roi Guillaume, et M. Benedetti fut chargé de se rendre à Ems, auprès de Sa Majesté. Des pourparlers s'engagèrent, dans lesquels notre ambassadeur exposa que le gouvernement français considérait comme un gage indispensable à la paix et à la sécurité futures de l'Europe le retrait de l'autorisation accordée au prince de Hohenzollern. Le roi annonça la renonciation spontanée du prince [1].

---

[1] Le document suivant, rédigé avec l'approbation immédiate du roi de Prusse, est extrait du *Moniteur prussien* en date du 17 juillet 1870. Il raconte les phases et les péripéties des pourparlers entamés à Ems.

Le comte Benedetti demanda, le 9 de ce mois, à Ems, une audience au roi, qui lui fut immédiatement accordée. Dans cette audience il demanda que le roi donnât l'ordre au prince de Hohenzollern de reprendre son acceptation de la couronne d'Espagne.

Le roi répondit que dans cette affaire on ne s'était adressé à lui que comme chef de famille et non comme roi de Prusse, que, par conséquent, n'ayant pas donné l'ordre d'accepter la couronne d'Espagne, il ne pouvait non plus donner l'ordre de la refuser.

Le 11, l'ambassadeur de France sollicita et obtint une seconde audience, dans laquelle il chercha à exercer une

M. Ollivier, triomphant, apporta au Corps législatif la nouvelle, qui, dans sa pensée, assurait la paix.

pression sur le roi, pour que celui-ci insistât auprès du prince pour le faire renoncer à la couronne.

Le roi répliqua que le prince était parfaitement libre en ses décisions; que, d'ailleurs, il ignorait même où le prince, qui désirait faire un voyage dans les Alpes, se trouvait en ce moment.

Le 13, au matin, à la promenade des Eaux, le roi remit à l'ambassadeur un supplément extraordinaire de la *Gazette de Cologne*, qu'on venait de lui présenter, contenant un télégramme privé de Sigmaringen au sujet de la renonciation du prince. Le roi fit observer à l'ambassadeur que lui-même n'avait pas encore reçu de lettre de Sigmaringen, mais qu'il pouvait bien en recevoir aujourd'hui.

Le comte Benedetti répondit qu'il avait reçu la nouvelle de la renonciation, dès hier soir, de Paris. Le roi considérait ainsi l'affaire comme terminée. L'ambassadeur demanda au roi, d'une manière *tout à fait inattendue*, de donner l'assurance positive qu'il n'accorderait jamais plus son consentement si la candidature devait revivre.

Le roi refusa formellement de se rendre à cette demande et persista dans sa réponse lorsque le comte Benedetti revint à la charge d'une manière de plus en plus pressante. Néanmoins, après quelques heures, le comte Benedetti demanda une troisième audience. Lorsqu'on lui demanda quel objet il voulait traiter, il fit répondre qu'il désirait traiter de nouveau l'objet de la conversation du matin. Le roi refusa une nouvelle audience, n'ayant pas d'autre réponse à faire que celle qu'il avait donnée, ajoutant que d'ailleurs toutes les négociations passeraient désormais par les mains des ministres.

Le roi accéda au désir du comte Benedetti de lui faire ses adieux à son départ, en le saluant dans la gare, le 14, en se rendant à Coblentz.

La droite et le parti belliqueux de la Chambre n'étaient point d'humeur à se contenter de si peu. Ils avaient senti de trop près les chances désirées de la guerre et la chute possible de M. Ollivier. Ils insistèrent, toujours soutenus par une partie du cabinet et par les amis de l'empereur, pour obtenir de la Prusse une satisfaction plus ample et ce qu'ils nommaient une garantie indispensable. Il fallait que le roi Guillaume prît l'engagement d'interdire au prince Léopold pour toujours l'accès du trône d'Espagne. Il y allait de l'honneur de la France. Depuis trop longtemps les menées ambitieuses de M. de Bismarck menaçaient la paix et travaillaient à tourner contre la France les tendances d'unification en Allemagne. Souffrirait-on la possibilité d'établir à Madrid, aux portes de la France, un préfet prussien, comme on l'avait fait en Roumanie, comme on l'avait fait en Grèce, comme on l'avait fait dans le Hanovre, dans la Saxe, dans le Wurtemberg, dans la Bavière, dans la Hesse, dans le grand-duché de Bade ? Cette rage de tout *prussianiser* détruisait l'équilibre européen; on ne laisserait pas M. de Bismarck ressusciter, au profit du roi Guillaume, les prétentions omnipotentes que Louis XIV et Napoléon avaient vu échouer contre la coalition de l'Europe.

En présence de ce langage, en prévision du conflit que les interpellateurs semblaient rechercher, M. Ollivier n'avait qu'une façon de se montrer conséquent à son programme, fidèle à ses principes : c'était la retraite. Il ne le comprit pas ou, s'il le comprit, il manqua du courage que tout homme politique et résolu eût montré à sa place.

Dans le public, la situation était discutée et jugée très-diversement. Toutes les opinions, depuis les plus pacifiques jusqu'aux plus ridiculement belliqueuses, se heurtaient avec une égale intensité. Les humanitaires et les radicaux avaient fait cause commune, les uns par conviction, les autres par politique; les premiers par horreur du sang, les seconds pour entraver l'Empereur, que l'on craignait de voir se consolider par des victoires. La gauche avait donné le signal des récriminations et de l'opposition. La presse, si l'on peut généraliser d'une certaine façon sa tendance, était plutôt belliqueuse, sentant qu'elle avait à venger la France de tous les mépris directs ou indirects de M. de Bismarck, sentant aussi qu'elle serait soutenue dans sa revendication par la susceptibilité du pays. Il ne faut pas l'oublier, la France est vive, très-chatouilleuse sur le point d'honneur, chose tout à fait inconnue de l'autre côté du Rhin; la France était confiante dans ses forces, dans ses immenses ressources, dans l'élan de ses troupes; tout à l'heure elle allait se croire provoquée et insultée par la Prusse.

Parmi les philosophes, il y en avait qui déploraient l'imminence de cette lutte terrible; d'autres qui soutenaient la nécessité réparatrice de la guerre : la France en sortirait grande, régénérée et guérie des vingt dernières années de corruption et de lâcheté. Les premiers disaient que la guerre est un fléau, que la civilisation doit, par tous les moyens, travailler à circonscrire et à combattre ; les seconds, que c'est un instrument providentiel dont Dieu se sert pour réaliser le progrès.

Le gros du peuple ne manquait pas sans doute d'orgueil national, mais il fallait, pour l'entraîner et rendre la guerre populaire, frapper son intelligence par quelque fait matériel. Les préfets, consultés sur le sentiment des populations, laissaient percer généralement, à travers leurs phrases courtisanesques, cette opinion que la paix était désirée, et qu'on n'accepterait la guerre que si elle s'imposait, c'est-à-dire que si on ne pouvait l'éviter qu'aux dépens de l'honneur et des intérêts de la France. Ce fait a une importance capitale si on songe qu'il a été vivement contesté par Napoléon III, qui a rejeté d'abord sur l'*élan irrésistible de la nation*[1], ensuite sur la Chambre et sur le ministère la responsabilité de la lutte engagée. M. de Bis-

---

[1] Les partisans de l'empereur ont, depuis, cherché et cru trouver la preuve qu'il subissait la guerre dans une phrase prononcée par lui dans sa réponse à l'adresse du Corps législatif, le 21 juillet. Voici cette phrase :

« Vous avez bien raison de rappeler les paroles de Montesquieu :
« Le véritable auteur de la guerre n'est pas celui qui la déclare,

marck, à son tour, pour entraîner l'Allemagne à sa suite dans une guerre coupable d'extermination et de conquête, a énergiquement, et à plusieurs reprises, affirmé que c'était la France qui avait voulu la guerre. Ni l'Empereur ni le Chancelier ne parviendront à obscurcir la vérité ; et la vérité ressort claire, évidente de l'ensemble des dépêches préfectorales trouvées aux Tuileries [1].

Napoléon III sentait si bien la nécessité de vaincre les dernières répugnances de la nation qu'il ne recula pas, comme on va le voir, devant la manœuvre la plus violente et la plus audacieuse pour y réussir.

L'Allemagne, plus calme, plus disciplinée, présentait un spectacle bien différent : la presse, surveillée et régentée de haut, se taisait et attendait le signal. Cependant on exploitait sourdement les rancunes et les

---

« mais celui qui la rend nécessaire. » Nous avons tout fait pour l'éviter, et je puis dire que c'est la nation tout entière, qui, dans son irrésistible élan, a dicté nos résolutions. »

Il reste à savoir si ce langage n'est pas celui d'un homme qui, ayant conscience de son parti pris, essaie de le nier, parce qu'il comprend l'odieuse responsabilité qui pèserait sur lui.

Pour que ce langage parût sincère, il faudrait qu'il fût d'accord avec les faits ; or, les faits nous montrent dans la Chambre un parti de la guerre résolu à tout ; et ce parti est composé des amis de l'Empereur ; et ce parti entraîne le cabinet à exagérer, sinon à dénaturer, les procédés du roi de Prusse.

Papiers et correspondance de la famille impériale. Paris. Imprimerie nationale. 1870-71.

craintes que le souvenir des guerres du premier empire avaient semées de l'autre côté du Rhin. Assuré du concours ardent de tous les États du Sud et du Nord dans une lutte avec la France, M. de Bismarck, resté jusqu'ici dans la coulisse, allait en sortir au moment favorable et pousser le roi Guillaume sur la pente fatale. Selon toute vraisemblance, le ministre n'avait pas besoin de convertir son maître à ses vues; mais il est permis d'ajouter foi à ceux qui prétendent que le roi Guillaume n'envisageait pas froidement les chances de la guerre, et qu'il fût nécessaire d'effacer par un coup hardi ses derniers et faibles scrupules.

Le cabinet français, cédant à la pression des interpellateurs, avait invité M. Benedetti à demander au roi de Prusse l'engagement pour l'avenir de ne pas autoriser de nouveau la candidature du prince de Hohenzollern. Avait-on bien réfléchi à la gravité de cette démarche? Avait-on songé que cette exigence, après une satisfaction importante, prenait un caractère de hauteur qui rendrait le conflit à peu près certain et mettrait contre nous l'opinion de l'Europe? On a dit, pour excuser le cabinet, que la première note remise par M. Benedetti parlait de la nécessité de rendre le retrait de l'autorisation irrévocable; en admettant ce point comme démontré (et le texte de la note ne semble pas assez explicite pour faire sans réserves cette concession), il n'en demeurera pas moins établi qu'il y avait témérité et folie à mettre le roi de Prusse dans l'obligation de déclarer, comme il le fit, que sa dignité personnelle et l'honneur de sa couronne lui interdisaient d'engager l'avenir et lui prescrivaient de réserver sa liberté d'action.

En apprenant que notre ambassadeur insistait pour obtenir des garanties plus explicites, M. de Bismarck dut éprouver une vive satisfaction. Il touchait au but de tous ses efforts; on le provoquait; il pouvait sans inconvénient briser la mince couche de glace qu'il avait sapée avec tant de précautions. Cet avantage que nous lui donnions sottement valait presque une victoire. Aussitôt il envoie à ses agents un télégramme signalant la nouvelle exigence du gouvernement français comme une preuve de l'obstination qu'on mettait chez nous à rendre le conflit sans issue [1].

A l'instant la presse allemande fut lâchée et vomit

---

[1] Ce télégramme était ainsi conçu :

« Après la communication officielle faite par le gouvernement espagnol au gouvernement français de la renonciation du prince de Hohenzollern, M. Benedetti a demandé, à Ems, au roi de Prusse, l'autorisation de télégraphier à Paris que le roi prendrait l'engagement de ne jamais permettre aucune candidature des Hohenzollern. Le roi a refusé ensuite de recevoir encore une fois l'ambassadeur et lui a fait dire par l'adjudant de service qu'il n'avait plus rien à lui communiquer. »

Ce télégramme, a dit M. de Bismarck dans une séance

sur nous un torrent d'injures et de provocations; la France ressentit vivement l'outrage, et l'Allemagne soulevée s'apprêta à prendre sa revanche des défaites d'autrefois. La conciliation devenait de plus en plus impossible.

En même temps, dit-on, l'entourage du roi commença à agir sur le monarque afin de le déterminer à rompre les négociations; on dit encore qu'on profita, pour atteindre ce but, de l'un de ces moments où le prince, sous l'influence de libations excessives, aurait perdu beaucoup du calme nécessaire à son rang et aux graves intérêts qui se débattaient. Guillaume fit dire par un aide de camp à M. Benedetti, qui insistait pour obtenir une audience, malgré un premier refus, que, n'ayant rien plus à lui répondre, désormais il ne le recevrait plus [1].

du Reichstag, a été communiqué pour gouverne, textuellement tel que les journaux le reproduisaient, aux gouvernements de l'Allemagne et aux représentants de l'Allemagne du Nord auprès de quelques cours de l'étranger, comme nouvelle sur la nature des réclamations de la France et sur la ferme résolution du roi de ne pas les prendre en considération.

[1] Dans la journée du 13, après l'entretien du matin à la promenade, le roi fit dire à M. Benedetti qu'il avait reçu de Sigmaringen une lettre personnelle lui confirmant la renonciation du prince de Hohenzollern. Dans la soirée du même jour, après avoir refusé à notre ambassadeur une audience, il lui envoya son aide de camp, qui rend compte en ces termes de sa mission :

« Le roi fit répondre par moi au comte Benedetti, après

Le télégramme de M. de Bismarck en publiant ce procédé dédaigneux fermait toute voie à une solution pacifique. Cela fait, M. de Bismarck attendit. Il voulait que la déclaration de guerre parût venir de la France; il comptait sur notre impétuosité bien connue et sur l'agitation belliqueuse signalée par ses espions sur tous les points de notre territoire.

Le bruit s'était même répandu de Paris dans les villes et jusqu'au fond des campagnes que notre ambassadeur avait été grossièrement insulté. Était-ce là une de ces rumeurs faite au hasard et de mille exagérations, ou bien était-ce une manœuvre du parti de la guerre?

Nous ne saurions le dire. Les apparences les plus graves et les plus concordantes pèsent sur le parti de la guerre. Ce fut lui, en effet, qui affirma énergiquement à la Chambre la réalité de l'outrage et demanda qu'on le crût sur parole. D'autre part, M. Benedetti, dans une lettre rendue publique, proteste que cette prétendue insulte est chimérique, et, depuis, tout est venu confirmer ce démenti, le silence

---

dîner, vers cinq heures et demie, qu'il devait décidément décliner d'entrer dans de nouvelles discussions au sujet d'assurances qui le lieraient pour l'avenir; que ce qu'il avait dit le matin était son dernier mot et qu'il ne pouvait que s'y référer. — *Signé* : A. RADZIWILL. »

(Extraits du *Moniteur prussien* du 17 juillet.

des coupables et les dénégations de M. de Bismarck.

Le duc de Gramont, ministre des affaires étrangères, porta à la Chambre et au Sénat la nouvelle d'une injure faite à notre ambassadeur et la publicité qu'une prétendue note diplomatique de M. de Bismarck lui avait donnée. Le cabinet était décidé à ne pas souffrir cet affront. M. Ollivier s'était converti à la guerre avec une ardeur et un entrain faciles à expliquer chez un esprit plus brillant que juste, plus porté aux utopies qu'accoutumé à la véritable politique. M. Ollivier déclara que la guerre était le seul parti convenable à la dignité de la France, et cette déclaration fut accueillie par les bravos frénétiques de la droite. La question ministérielle avait disparu devant la situation solennelle où se trouvait le pays.

La gauche fit de vains efforts. M. Thiers, dans un discours que l'on qualifia alors de *prussien* et que l'on trouva très-patriotique et très-sage quelques jours plus tard[1], essaya de démontrer qu'il ne fallait pas

---

[1] L'honorable député conclut ainsi :

« *M. Thiers...* L'intérêt de la France était sauf ; on a fait naître des questions de susceptibilité qui devaient rendre la guerre inévitable. La faute commise, que fallait-il faire ? Il fallait, puisque l'Europe était de si bonne volonté dans ce moment là, lui donner le temps d'intervenir de nouveau.

« *M. Granier de Cassagnac.* C'est cela ! Il fallait laisser la Prusse commencer la guerre tout à son aise...

« *M. Thiers.* Il fallait donner à l'Europe le temps d'intervenir, ce qui n'empêchait pas que vos armements continuas-

prendre de résolution précipitée, qu'il était indispensable, pour se décider, de connaître les termes de la note ou du télégramme de M. de Bismarck et les circonstances qui avaient accompagné le procédé outrageant. M. Gambetta pressa M. Ollivier et lui arracha l'aveu que la prétendue note de M. de Bismarck n'était qu'un télégramme; il déclara que les termes du document ne lui paraissaient point injurieux. On répondit que l'outrage était surtout dans le procédé du roi à l'égard de notre ambassadeur; on laissa soupçonner des détails impossibles à divulguer; on attesta que toutes les pièces avaient été communiquées à une commission, qu'il n'était pas décent de les rendre publiques. Le marquis de Talhouet, président de la commission, déclara qu'il fallait choisir entre les chances d'une réparation par les armes ou la honte de dévorer un affront. Un membre de la commission, appartenant à l'opposition, mais séparé d'elle sur la question de guerre, M. de Kératry, vint affirmer solennellement aux députés que la France avait été outragée. M. Thiers supplia qu'on sursît au vote. Mais, en présence de l'assurance donnée sur l'honneur

sent, et il ne fallait pas se hâter de venir ici apporter, dans le moment où la susceptibilité française devait être le plus exigente, des faits propres à causer une irritation dangereuse. Ce n'est pas pour l'intérêt essentiel de la Chambre, c'est par la faute du cabinet que nous avons la guerre. »

(Extrait du compte-rendu de la séance du 17 juillet.)

par le maréchal Lebeuf, ministre de la guerre, que tout était prêt pour une entrée immédiate en campagne, que nous n'aurions à acheter ni un képi, ni un bouton de guêtre, la majorité resta sourde à la voix de l'illustre vieillard. Une démarche, qu'il fit faire directement auprès de l'Empereur, pour l'avertir qu'on le trompait sur nos ressources et notre situation militaires, échoua également.

A l'heure où nous écrivons, l'opinion publique n'est pas suffisamment renseignée sur le malentendu ou la manœuvre qui fit de la Commission un instrument criminel ou inconscient du parti de la guerre. Les affirmations réitérées de cette commission, au sujet d'une injure grave qu'on demandait de ne pas divulguer dans toute sa crudité, produisirent dans la Chambre et dans le pays une émotion légitime et une indignation qu'on ne saurait blâmer. M. Ollivier, sommé d'expliquer et de préciser les faits qu'on s'obstinait à laisser dans le vague, se perdit en paroles et en appela aux appréciations de la Commission. La Chambre, qui se contenta de ces réponses évasives dans une affaire de cette importance, manqua à ses devoirs et pécha par légèreté, crédulité, parti pris ou entraînement; la commission chargée de vérifier les assertions et l'exactitude des faits pécha par ignorance et défaut de contrôle, sinon par complicité avec le parti de la guerre.

De ce jour, la guerre était, pour ainsi dire, déclarée.

Ceux qui avaient entretenu l'espoir que, dans cette querelle étrangère à l'Allemagne, les Etats du Sud n'interviendraient point, furent vite détrompés : pas un état ne refusa son concours armé au roi Guillaume, et, des onze cent mille hommes que l'Allemagne entière pouvait réunir, six cent mille environ furent en ligne dans les premiers jours du mois d'août.

Cependant nous nous bercions, de ce côté du Rhin, du vain espoir que la nature de la querelle suscitée entre les cabinets de Paris et de Berlin, écartait les chances d'un conflit général de l'Allemagne et de la France. Les partisans de la politique impériale soutenaient, que, la guerre étant fatale, inévitable, tout retard étant destiné à la rendre plus longue et plus meurtrière, on avait agi sagement en ne perdant pas la bonne occasion de la faire à propos d'un incident tout à fait étranger aux affaires intérieures de l'Allemagne.

Et puis, on croyait pouvoir compter sur l'alliance de l'Autriche. C'était chose décidée, promise; MM. de Metternich et de Gramont s'étaient entendus. Nous entrions en lice dans les meilleures conditions. Optimisme fâcheux, fruit de notre présomption et de notre ignorance des affaires de l'Europe!

La Russie, par ses organes, nous accusa de manquer de modération; presque unanimement la presse anglaise, et surtout le *Times*, nous reprocha d'avoir été provocateurs, ambitieux, brouillons; elle se mo -

qua amèrement de nos espérances de victoire et de notre enthousiasme guerrier.

Cet enthousiasme était en effet trop bruyant, trop puéril, pour ne pas manquer de dignité. Les chants de la *Marseillaise*, des *Girondins*, etc., accompagnaient à chaque heure des bandes, soupçonnées d'être à la solde de M. Piétri, qui parcouraient les rues et les boulevards de Paris avec drapeaux, oriflammes et lanternes. On criait : Vive la guerre ! à bas la Prusse ! à Berlin ! On relevait brutalement les cris de quelques groupes peu nombreux et timides qui répondaient : Vive la paix ! Les musiques militaires, les acteurs des théâtres, les troupes des cafés-concerts jouaient et chantaient les airs patriotiques les plus belliqueux. L'Empereur avait donné le signal de ces manifestations outrées en applaudissant l'air, jusque-là réputé par lui séditieux, la fameuse *Marseillaise*. On s'enivrait à l'avance du bruit des clairons, du roulement des tambours, de l'odeur de la poudre. Cela tenait du délire.

Les plus modérés avaient peine à ne pas s'indigner contre ceux qui semblaient calculer froidement la puissance militaire de la Prusse. Cette puissance avait pu triompher par surprise de l'Autriche en 1866 ; mais l'Autriche n'avait ni nos soldats invincibles, ni notre furie, ni nos terribles chassepots, si supérieurs aux fusils à aiguille, ni notre artillerie, ni nos formidables mitrailleuses, dont une seule valait presque une armée. Douter de nos succès, c'était de la folie ; c'était de la félonie !

On s'étonnait de se réveiller si guerrier après tous les signes non équivoques que les élections avaient précédemment donnés du désir de la paix ; on sentait sûrement que la France allait en quelques mois réduire à néant les machinations prussiennes et reconquérir brillamment sa prépondérance menacée ; on espérait que cette guerre amènerait à l'intérieur une trêve, sinon un apaisement durable, pour les dissensions intérieures ; on comptait enfin que cet effort, en favorisant tous les dévouements, toutes les vertus civiques, redonnerait vigueur et force au caractère national énervé ; on était disposé à oublier la série des fautes commises par la politique de l'empire depuis le démembrement du Danemark, en songeant qu'il allait nous offrir l'occasion de regagner tout le terrain perdu. Napoléon III serait peut-être devenu très-populaire si la campagne eût été heureuse ; en tout cas, il est certain qu'il put un instant sentir battre dans sa main le cœur de cette grande nation.

Avant de passer au récit des événements militaires, résumons en quelques mots les causes de la guerre et la campagne diplomatique qui l'a précédée :

Depuis la victoire de Sadowa, qui laissa en Allemagne le champ libre à l'influence prussienne et à l'œuvre de M. de Bismarck, cette guerre était devenue de plus en plus inévitable. Chaque instant qui la reculait assurait contre nous de nouvelles chances à la Prusse, car chaque instant était mis par elle à profit pour unifier militairement l'Allemagne sous l'hégémonie de Berlin, pour augmenter ses armements et achever l'organisation de l'armée allemande- La guerre était aux yeux clairvoyants de M. de Bismarck une nécessité en quelque sorte mathématique, nécessité voulue et pesée par lui et qu'il s'appliqua constamment à tenir à sa disposition jusqu'au moment opportun, c'est-à-dire jusqu'à l'heure où il se sentit assez maître de l'Allemagne et suffisamment armé. Nous avons vu comment le Chancelier fédéral, tout en réussissant à nous imposer le rôle apparent de provocateurs, en réalité nous provoqua par ses menées souterraines.

Il y avait en outre un fait qui devait toucher les plus aveugles : il était évident que le vrai perturbateur de la paix en Europe était l'homme qui, depuis dix ans, travaillait à créer un Etat nouveau, de soixante millions d'âmes, animé d'un esprit de conquête incontestable. Quand même nous aurions glissé sur l'incident espagnol, tôt ou tard nous nous serions trouvés, sous n'importe quel prétexte, en face de la nécessité créée par M. de Bismarck.

Ceci posé, nous reconnaissons en premier lieu que le fait choisi par le gouvernement français, relatif à la candidature du prince Léopold, pour susciter la guerre, n'est pas à l'abri du reproche. Pouvions-nous, sans faire acte d'intervention dans les affaires intérieures de l'Espagne, nous opposer au libre choix des Cortès? Pouvions-nous, sans faire acte d'ingérence excessive, nous occuper d'une autorisation accordée personnellement et non officiellement par le chef de la famille des Hohenzollern et non par le roi de Prusse?

En second lieu, nous reconnaissons que la satisfaction accordée à nos demandes, quoique partielle, était de nature à apaiser le conflit; nous devions craindre de paraître manquer de modération en insistant pour obtenir une promesse qui enlevait au roi Guillaume la liberté de ses actes dans l'avenir.

Les négociations furent conduites avec un défaut de suite, une confiance ridicule, une brusquerie pleine d'humeur et de maladresse, dont le dernier résultat fut de rendre à M. de Bismarck le jeu trop facile. Nous pouvions, nous devions mettre tout notre soin à forcer notre adversaire de poser le masque, et de prendre le rôle d'agresseur, qui était le sien.

Nous concluons avec M. Carl Vogt : « La guerre présente est la conséquence fatale, nécessaire de la campagne de 1866. A Paris comme à Berlin on a attisé le feu et préparé le conflit, ici à petit bruit, discrètement, là avec fracas et à grand renfort de mise en scène. Toutes les intrigues de ces dernières années n'ont eu qu'un but, mettre sur les épaules de son voisin la responsabilité de l'événement. M. de Bismarck y a réussi avec une habileté sans égale [1]. »

---

[1] Lettres politiques publiées par le *Tagespress*.

DEUXIÈME PARTIE

DE REICHSHOFFEN A GRAVELOTTE

CHAPITRE V

La guerre déclarée

Tandis que les réserves rappelées sous les drapeaux rejoignaient, par de longs et inutiles détours, les 400,000 hommes de l'armée active, disséminée sur tout le territoire et en Algérie ; tandis qu'on s'apprêtait à appeler la classe de 1869 ; tandis que nous concentrions laborieusement 220,000 hommes sur nos frontières de l'Est, et qu'on parlait de rassembler la garde nationale mobile, qui n'existait que de nom, sur le papier, et n'avait ni équipement, ni officiers, ni instruction ; tandis que notre intendance se renfermait dans sa bureaucratie et sa majestueuse impuissance, un seul mot, *mobil!* (mobilisation), un même signal tirait de l'Allemagne une armée triple de la nôtre, admirablement organisée, disciplinée. Avec une rapidité foudroyante le matériel, les convois, les transports fonctionnaient et apparaissaient de toutes parts. Près de vingt mille espions couvraient les départements de nos frontières et signalaient heure par heure nos marches, notre force, nos préparatifs. De notre côté, nous ne savions rien de l'ennemi que ce qu'il voulait bien nous apprendre lui-même ou ce qui transpirait de vagues rumeurs. Qu'avions-nous besoin d'ailleurs de tant de précautions? Quelques coups rapides allaient porter le désordre dans les forces ennemies et le prestige de nos armes suffirait presque à achever la victoire. La campagne serait plutôt une promenade triomphale qu'une série de combats. Telle était la foi robuste du plus grand nombre dans le succès qu'on jugeait comme une tracasserie de mauvais aloi le *tolle* soulevé dans les rangs de l'opposition par le mot, malheureux à plus d'un égard, de M. Ollivier, qui acceptait, disait-il, la guerre d'un *cœur léger* [1].

---

[1] « *M. Émile Ollivier*. De ce jour, commence pour les ministres, mes collègues, et pour moi, une grande responsabilité. (Oui ! à gauche.) Nous l'acceptons le cœur léger... (Vives protestations à gauche.)

« *M. Baudain*. Dites attristé.

« *M. Esquiros*. Vous avez le cœur léger, et le sang va couler !

« *M. Ollivier*. Oui, d'un cœur léger; et n'équivoquez pas sur cette parole, et ne croyez pas que je veuille dire avec joie: je vous ai dit moi-même mon chagrin d'être condamné à la guerre. Je veux dire d'un cœur que le remords n'alourdit pas,

Le 19 juillet, la guerre fut déclarée officiellement par la France à la Prusse.

La campagne s'ouvrit sur le terrain de la diplomatie. Les principaux acteurs furent MM. de Bismarck, de Gramont et Benedetti.

Le 17 juillet, l'Angleterre avait fait un suprême effort pour conjurer la tempête. L'ambassadeur anglais à Berlin, lord Loftus, écrivait au Chancelier fédéral que le Gouvernement britannique était décidé à proposer ses bons offices à la Prusse et à la France, pour l'arrangement du conflit. L'agrément des deux parties était naturellement la condition première pour que cette amicale intervention se produisît. Le cabinet français refusa cette offre, et prouva ainsi son parti pris de recourir aux armes; ce refus était de nature à nous aliéner les sympathies des neutres. C'est ce qui arriva.

Le lendemain M. de Bismarck répondit à lord Loftus :

« Je me suis hâté de communiquer à Sa Majesté la lettre du 17 courant, dans laquelle Votre Excellence

d'un cœur confiant, parce que la guerre que nous ferons, nous la subissons...

« *M. Em. Arago.* Vous la faites !

« *M. Guyot-Montpayroux.* Oui, monsieur le ministre, vous avez raison, vous la subissez.

« *M. Ollivier.* Parce que nous avons fait tout ce qu'il était humainement et honorablement possible de tenter pour l'éviter, et, enfin, parce que notre cause est juste et qu'elle est confiée à l'armée française. »

(Séance du vendredi 15 juillet 1870.)

exprime la pensée que la Prusse et la France pourraient réclamer, en vue du maintien de la paix, les bons offices d'un gouvernement ami, et fait savoir que la Grande-Bretagne serait disposée à faire les démarches désirées...

» L'ouverture de semblables négociations ne serait toutefois possible que si l'assentiment de la France était préalablement obtenu, etc. »

M. de Bismarck omettait hypocritement de dire si la Prusse était décidée, en ce cas, à accepter l'arbitrage offert ; mais il n'en déclarait pas moins au Reichstag que la France avait refusé son consentement, et que la constatation de ce refus lui parvenait dans une lettre de l'ambassadeur anglais. Il ajoutait : « La France a pris l'initiative de la guerre et persiste dans ses projets, même après que, — de l'avis de l'Angleterre aussi, — la cause du conflit avait été supprimée. » Ces déclarations achevèrent de nous donner devant l'Europe tous les torts de la provocation, et de former autour de nous le cercle d'isolement, œuvre de l'ineptie du gouvernement impérial autant que de l'habileté de M. de Bismarck.

Le 21 juillet, parut une circulaire du duc de Gramont exposant les faits qui avaient amené et nécessité la rupture. Notre ministre des affaires étrangères disait :

« ... Toute nation, nous aimons à le proclamer, est maîtresse de ses destinées, mais le droit de chaque peuple est limité par le droit d'autrui, et il est interdit à une nation, sous prétexte d'exercer sa souveraineté propre, de menacer l'existence ou la sécurité d'un peuple voisin. Cette doctrine a été admise par tous les cabinets dans les circonstances analogues à celles où nous a placés la candidature du prince de Hohenzollern, notamment en 1831 dans la question belge et en 1830 dans la question hellénique.

« La Prusse, à qui nous n'avons pas manqué de rappeler ces précédents, a paru un moment céder à nos justes réclamations... Puis, nous avons acquis la certitude que la Prusse, sans retirer sérieusement aucune de ses prétentions, cherchait seulement à gagner du temps...

« L'idée d'élever au trône d'Espagne un prince de Hohenzollern n'était pas nouvelle[1]. Déjà, au mois de mars 1869, elle avait été signalée par notre ambassadeur à Berlin, qui était aussitôt invité à faire savoir au comte de Bismarck comment le gouvernement de l'Empereur envisagerait une éventualité semblable, et n'avait pas laissé ignorer que nous *ne pourrions admettre* qu'un prince prussien vînt à régner au delà des Pyrénées.

« Le comte de Bismarck avait déclaré que nous ne devions nullement nous préoccuper d'une combinai-

---

[1] L'aveu était tardif. Pourquoi ne l'avoir pas fait d'abord à la Chambre et au pays?

son que lui-même *jugeait irréalisable*, et, en son absence, M. de Thile *avait engagé sa parole d'honneur* que le prince de Hohenzollern n'était pas et ne pouvait pas devenir un candidat sérieux à la couronne d'Espagne...

« Le gouvernement de l'Empereur avait cru à la bonne foi de ces déclarations (transmises sous toutes réserves) jusqu'au jour où s'est révélée tout-à-coup la combinaison qui en était la négation la plus éclatante. En revenant inopinément sur sa parole, la Prusse nous adressait un véritable défi. Éclairés, dès lors, sur la valeur que pouvaient avoir les protestations les plus formelles des hommes d'État prussiens, nous devions insister, comme nous l'avons fait, pour obtenir la certitude qu'une renonciation, qui ne se présentait qu'entourée de distinctions subtiles, était cette fois définitive et sérieuse. »

Ainsi, nous faisions la guerre pour un principe consacré par des précédents politiques et reconnu de toute l'Europe. L'argumentation n'était pas sans valeur en elle-même; mais nous l'affaiblissions, nous la réduisions à néant par notre impatience et notre brusquerie, par notre refus de faire l'Europe arbitre et juge du débat.

M. de Gramont était moins heureux dans la justification de nos dernières exigences. Si nous avions demandé au roi de Prusse de s'engager pour l'avenir, c'est que le passé nous avait appris à nous défier des déclarations des hommes d'État prussiens; les précédents, qui établissaient leur manque de loyauté à notre égard, nous imposaient l'obligation de ne plus nous contenter de leurs promesses, et de réclamer une entière et solide satisfaction. Comment accepter comme définitive la renonciation du prince de Hohenzollern, déjà abandonnée une première fois, et reproduite à nouveau après que M. de Bismarck l'avait jugée irréalisable; après que M. de Thile avait déclaré sur l'honneur que le prince n'était pas et ne pouvait pas devenir un candidat sérieux à la couronne d'Espagne?

M. de Gramont avait certes raison sur un point, c'est que nous étions en droit de nous défier des assurances du cabinet et de la cour de Berlin, mais n'était-ce pas une faute de mettre à nu nos mécomptes, notre excessive et naïve confiance? A tort ou à raison, dans l'opinion commune, qui dit diplomate dit homme de prudence et de précaution; en diplomatie quiconque est dupe a toujours tort. Donc, nous avions tort d'avoir cru légèrement aux appréciations de M. de Bismarck. D'ailleurs les circonstances avaient pu modifier ces appréciations, et M. de Bismarck n'était pas tenu de nous rendre compte là-dessus. Et puis, était-ce sérieusement qu'on rappelait que M. de Thile avait engagé sa parole d'honneur que le prince de Hohenzollern ne pouvait être un candidat sérieux? Était-ce à nous ou à M. de Thile de savoir ce qu'il fallait penser sur ce point? Y avait-il plus de sotte naïveté de notre part à accepter l'appréciation de M. de Thile, que de mauvaise foi du côté de M. de Thile à nous avoir présenté son opinion sous la forme la plus persuasive? Ce qui ressortait le plus de ces plaintes ridicules, c'était notre humeur d'avoir été dupés et notre facilité à nous laisser duper.

La circulaire du duc de Gramont était le premier acte des hostilités; elle mettait en cause avec violence et irritation le caractère et l'honorabilité de MM. de Bismarck et de Thile. Le Chancelier fédéral y répondit par un coup de massue; M. de Gramont avait mis les rieurs du côté de son adversaire. M. de Bismarck allait faire tourner la comédie au drame.

Le *Times*, dans son numéro du 25 juillet, publia un projet de traité entre la France et la Prusse, qui menaçait de conquête et d'annexion le Luxembourg et la Belgique [1].

On imagine aisément que les honnêtes gens qui auraient été tentés de blâmer, sur la circulaire de M. de Gramont, la conduite de M. de Bismarck, et, à défaut

---

[1] Ce projet avait quatre articles, dont nous donnons les principales clauses :

1º Sa Majesté l'Empereur des Français admet et reconnaît les acquisitions que la Prusse a faites, à la suite de la dernière guerre, contre l'Autriche et ses alliés.

2º Sa Majesté le roi de Prusse promet de faciliter à la France l'acquisition du Luxembourg. A cet effet, ladite Majesté entrera en négociations avec le roi des Pays-Bas, pour le déterminer à faire à l'Empereur des Français la cession de

de leur aide, de nous accorder leur sympathie, se trouvèrent sur le champ amenés à envelopper la France et la Prusse dans un égal mépris, dans une juste indignation.

C'était là un spectacle nouveau, et jamais en Europe on n'avait assisté à pareille lutte, où l'indécence et la fourberie servaient tour à tour à la défense et à l'attaque. Sans doute, il n'y avait dans ces révélations rien qui pût surprendre la diplomatie au courant de ces basses intrigues, mais M. de Bismarck avait bien calculé qu'elles produiraient sur l'opinion populaire, et contre nous, une sorte d'éblouissement vertigineux d'abord, ensuite une influence qui ne s'effacerait qu'à la longue.

Le cabinet des Tuileries répondit, par une note com-

---

ses droits souverains sur ce duché, moyennant telle compensation qui sera jugée suffisante ou autrement.

3° Sa Majesté l'Empereur des Français ne s'opposera pas à une union fédérale de la Confédération du Nord avec les États du Midi de l'Allemagne, à l'exception de l'Autriche, laquelle union pourra être basée sur un parlement commun, tout en respectant dans une juste mesure la souveraineté desdits États.

4° De son côté, Sa Majesté le roi de Prusse, au cas où Sa Majesté l'Empereur des Français serait amené par les circonstances à faire entrer ses troupes en Belgique ou à la conquérir, accordera le secours de ses armes à la France, et il la soutiendra de toutes ses forces de terre ou de mer, envers et contre toute puissance, qui, dans cette éventualité, lui déclarerait la guerre.

muniquée aux journaux, que, « après le traité de Prague, plusieurs pourparlers avaient eu lieu en effet à Berlin, entre M. de Bismarck et l'ambassadeur de France, au sujet d'un projet d'alliance. Quelques-unes des idées contenues dans le document publié par le *Times* avaient été soulevées ; mais le gouvernement français n'avait jamais eu connaissance d'un projet formulé par écrit, et, quant aux propositions dont on avait pu parler dans ces entretiens, l'empereur Napoléon les avait rejetées. »

De son côté, le roi de Prusse repoussait avec indignation toute complicité dans un tel projet. De plus, M. de Bismarck fit affirmer par le *Times* qu'on possédait le texte du traité, écrit de la main même de notre ambassadeur, et sur du papier de l'ambassade. Cette articulation, d'une netteté terrible, obligea M. Benedetti à confesser, dans une lettre au ministre des affaires étrangères, lettre rendue publique, que le fait allégué était exact, avec cette circonstance atténuante ou aggravante, que notre ambassadeur avait écrit, *en quelque sorte*, sous la dictée de M. de Bismarck [1] !

Les explications de M. Benedetti commencèrent

---

[1] Cette lettre est du 29 juillet. On y lit :

« Dans une de ces conversations, et *afin de me rendre un compte exact* des combinaisons de M. de Bismarck, j'ai consenti à les transcrire, *en quelque sorte*, sous sa dictée. La forme, non moins que le fond, démontre clairement que je me suis borné à reproduire un projet conçu et développé par

pour nous la longue série des humiliations qui nous attendaient. Conçoit-on un diplomate qui est obligé de rédiger un projet, pour *s'en rendre un compte exact,* et qui le rédige, *en quelque sorte,* sous la dictée d'autrui, et qui abandonne sa rédaction aux mains de M. de Bismarck! L'expression *en quelque sorte* parut généralement une finesse destinée à pallier la faute ; en réalité, elle la grossissait en attirant les regards et mettant à nu l'embarras de M. Benedetti.

Les journaux de M. de Bismarck continuèrent à révéler de temps en temps les diverses propositions faites par la France au cabinet de Berlin; ces propositions représentaient le gouvernement impérial comme un conspirateur permanent contre la paix de l'Europe et l'intégrité du territoire de nos voisins. Le but de ces manœuvres fut complétement atteint et nous nous trouvâmes sur le champ de bataille seuls, déconsidérés, haïs, avant d'avoir tiré le premier coup de fusil.

Qui pourrait se défendre d'un sentiment d'amertume et de douleur en voyant la France, soldat de

---

lui. M. de Bismarck garda cette rédaction, *voulant la soumettre au roi*. De mon côté, je rendis compte en substance au gouvernement impérial des communications qui m'avaient été faites. L'Empereur les repoussa dès qu'elles parvinrent à sa connaissance. Je dois dire que le roi de Prusse lui-même ne parut pas vouloir en agréer les bases... »

Dieu, lumière du monde, champion de la liberté, fille de l'honneur et de la gloire, la France qui n'avait jamais tiré l'épée sans faire luire au fond des cœurs généreux l'espoir d'un progrès, l'attente de quelque grand bienfait, aujourd'hui traînée à une lutte barbare, fratricide, au milieu de l'indifférence, de la haine ou du mépris de tous ?

Pauvre France !

Mais au fond de l'abîme où nos faiblesses allaient nous plonger nous devions trouver l'expiation qui régénère et purifie, la conscience qui éclaire, le repentir qui console et inspire les mâles résolutions. L'excès de nos maux, la profondeur de notre chute, la grandeur de nos désastres, tout cela joint au souvenir de notre passé et de nos services, nous ramena les sympathies du monde entier et prépara notre revanche. La cruauté et la rage du vainqueur réhabilitèrent et glorifièrent le vaincu.

CHAPITRE VI

Frœschwiller et Forbach

Le 21 juillet, Napoléon III lança la proclamation suivante :

« Français !

« Il y a dans la vie des peuples des moments solen-
« nels où l'honneur national violemment excité s'im-
« pose comme une force irrésistible, domine tous les
« intérêts et prend en mains la direction des affaires
« de la patrie. Une de ces heures décisives vient de
« sonner pour la France..... En présence des nou-
« velles prétentions de la Prusse, nos réclamations se
« sont fait entendre. Elles ont été *éludées* et suivies
« de procédés dédaigneux. Notre pays en a ressenti
« une profonde irritation, et aussitôt un cri de guerre
« a retenti d'un bout de la France à l'autre..... Nous
« ne faisons pas la guerre à l'Allemagne, dont nous
« respectons l'indépendance. Nous faisons des vœux
« pour que les peuples qui composent la grande na-
« tionalité germanique disposent librement de leurs
« destinées. Quant à nous, nous réclamons l'établis-

« sement d'un ordre de choses qui garantisse notre
« sécurité et assure l'avenir. Nous voulons conquérir
« une paix durable, basée sur les vrais intérêts des
« peuples... Dieu bénisse nos efforts! Un grand peu-
« ple qui défend une cause juste est invincible. »

Le maréchal Lebœuf, ministre de la guerre, remplacé au ministère par le général Dejean, chef de l'Intendance, fut nommé major-général de l'armée du Rhin. Les maréchaux Canrobert, Bazaine et Mac-Mahon furent mis à la tête de divers corps d'armée. Sans prendre aucun titre militaire, l'Empereur s'était réservé le commandement suprême. On annonça qu'il emmènerait le prince impérial.

On ressentit quelque inquiétude en apprenant que Napoléon III allait diriger les opérations. Les souvenirs de la campagne d'Italie, où son incapacité militaire avait apparu si manifestement, n'étaient pas effacés. Celui qui écrit ces choses avait suivi de l'œil, sur la carte, et plus tard sur le sol lui-même, les étapes, les marches et contre-marches de notre armée dans la Lombardie ; il avait entendu de plusieurs officiers supérieurs l'aveu des fautes et de l'incapacité du généralissime. Personne n'ignorait que la victoire était due à la supériorité de notre artillerie et à l'élan de nos braves soldats, et que si la connaissance des lieux et le talent stratégique avaient pu contrebalancer l'avantage immense de nos canons rayés, nous eussions éprouvé plus d'un revers.

On se demandait aussi quel homme nous allions opposer au général de Moltke, cet habile stratégiste, ce méditateur étonnant qui avait préparé et exécuté avec tant de précision la campagne terminée en six jours par la victoire de Sadowa? Il n'y avait dans l'armée française aucun général que la voix publique désignât comme capable de prendre l'initiative d'un plan hardi et sérieux. Un corps, comme celui de l'état-major, ne manque pas sans doute de capacités ; les hommes spéciaux, instruits y fourmillent ; mais, en campagne, les comités, leurs études, leurs décisions manquent d'ensemble, d'énergie, de spontanéité, de promptitude. C'est surtout à la guerre qu'on sent l'importance et la nécessité absolue d'une direction unique, rapide, libre de ses mouvements dans l'exécution. A la rigueur, l'état-major pouvait élaborer un plan, même un bon plan ; mais l'important était de l'exécuter, et il était à craindre que ce plan, livré à des chefs jaloux les uns des autres, ne fût mal suivi, commenté diversement et n'échouât faute d'entente. On disait bien que l'Empereur n'allait à l'armée que pour établir cette entente nécessaire et nullement pour y faire prévaloir ses vues personnelles ; cependant on constatait avec regret que des commandements considérables étaient attribués à des officiers dont les mérites personnels ne comportaient pas une si haute distinction.

La présence de l'Empereur à Metz devint en effet

plus gênante qu'on n'avait lieu de le craindre sur ces assurances. Le chef de l'État transporta au camp les excès du favoritisme de cour, énerva l'attaque et embarrassa la défense ; par faiblesse ou par calcul, loin d'atténuer il aviva peut-être des rivalités et des rancunes personnelles.

La place d'un chef d'armée était au milieu des premières troupes concentrées ; l'Empereur resta à Paris jusqu'au 28 juillet. On s'étonnait, on s'impatientait de cette lenteur ; on se consolait en songeant que la besogne se faisait sans doute, et en chantant avec un entrain croissant la *Marseillaise* et les *Girondins*. Enfin l'Empereur partit sans bruit de Saint-Cloud, emmenant avec lui son fils, auquel il voulait ménager la solide popularité que la France accorde aux princes revenus victorieux des champs de bataille. Beaucoup blâmèrent, avec raison, cette mise en scène et déclarèrent ridicule la prétention de rendre héroïque un enfant de quatorze ans.

Arrivé à Metz, Napoléon III adressa aux troupes l'ordre du jour qui suit :

« Soldats !

« Je viens me mettre à votre tête pour défendre
« l'honneur et le sol de la Patrie. Vous allez combat-
« tre une des meilleures armées de l'Europe... La
« guerre qui commence sera longue et pénible, car

« elle aura pour théâtre des lieux hérissés d'obstacles
« et de forteresses; mais rien n'est au-dessus des ef-
« forts persévérants des soldats d'Afrique, de Crimée,
« de Chine, d'Italie et du Mexique... Quel que soit le
» chemin que nous prenions hors de nos frontières,
« nous y trouverons les traces glorieuses de nos pè-
« res. Nous nous montrerons dignes d'eux. La France
« entière vous suit de ses vœux ardents. De nos suc-
« cès dépend le sort de la liberté et de la civilisa-
« tion. »

L'Impératrice avait été nommée régente et devait gouverner de concert avec le Cabinet, en se conformant à des instructions secrètes laissées par l'Empereur.

M. Ollivier venait de prendre une mesure utile, en interdisant aux journaux les indications des mouvements de troupes; le Corps législatif, au moment de se séparer, avait autorisé par une loi spéciale la répression de ces indications. On s'étonnera peut-être un jour que cette loi ait paru nécessaire et qu'elle ait été sur le point d'être exécutée. Le plus simple patriotisme n'était-il pas une garantie suffisante et un motif sûr de discrétion? Nous pensons qu'une recommandation générale, pareille à celle du cabinet de Berlin, et dont on aurait pu d'ailleurs surveiller par des moyens faciles la stricte exécution, eût conjuré le danger redouté par M. Ollivier. Ici encore, le chef du Cabinet laissa voir, par l'attitude violente et outrée qu'il prit, combien il se sentait faible et troublé. Nous signalons cet incident, sans portée au fond, puisqu'on n'alla point jusqu'à la répression, mais pour caractériser les derniers instants du ministère.

De son côté, la presse, plus soucieuse de ses intérêts mercantiles que des intérêts du pays, toujours à l'affût des moindres rumeurs propres à nourrir la curiosité vaine et passionnée d'un public déjà gâté par elle, devenait un embarras réel dans les circonstances présentes. Jamais on ne s'aperçut mieux combien nous étions submergés par un journalisme bavard, frivole, vivant de commérages, évitant avec une sorte d'horreur les questions graves, relatives aux intérêts les plus respectables, ignorant tout, depuis la philosophie et l'histoire jusqu'à l'orthographe et la grammaire. Il restait à peine des générations de 1830 et de 1848 quelques publicistes, hommes de talent et de conviction, à peu près noyés dans cette mer houleuse et changeante de la presse parisienne; on les lisait peut-être encore par un reste d'habitude, mais en bâillant et vite, afin d'arriver aux émouvants *entrefilets*, aux fades *échos*, aux écœurantes *chroniques* des littérateurs délicats et fameux qui délectent, hélas! nos contemporains.

En même temps il fut résolu qu'on ne recevrait aucun *reporter* au quartier général. Bonne mesure qu'on pouvait prendre sans qu'il fût nécessaire de la crier sur les toits. Le bruit des réclamations devint assourdissant: cette affaire de boutique et de puérile curiosité faillit prendre les proportions d'une affaire politique. Était-ce bien là les préoccupations qui convenaient à un grand peuple à la veille d'une lutte aussi formidable? Cette curiosité, portée jusqu'à la frénésie, était-elle la passion qui devait faire battre en ce moment un cœur français?

Cette indécence n'était pas la seule qu'on eût à déplorer; tandis que certaines feuilles ne tarissaient pas en plaisanteries d'un goût douteux, à l'adresse de nos ennemis, tandis que d'autres les couvraient de grossiers outrages, en représailles de ceux que les journaux d'outre-Rhin lançaient contre nous, tandis que d'autres s'emparaient par avance de la Prusse-Rhénane, du Palatinat, de Cologne, de Trèves, de Mayence, refaisaient la carte d'Europe, anéantissaient la Prusse, rectifiaient nos frontières, ameutaient contre nous les neutres, et forgeaient des prétextes à M. de Bismarck pour nous accuser d'attenter à l'intégrité du sol germanique, on voyait d'autres feuilles obstinées à défendre la cause perdue de la paix, par esprit d'opposition systématique, et à prédire d'affreux malheurs dont il fallait par avance châtier le gouvernement. Ainsi, les uns par légéreté, les autres par maladresse, les autres par un entêtement honteux discréditaient et déshonoraient leur pays.

Il ne se passait point de jour que quelque note officieusement communiquée ne vînt donner une haute idée de ce qui se préparait et des immenses ressources qu'on accumulait à la frontière. Dans ces notes on entendait le retentissement sonore de l'artillerie qui ébranlait les routes, on voyait d'interminables convois de matériel et d'approvisionnements, on admirait des régiments, des divisions, des armées entières accourus en nuées épaisses ; on célébrait Mac-Mahon, le vainqueur de Magenta ; Canrobert, le vétéran de Crimée ; Bazaine, l'intrépide conquérant du Mexique ; Frossard, l'indomptable ; de Failly, l'énergique et le merveilleux ! On achevait de se griser de la valeur des zouaves, de l'élan des turcos, de la rapidité de nos chasseurs d'Afrique, de la solidité de nos troupes de ligne. On racontait avec emphase des affaires d'avant-postes dans lesquelles trois coups de feu avaient été tirés, un soldat blessé à la main, une sentinelle abattue. Dans ces bulletins regrettables, attribués à Napoléon III, on racontait déjà la portée étonnante du fusil Chassepot, l'effroi des Prussiens et l'audace des nôtres. Ces tristes fanfaronnades étaient bien loin des magnifiques et sobres bulletins de Napoléon Ier !

Près de quinze jours s'étaient écoulés depuis la déclaration de guerre, sans qu'un fait d'armes vînt nous apprendre si le rôle de nos armées devait être offensif ou défensif. On prêtait ce mot au général de Moltke : « Si les Français ne sont pas sous les murs de Mayence avant le 25 août, ils n'y arriveront pas. » M. de Moltke ne se trompait pas.

Les nouvelles officielles n'étaient pas confirmée

par les rapports des témoins oculaires revenus du théâtre de la guerre. Nous avons entendu l'un d'eux, aux premiers jours d'août, détruire bien des illusions et provoquer des appréhensions trop justifiées depuis. « Ne vous forgez pas de chimères, disait-il ; nous ne sommes prêts en aucune façon. Il a fallu, pour le croire, que je m'en convainque de mes propres yeux. Les troupes n'arrivent que lentement ; l'équipement n'est pas achevé, les réserves n'ont pas rejoint ; les cadres sont incomplets et nos régiments ne comptent en moyenne que 12 ou 1,500 hommes ; les approvisionnements ne se font pas ; on parle seulement maintenant des adjudications de viande fraîche. L'Alsace et la Lorraine sont inondées d'espions. Nous ne savons rien de l'ennemi, qui connaît parfaitement jusqu'à nos moindres tâtonnements. »

Notre base d'opérations était la forteresse et le camp retranché de Metz. Nos lignes s'étendaient de la Moselle au Rhin, de Forbach à Strasbourg. On surveillait ainsi les avenues par où l'ennemi pouvait se présenter, mais on affaiblissait, en les disséminant, nos forces relativement peu nombreuses. Cette disposition, toutefois, était louable, si nous voulions garder la défensive ; sinon, elle était absurde, car elle n'offrait que des dangers sans aucune compensation.

Or, voici quel était le plan de l'Empereur, que nous

révèle un écrit dicté ou inspiré par lui-même[1]. Nous devions concentrer à Metz 150,000 hommes, à Strasbourg 100,000, à Châlons 60,000. Les deux premières armées réunies passaient le Rhin à Maxau, séparaient la Confédération du Nord de l'Allemagne du Sud, obligeaient celle-ci à la neutralité, entraînaient les armées prussiennes loin des forteresses du Rhin, et frappaient un coup décisif avant que les forces allemandes eussent pu se concerter et se joindre.

Projet insensé, fondé sur cette grosse erreur que nous pouvions dépasser la Prusse par la rapidité de nos préparatifs et de nos premières concentrations. C'était donc en vain que notre attaché militaire à Berlin avait résumé ses rapports par cette conclusion : « Nous ne surprendrons pas la Prusse ; en vingt jours elle peut jeter sur nos frontières plusieurs armées excellentes, chacune de 100,000 hommes. » Le 6 août, plus de vingt jours après la déclaration de guerre, Napoléon III maintenait encore son plan et songeait à prévenir l'ennemi ; et pourtant l'Empereur, de son propre aveu[2], ayant à grand'peine réuni 220,000 hommes, avait pu se rendre compte des lenteurs et des obstacles que l'administration militaire et l'emploi des chemins de fer apportaient à l'exécution

---

[1] *Des Causes qui ont amené la capitulation de Sedan*, par un officier de l'état-major général de l'armée du Rhin. On trouvera plus loin l'analyse de ce document.

[2] Même document.

de son projet. Et personne dans l'état-major, dont l'un des chefs, M. Jarras, devait connaître par les nombreux rapports envoyés au Dépôt de la guerre l'organisation et la force des armées allemandes, personne ne signalait le vice et le danger de ce plan.

Notre offensive était donc non-seulement chimérique, mais, de plus, elle avait le tort très-grave de se préparer de façon à ne pas prévoir le cas, où, même par accident, elle deviendrait impossible et rendrait la défensive nécessaire. La préoccupation de l'attaque et la presque certitude de la victoire nous conduisaient à négliger une précaution vulgaire, mais d'absolue nécessité, celle qui consiste à prévoir un échec. Nous pensions à envahir l'Allemagne, nullement à nous défendre contre l'invasion. Les Vosges offraient un rempart formidable avec les populations armées, soutenues de quelques corps-francs dirigés par des officiers énergiques; la ligne de la Moselle, défendue par Toul, Metz et Thionville, pouvait longtemps arrêter l'ennemi. Mais on n'avait rien fait pour assurer la défense des Vosges, et les places de la Moselle et du Rhin n'étaient ni armées ni approvisionnées suffisamment[1]. De Sierk à Wissembourg, par Bitche et Saint-Avold, nos forces

---

[1]. De Metz, l'intendant général écrit le 20 juillet :
« Il n'y a, à Metz, ni sucre, ni café, ni riz, ni eau-de-vie, ni sel; peu de biscuit. »
De Strasbourg, le 20 juillet, le général Ducrot écrit : « Demain, il y aura à peine 50 hommes pour garder Neuf-Brisach. Fort Mor-

n'étaient pas assez étroitement reliées. Notre première ligne présentait à l'ennemi un front facile à trouer partout, ou même ouvert sur plusieurs points. Notre seconde ligne était trop éloignée de la première pour intervenir à temps, afin d'empêcher ou d'amoindrir un échec.

Suivant les tableaux officiels, l'armée française se compose de 400,000 hommes pour l'armée active et de 250,000 pour la réserve. En temps de paix l'armée de la Confédération du Nord est de 300,000 hommes; en temps de guerre, la première moitié des réserves, y compris le quatrième bataillon ajouté à chaque régiment, donne 680,000 hommes; la seconde moitié, c'est-à-dire la landwehr, donne 270,000 hommes. A ces 950,000 hommes il convient d'ajouter pour les États du Sud 150,000 hommes; ce qui offre un total de 1,100,000 combattants pour l'Allemagne et de 650,000 pour la France. Nous avions bien encore la garde nationale mobile, environ 800,000 hommes, mais cette institution avait été abandonnée; les

---

tier, Schlestadt, la Petite-Pierre et Lichtemberg sont également dégarnis. »

A Thionville, la garnison, qui devrait être de 4 à 5,000 hommes se compose, au 8 août, de 1,000 hommes dont 600 mobiles, 90 douaniers et 300 cavaliers ou artilleurs non instruits.

A Mézières, le 25 juillet, il n'existe dans la place ni biscuit ni salaisons. De même à Sedan.

De Verdun, le 7 août, on mande qu'il n'y a dans la place ni vin, ni eau-de-vie, ni sucre, ni café, ni lard, ni légumes secs.

hommes qui devaient la composer n'avaient reçu ni armement, ni équipement, ni instruction.

Dans les derniers jours de juillet, les forces françaises rassemblées dans l'Est étaient composées et disposées de la manière suivante :

Le 1er corps, sous le maréchal de Mac-Mahon (environ 40,000 hommes), à Strasbourg.

Le 5e corps, commandé par le général de Failly, à Bitche, Sarreguemines et Rohrbach.

Le 2e corps, commandé par le général Frossard, à Saint-Avold.

Le 4e corps, commandé par le général de Ladmirault, à Thionville, complétait notre première ligne et un effectif pour cette ligne d'environ 100,000 hommes.

En seconde ligne, nous avions, à Metz, le 3e corps, sous le maréchal Bazaine et la garde impériale à peu près 60,000 hommes.

En troisième ligne, nous avions le 6e corps à Châlons, sous le maréchal Canrobert, avec une réserve de cavalerie et le 7e corps du général Félix Douay, en formation à Belfort.

Sur ces 260,000 hommes, 160,000 seulement, c'est-à-dire ceux de la première et de la seconde ligne, pouvaient entrer de suite en opérations ; le reste devait attendre une dizaine de jours pour achever son organisation.

Les sept corps de l'armée du Rhin avaient 650 bouches à feu, canons ou mitrailleuses. Les approvisionnements, les ambulances, les objets d'équipement et de campement laissaient beaucoup à désirer. On improvisait à la hâte et en désordre ce qui concernait ces divers services. Les divisions des 1er et 6e corps n'étaient pas au complet. Nos provisions en subsistances et munitions s'accumulaient à la frontière dans des villes ouvertes comme Sarreguemines et offraient à l'ennemi, en cas d'invasion, une proie facile et l'avantage d'un prompt ravitaillement. A l'exception de Strasbourg et de Metz [1], nos places fortes étaient dépourvues des ouvrages avancés rendus indispensables par les perfectionnements de l'artillerie; elles n'avaient ni vivres ni garnisons suffisants pour soutenir de longs sièges ou pour assurer à nos armées des bases d'opérations solides. Les Prussiens nous avaient pourtant donné l'exemple en créant autour de leurs forteresses des défenses formidables, en les armant de pièces puissantes, en nettoyant leurs abords, dès le lendemain de la déclaration de guerre, enfin en les débarrassant des bouches inutiles et en y faisant affluer les provisions.

Dix jours après la déclaration de guerre, les confé-

---

[1] Sur les instances du maréchal Niel on se décida à compléter le système des défenses de Metz; toutefois, lors de l'investissement de la place, plusieurs forts étaient seulement tracés, d'autres n'étaient pas encore armés et les troupes de Bazaine durent, pour assurer à la forteresse une résistance sérieuse, exécuter des travaux jugés absolument nécessaires.

dérés avaient non-seulement pourvu à la mise en état des forteresses du Rhin, mais encore réuni trois armées immenses.

La première armée, à droite, dans la vallée de la Sarre, sous les ordres du général Von Steinmetz, comprenait les contingents des provinces rhénanes et de la Westphalie; elle avait trois corps : le 1er, le 7e et le 8e, auxquels devaient bientôt se joindre la 3e division de réserve et une division de cavalerie; en tout 120,000 hommes.

La deuxième armée opérait au centre, de Sarrebruck à Landau. Elle était commandée par un neveu du roi, Frédéric-Charles, illustré déjà dans la campagne de Bohême et réputé le meilleur élève du vieux chef général de l'état-major prussien, M. de Moltke. La deuxième armée comprenait les contingents de la Prusse sous Manteuffel et Gœben, du Hanovre et de la Saxe. Elle comptait, outre trois divisions de cavalerie, sept corps : le 2e, le 3e, le 4e, le 9e, le 10e, le 12e, et la garde royale, sous le prince de Wurtemberg; elle était forte de 240,000 hommes.

La troisième armée, commandée par le prince héritier, Frédéric-Guillaume, et tenant l'aile gauche des Confédérés, s'avançait vers Wissembourg; elle était forte d'environ 160,000 hommes et comprenait les contingents du duché de Posen, de la Silésie, de la Bavière, du duché de Bade et du Wurtemberg.

A ces 520,000 hommes prêts à fondre sur nous,

nous n'avions à opposer que les 160,000 hommes dispersés sur nos deux premières lignes. En supposant ces deux lignes engagées, ce qui n'eut point lieu, nous étions donc à peu près un contre quatre. A l'écrasante supériorité du nombre les Confédérés joignaient l'avantage d'un commandement intelligent, ferme et admirablement servi par un état-major hors de toute comparaison avec le nôtre, et l'avantage non moins sérieux que leur assuraient la qualité et la quantité de l'artillerie ; à nos 650 bouches à feu ils pouvaient en opposer 1,450, d'un tir plus rapide, plus juste, plus étendu que les nôtres.

On résolut, à Metz, d'occuper les Prussiens au Nord pendant que nous effectuerions le passage du Rhin. Deux attaques feintes aux extrémités des ailes devaient masquer l'opération principale. On eut le tort de ne pas produire ces attaques en même temps, pour laisser l'ennemi incertain du point sur lequel il lui faudrait se concentrer, et l'obliger ainsi à diviser ses forces. On eut le tort plus grave, contre les règles de la prudence la plus simple, de livrer cette fausse attaque plusieurs jours avant le moment où le passage du fleuve pourrait s'effectuer. Même si notre démonstration eût réussi, on compromettait de la sorte l'opération principale. Mais l'ennemi ne nous laissa pas le temps de prendre l'offensive; l'attaque sur sa droite était à peine tentée que nous fûmes refoulés, écrasés aux deux ailes et au centre et surpris sur notre seconde et sur notre troisième ligne *en flagrant délit de formation*[1].

Le 2 août, une division du 2e corps, qui s'était portée de Saint-Avold sur Forbach, attaqua et prit les hauteurs qui dominent la petite ville de Sarrebruck. L'ennemi n'était pas en force sur ce point : le succès fut aisé et le résultat sans portée à cause de l'inaction qui suivit. La nouvelle en vint à Paris dans le style le plus pompeux et le plus exagéré[2] ; on qualifia de victoire un mince avantage qu'il eût mieux valu taire ; l'Empereur racontait le sang-froid de son fils sur le terrain où pleuvaient les balles et où tombaient les

---

[1] Ce sont les propres expressions du mémoire, déjà cité, sur *Les causes qui ont amené la capitulation de Sedan.*

[2] « Aujourd'hui, 2 août, à onze heures du matin, les troupes françaises ont eu un sérieux engagement avec les troupes prussiennes. *Notre armée a pris l'offensive, franchi la frontière et envahi le territoire de la Prusse.* Malgré la force de la position ennemie, quelques-uns de nos bataillons ont suffi pour enlever les hauteurs qui dominent Sarrebruck, et notre artillerie n'a pas tardé à chasser l'ennemi de la ville. L'élan de nos troupes a été si grand que nos pertes ont été légères. L'engagement, commencé à onze heures, était terminé à une heure. L'Empereur assistait aux opérations, et le Prince Impérial, qui l'accompagnait partout, a reçu sur le premier champ de bataille de la campagne le baptême du feu. Sa présence d'esprit, son sang-froid dans le danger ont été dignes du nom qu'il porte. A quatre heures, l'Empereur est rentré à Metz. »

(Extrait du *Journal officiel.*)

La dépêche par laquelle l'Empereur annonçait ce succès à l'Impé-

hommes ; des flatteurs renchérissaient là-dessus et parlaient des projectiles ramassés par le jeune prince et envoyés par lui à ses amis, à titre de souvenir. Tout cela était ridicule et inhabile. L'Empereur revint dîner à Metz, après avoir assisté à la prise de Sarrebruck, le matin. On rapporta religieusement ces allées et venues.

Ce qu'on ne nous disait pas, c'est que Napoléon III avait exigé, pour s'indemniser des frais de son entrée en campagne, six cent mille francs et des sommes énormes pour les officiers de sa maison [1] ; c'est qu'il traînait à sa suite une armée de cuisiniers, de valets,

---

ratrice, est surtout curieuse en ce qui concerne le prince impérial. En voici le texte authentique :

« Louis vient de recevoir son baptême du feu. Il a été admirable de sang-froid, n'étant nullement impressionné, et semblait se promener au bois de Boulogne. Une division du général Frossard a pris les hauteurs qui dominent la rive gauche de Sarrebruck. Les Prussiens ont peu résisté. Il n'y a eu qu'un feu de tirailleurs et de canonnade. Nous étions en première ligne ; mais les balles et les boulets tombaient à nos pieds. »

Bientôt on apprenait que le jeune prince envoyait à ses amis des balles ramassées sur le champ de bataille. C'était, disait-on, les dragées du baptême.

[1] Il faut lire dans les *Papiers et correspondance de la famille impériale* (2ᵉ livraison, pages 55 et 56) les détails relatifs à l'organisation de la maison de l'Empereur, au service de la table, à l'ordre des chambellans et valets.

Il était alloué, à titre d'indemnité d'entrée en campagne, aux aides de camp de l'Empereur 20,000 fr., aux officiers d'ordonnance, 15,000 fr.

de chambellans; c'est qu'il tenait table ouverte deux fois par jour et que les mets les plus recherchés y étaient servis à profusion : c'est qu'il occupait avec ses chevaux, ses bagages et ses voitures un convoi difficile à mouvoir et à protéger et qui avait encombré plusieurs jours le chemin de fer de l'Est. Après cela, on ne devra pas s'étonner que les maréchaux fussent entraînés à mener grand train, eussent aussi leurs maisons et leurs bagages. Les autres chefs de corps, prétendants désignés au maréchalat, faisaient de leur mieux pour n'être pas totalement éclipsés par leurs collègues.

Autres étaient les mœurs des princes et des généraux dans l'armée prussienne; ils mangeaient le plus souvent où et quand ils pouvaient; leur domestique se réduisait à une ordonnance, leur bagage à une légère valise, leur écurie à quelques chevaux de rechange. Pas un seul parmi eux ne songeait à contrôler ou à critiquer les ordres du quartier général; chacun rivalisait de ponctualité et de passive obéissance; les plus élevés donnaient l'exemple de la soumission aveugle.

L'affaire de Sarrebruck donna un dernier coup de fouet à l'enthousiasme populaire qui ne connut plus de bornes et se répandit en dithyrambes passionnés où l'on célébrait la chute de la Prusse, l'agrandissement de la France et la sublime vaillance de nos troupes.

Les nouvellistes de Paris, mis en goût par ce début, commencèrent à semer les bruits les plus énormes pour tenir leur public en haleine et débiter plus aisément leur marchandise. Il s'agissait du passage du Rhin, heureusement opéré par Mac-Mahon, qu'on savait de ce côté ; de l'écrasement d'une armée ennemie, de l'envahissement du duché de Bade, etc. Des spéculateurs exploitaient ces bruits avec une impudeur révoltante, à la Bourse. On accusa les ministres de tolérer et d'exploiter ces infamies [1].

Tout à coup on apprend qu'une division [2], sous les ordres du général Abel Douay, avait été surprise et presque anéantie en avant de Wissembourg. Ce revers éclaira d'une lueur sinistre la campagne qui s'ouvrait. Les 8,000 hommes employés à cette reconnaissance offensive [3] ; furent attaqués, le 4 août, à l'improviste, à neuf heures, pendant le repas du matin. Le général ignorait la présence et la force des Confédérés ; il avait, dit-on, négligé une précaution élémentaire, celle d'éclairer sa marche et de placer des grandes

---

[1] Ces bruits avaient peut-être pour origine les indiscrétions échappées aux cercles officiels, dans lesquels on pouvait connaître le fameux plan impérial.

[2] La 2e du 1er corps.

[3] Deux bataillons de turcos (tirailleurs algériens), deux bataillons du 74e de ligne, deux batteries d'artillerie et deux régiments de cavalerie.

gardes de manière à assurer sa sécurité. L'attaque fut soutenue résolûment par les nôtres; après une lutte inégale et prolongée contre des forces énormes, dans laquelle nos soldats se firent tuer en braves sans lâcher prise, la retraite devînt presque impossible, tant l'engagement avait été furieux. Les turcos, qu'un témoin compare à un mur mouvant et vivant de lions, se signalèrent par une intrépidité terrible et moururent sur les canons qu'ils avaient arrachés à l'ennemi victorieux. Le prince royal avait avec lui 50,000 hommes; il en engagea plus de 20,000. La résistance héroïque de la division Douay dura jusque vers quatre heures du soir; nous laissâmes sur le terrain 3,500 hommes, tués ou blessés.

Le général, suivant les uns, chercha la mort volontairement; suivant d'autres, il fut atteint en faisant d'inutiles efforts pour rallier les débris de ses troupes. Selon une version, qui paraît plus véridique, il fut frappé mortellement derrière une batterie de mitrailleuses dont il avait voulu diriger le tir. On put le transporter dans une ferme voisine transformée en ambulance. C'est là qu'il rendit bientôt le dernier soupir[1].

La reconnaissance du général Douay était sans doute

---

[1] Voici un détail qui en dira plus long que toutes nos réflexions sur l'une des principales causes de nos revers : la veille du combat le général Abel Douay demandait au sous-préfet de Wissembourg des renseignements topographiques et la carte du pays.

destinée à seconder la fausse attaque de Frossard sur Sarrebruck. Si on peut reprocher à l'état-major général de n'avoir point fait coïncider ces deux démonstrations, on a, à plus forte raison, le droit de s'étonner qu'on ait pu laisser opérer dans l'isolement, à la frontière, dans les lignes de l'ennemi, l'avant-garde du 1er corps. La responsabilité de cette faute pèse à la fois sur l'Empereur, général en chef, responsable de tous les mouvements, sur le maréchal Lebœuf, major-général, chargé de combiner et d'ordonner ces mouvements, et sur le maréchal Mac-Mahon, lequel devait échelonner ses divisions de manière à ce qu'elles se prêtassent secours au besoin.

La veille de cette malheureuse journée, le 5 août, le 1er corps avait évacué Strasbourg se dirigeant, par Hagueneau, vers le Nord. Il ne restait dans la ville que le 87e de ligne et les dépôts de quatre régiments d'infanterie [1]. Le général Uhrich, commandant la 6e division territoriale et la place de Strasbourg

---

[1] Une dépêche du général Uhrich, transmise par Schlestadt, le 22 août, dénombre ainsi la garnison qui défendit Strasbourg :

Officiers : 297, appartenant aux corps stationnés dans la ville, 123, appartenant à la garde mobile, 42, appartenant aux isolés revenus de Frœschwiller.

Hommes . 7,043 appartenant aux corps stationnés, 3,170 appartenant à la garde mobile, 1,598 appartenant aux isolés de Frœschwiller.

Il y avait en outre 730 chevaux, appartenant aux corps stationnés à Strasbourg, et 408 aux isolés.

En tout 12,273 hommes et 1,138 chevaux ; « mauvaise garnison, » ajoute le général, avec laquelle il fit cependant des prodiges.

demanda au maréchal, le 4 août, au moment où celui-ci allait partir, une brigade d'infanterie et des troupes d'artillerie nécessaires à la défense[1]. Mac-Mahon fit observer que Strasbourg étant couvert par le 1er corps, une garnison nombreuse était inutile, que dans le cas où le 1er corps opèrerait hors du rayon de Strasbourg, on lui enverrait du renfort; que, du reste, il allait passer la frontière vers le Nord-Est. Cette imprudente confiance recevait, à l'heure même où avait lieu cet entretien, une cruelle leçon.

Le matin du 4 août, le maréchal avait reçu du quartier impérial de Metz une dépêche annonçant qu'il serait attaqué ce jour-là ou le lendemain. N'importe! il songeait toujours à envahir le territoire de l'ennemi; loin de s'inquiéter de cet avis, de se porter sur-le-champ en avant, au milieu de ses divisions échelonnées de Wissembourg à Reichshoffen, à Soultz et Niederbronn, il ne partait que dans l'après-midi et apprenait en route la fatale surprise du général Douay, qu'on aurait pu secourir avec un peu de vigilance et de promptitude. A Hagueneau, il ralliait à six heures du soir une brigade de cavalerie et se dirigeait vers Reichshoffen, où il arrivait, le 5 août, à une heure du matin. Il en repartait, deux heures après, pour choisir entre la forêt

---

[1] Nous empruntons en grande partie ces détails et ceux qui vont suivre sur les batailles de Reichshoffen et de Sedan à un écrit intitulé : *de Frœschwiller à Sedan*, journal d'un officier du 1er corps, in-12, chez Hachette, à Tours, 1870.

de Hagueneau et les Vosges les situations qu'il fallait défendre.

La nouvelle de l'échec de Wissembourg avait suscité dans toute la France une vive animation. L'opinion, si facile à inquiéter chez nous, réclama une revanche prompte, éclatante. L'Empereur, cédant à ce désir, qu'il fallait subordonner aux exigences de la situation militaire, envoya, assure-t-on, l'ordre impérieux au maréchal de Mac-Mahon de marcher en avant coûte que coûte; il prescrivait en même temps au 5e corps, cantonné aux environs de Bitche, d'appuyer notre attaque et le plaçait sous le commandement du maréchal.

Le 5e corps avait ses divisions éparpillées à Sarreguemines, Rohrbach, Bitche et Niederbronn. Le 4 août, il reçut un ordre ainsi conçu du quartier impérial : « Soutenez avec vos deux divisions celle que vous avez à Bitche. » Le lendemain au soir cet ordre était un peu lentement, peut-être, et incomplètement exécuté [1]. En même temps Mac-Mahon annonce au général de Failly que le 5e corps passe sous son commandement, et lui prescrit de rejoindre le 1er corps le plus vite possible. De Failly répond que, le 6 au

---

[1] La division Goze, seule, atteignait Bitche; la division l'Abadie laissait à Sarreguemines, attendant l'arrivée des troupes du 2e corps, la brigade Lapasset, qui fut entraînée dans la déroute de Forbach, et, réduite à la brigade de Maussion, venait camper à Rohrbach, d'où deux alertes retardèrent son départ le lendemain.

matin, la division Guyot de Lespart (1ʳᵉ du 5ᵉ corps) partira pour Niederbronn et que « les autres divisions suivront aussitôt leur arrivée successive à Bitche [1] »

Le maréchal, connaissant la concentration en voie d'accomplissement du 5ᵉ corps à Bitche, pouvait donc compter, pour le lendemain 6, sur l'arrivée du 5ᵉ corps entier ; il méditait, pour le 7, une attaque dans laquelle le 5ᵉ corps formerait son aile gauche. Le 7ᵉ corps devait prochainement le rejoindre et porter son effectif à près de 100,000 hommes.

Trois divisions d'infanterie et deux brigades de cavalerie prennent position en demi-cercle devant le village de Wœrth, et occupent les coteaux sur la berge méridionale d'un petit ruisseau, la Sauerbach, coulant au pied du village. Notre gauche est à Frœschwiller, entre Wœrth et Reichshoffen et dans la direction de cette dernière localité. Bonne position défensive, que, faute de troupes, nous ne pouvons occuper assez fortement : notre centre est à Wœrth, sur la rive droite de la Sauerbach ; notre droite, formant une ligne brisée à la droite du centre, fait face à Gunstett et à Morsbronn. Reichshoffen et Niederbronn sont notre ligne de retraite, située à l'ouest de nos positions. Nous faisons face au Nord.

Le 5 août, vers cinq heures du soir, on signale

---

[1] *Opérations et marches du 5ᵉ corps*, par le général de Failly. Bruxelles 1871.

l'ennemi. Plus prudents que nous, les Prussiens se bornent à reconnaître soigneusement nos positions et nos forces.

Nos reconnaissances furent-elles conduites de manière à nous renseigner sur la force de l'ennemi? Non, selon toute probabilité, puisque le lendemain Mac-Mahon fut surpris par l'attaque. D'ailleurs, le maréchal, se croyant assuré du concours du 5ᵉ corps, impatient de venger l'échec de sa 1ʳᵉ division, songeait moins à compter l'ennemi qu'à obéir à l'ordre venu de Metz. Il ne s'agissait pas tant pour lui de couvrir Strasbourg et de défendre les Vosges que de bousculer le prince-royal et de passer le Rhin.

Le 6, au point du jour, tandis que, suivant notre invariable habitude, bien connue de l'ennemi, nos reconnaissances de cavalerie se portent en avant, Mac-Mahon écrit à de Failly une lettre, parvenue seulement dans l'après-midi, lui expose son plan d'attaque pour le lendemain, et lui indique les positions à occuper par le 5ᵉ corps. Les Prussiens s'étaient repliés pendant la nuit; mais ils revinrent sur les pas de nos éclaireurs. A sept heures, ils se présentaient en avant des hauteurs de Gœrsdorf. A huit heures, une formidable artillerie couronnait les mamelons au-dessus de Wœrth, face à notre centre et bientôt nous couvrait d'obus et de mitraille. Cette attaque était fausse et fut d'abord vivement repoussée. Vers midi l'ennemi prononce son attaque sur notre droite, qu'il avait senti être notre côté faible.

A ce moment on pouvait facilement se retirer par Niederbronn vers Bitche et occuper les passages des Vosges; l'ennemi, il est vrai, trouvait libre la route de Strasbourg; il ne pouvait s'y risquer sans grand péril, laissant sur ses flancs et sur ses derrières nos troupes dans des positions formidables. Mais, la bataille était engagée, on espérait du secours; on ne voulait pas reculer, on s'obstina à la lutte.

Cependant que se passait-il à Bitche? La division Goze y était arrivée de la veille, et la division l'Abadie y était attendue. La division Guyot de Lespart partait pour Niederbronn à six heures. Bientôt le canon de Frœschwiller se fait entendre; on enjoint à la colonne de hâter sa marche [1], néanmoins elle met dix heures à parcourir les 21 kilomètres [2] de son étape et n'arrive sur le théâtre de l'action qu'à quatre heures du soir. De Failly, qui entend le tonnerre de la bataille presque à ses côtés, au lieu de s'élancer en wagon avec la division Goze, la retient dans les plaines de Bitche, sous prétexte de faire face à l'ennemi, qui lui a été

---

[1] Le général de Failly pense-t-il qu'une injonction suffise pour couvrir la responsabilité d'un chef de corps? Il ne suffit pas de donner des ordres; un général est responsable encore de leur exécution.

[2] Et non 34, comme l'affirme le général de Failly dans l'écrit cité plus haut. Le général prétend aussi que cette division fut attaquée à la hauteur de Niederbronn, sur son centre; des témoins oculaires contestent le fait.

signalé à Deux-Ponts et à Pirmasens, c'est-à-dire à près de 50 kilomètres. Malgré l'ordre de Mac-Mahon, du 4 ou du 5, de rejoindre le plus tôt possible, il reste l'arme au pied pour parer à un danger éventuel, lointain, pendant qu'un corps voisin est aux prises avec l'ennemi.

Le maréchal, voyant sa droite menacée et presque débordée par les colonnes énormes et toujours plus nombreuses que l'ennemi lui oppose, tente sur le centre une vigoureuse diversion. Son offensive réussit d'abord à refouler les Prussiens. Mais de nouveaux renforts, qui portent les troupes du prince royal à plus de 150,000 hommes, surviennent sans cesse et rendent stérile ce courageux effort. La droite va être tournée, le centre est ébranlé, nos réserves sont toutes engagées, aucun secours n'arrive de Bitche.

Il est quatre heures ; cette lutte acharnée, soutenue pendant huit longues heures, va devenir impossible. L'artillerie de l'ennemi a écrasé nos bataillons et fait taire beaucoup de nos batteries. Comment, d'ailleurs, résister à ces pièces de quatre et de six, supérieures aux nôtres en justesse, en portée, en nombre? En vain la bravoure de notre infanterie arrête les tentatives de l'ennemi pour aborder de vive force nos positions ; l'infanterie, décimée par les obus et la mitraille, est obligée d'abandonner, sous cette pluie de fer et de feu, le terrain qu'elle a victorieusement défendu contre les assauts réitérés des troupes allemandes. Avec une artillerie égale à celle de l'ennemi, malgré notre immense infériorité numérique, il n'est pas hors de probabilité que nous eussions pu maintenir nos positions, grâce à l'intrépidité et à la supériorité individuelle de nos fantassins.

L'ordre de retraite est donné. Pour opérer ce mouvement par Reichshoffen et Niederbronn, notre gauche, formée de la 1re et de la 3e division, couvre la marche de la droite et du centre. Ces deux divisions sont appuyées par la cavalerie tout entière, la brigade Septeuil, la division Bonnemain, la brigade Michel. « Rien ne saurait donner une idée des charges merveilleuses de ces intrépides régiments, dit un témoin oculaire [1]. Mais que faire contre des masses de projectiles criblant hommes et chevaux avant qu'ils aient pu atteindre le but? Je m'arrêtai un instant sur les hauteurs de Frœschwiller pour contempler le glorieux et splendide spectacle guerrier de ces charges, qui méritent de passer à l'état légendaire, au moins autant que celle des cuirassiers de Waterloo. » Ce furent encore les cuirassiers qui s'illustrèrent par leur héroïque dévouement à Frœschwiller; et, comme on demandait au maréchal des nouvelles d'un de leurs régiments, il répondit : « Il n'y a plus de cuirassiers! »

La 1re division du 7e corps, sous les ordres du général Conseil-Dumesnil, avait rallié, le 6 au matin,

---

[1] *De Frœschwiller à Sedan*, journal d'un officier du 1er corps.

le 1er corps ; elle combattit toute la journée à l'extrême droite avec la plus admirable intrépidité. Un de ses régiments, le 21e, perdit beaucoup de monde[1].

Non-seulement le 1er corps avait livré bataille avant que son organisation fût achevée, et, par conséquent, dans un état de cohésion et de solidité imparfait, mais encore les services de l'intendance, surtout les subsistances et les ambulances[2], furent bien au-dessous de leur tâche. Les vivres manquèrent durant la retraite ; on dit même que des troupes épuisèrent leurs munitions sans pouvoir les renouveler pendant l'action [3].

La retraite devint en peu d'instants, et par suite de

[1] Voir la carte de Reichshoffen et de Forbach.

[2] « Le médecin en chef me disait, ce matin (20 juillet), qu'il est obligé de renoncer à organiser pour l'instant le service des ambulances, par la raison qu'il n'a, en fait de personnel, que quelques médecins majors, chefs d'ambulances divisionnaires, et pas un seul aide, et, en fait de matériel, que quelques caissons en petit nombre, sans attelage, et pas de mulets pour les cacolets. Il paraît, au reste, que tout se dirige sur le grand quartier général de Metz, où se trouve l'Empereur. Sa Majesté, impatiente d'agir, active l'organisation des troupes qui l'entourent. C'est fort bien. Mais si l'Empereur était un peu plus versé dans la science militaire, il saurait qu'en attirant à lui tous les moyens d'action, au lieu de les laisser répartir dans les différentes fractions de son armée, il paralyse tous les services. » *(Journal d'un officier du 1er corps.)*

Voici le rapport du maréchal de Mac-Mahon sur la bataille de Frœschwiller :

Saverne, le 7 août 1870.

J'ai l'honneur de rendre compte à Votre Majesté que, après avoir été obligé d'évacuer la ville de Wissembourg, le 1er corps,

l'obstination qu'on avait mise à s'engager à fond, une déroute désordonnée. « J'assiste, dit un officier de

dans le but de couvrir le chemin de fer de Strasbourg à Bitche, et les voies de communication principales qui relient le revers oriental au revers occidental des Vosges, occupait les positions suivantes :

La 1re division était placée, la droite en avant de Frœschwiller, la gauche dans la direction de Reichshoffen, appuyée à un bois qui couvre ce village. Elle détachait deux compagnies à Neunwiller et une à Jægersthal. La 3e division occupait avec sa 1re brigade un contrefort qui se détache de Freschwiller et se termine en pointe vers Gœsdorff; sa 2e brigade appuyait sa gauche à Frœschwiller et sa droite au village d'Elsashausen. La 4e division formait une ligne brisée à la droite de la 3e division, sa 1re brigade faisant face à Gunstett, et sa 2e étant vis-à-vis du village de Morsbronn, qu'elle n'avait pu occuper, faute de forces suffisantes. La division Dumesnil (1re du 7e corps), qui m'avait rallié le 6 de grand matin, était placée en arrière de la 4e division. En réserve se trouvaient la 2e division, placée derrière la 2e brigade de la 3e division et de la 1re brigade de la 4e. Enfin, plus en arrière, se trouvaient la brigade de cavalerie légère, sous les ordres du général de Septeuil, et la division de cuirassiers du général de Bonnemain; la brigade de cavalerie Michel, sous les ordres du général Duhesme, était établie en arrière de l'aile droite de la 4e division.

A sept heures du matin, l'ennemi se présenta en avant des hauteurs de Gœrsdorff, et engagea l'action par une canonnade bientôt suivie d'un feu de tirailleurs assez vif, contre la 1re et la 3e division. Cette attaque fut assez prononcée pour obliger la 1re division à faire un changement de front, en avant sur son aile droite, afin d'empêcher l'ennemi de tourner la position générale.

Un peu plus tard, l'ennemi augmenta considérablement le nombre de ses batteries et ouvrit le feu sur le centre des posi-

l'état-major [1], au plus navrant tableau : débâcle sur la route de Frœschwiller à Reichshoffen, convois de vivres abandonnés, traits coupés, voitures renversées dans les fossés, fuite générale. En vain quelques officiers crient : halte ; on n'écoute plus rien. De braves médecins s'arrêtent pour panser des blessés au milieu de ce pêle-mêle général. Quel désordre ! La fuite,

sitions que nous occupions sur la rive droite de la Sauerbach. Bien que plus sérieuse et plus fortement accentuée que la première, qui se continuait d'ailleurs, cette seconde démonstration n'était qu'une fausse attaque, qui fut vivement repoussée.

Vers midi, l'ennemi prononça son attaque sur notre droite. Des nuées de tirailleurs, appuyés par des masses considérables d'infanterie et protégés par plus de soixante pièces de canon, placées sur les hauteurs de Gunstett, s'élancèrent sur la 4ᵉ division et sur la 2ᵉ brigade qui occupaient le village d'Elsashausen.

Malgré de vigoureux retours offensifs plusieurs fois répétés, malgré les feux très-bien dirigés de l'artillerie et plusieurs charges brillantes de cuirassiers, notre droite fut débordée après plusieurs heures de résistance opiniâtre.

Il était quatre heures. J'ordonnai la retraite. Elle fut protégée par les 1ʳᵉ et 3ᵉ divisions, qui firent bonne contenance et permirent aux autres troupes de se retirer sans être trop vivement inquiétées. La retraite s'effectua sur Saverne par Niederbronn, où la division Guyot de Lespart, du 5ᵉ corps, qui venait d'y arriver, prit position et ne se retira qu'après la nuit close.

[1] *De Frœschwiller à Sedan.*

toujours la fuite! En ce moment, un de mes camarades m'annonce que le général d'état-major Colson et le capitaine de Vogüé viennent d'être tués. Courant à bride abattue sur tous les points du champ de bataille pour porter des ordres, à peine ai-je le temps de donner une pensée à ces glorieuses victimes! »

Ce fut une bataille terrible; nous perdîmes environ douze mille hommes; l'ennemi fut aussi très-éprouvé et eut, croit-on, seize mille hommes tués ou blessés. Le prince royal, en proclamant la bravoure des Français, appela son succès une victoire sanglante.

Les généraux avaient donné aux troupes, pendant cette lutte désespérée, l'exemple du courage et d'une indomptable énergie; Ducrot, Raoult, Lartigue, Bonnemain, Septeuil, méritent entre tous une mention glorieuse. Les hommes électrisés firent des prodiges. Le maréchal avait parcouru tous les points du champ de bataille au milieu des balles et des obus qui ravageaient les rangs de son escorte. Voyant l'impossibilité de prolonger le combat, il avait eu un moment de rage et de désespoir, il avait voulu, lui aussi, charger comme le dernier de ses soldats. « Pourquoi voulez-vous vous faire tuer, général, lui crient ceux qui l'entourent? Est-ce que nous vous avons refusé de mourir? » Magnifique parole qui peint bien l'élan des troupes françaises. Mais après tant de nobles et vains efforts, quand la déroute s'empara du 1er corps, cette héroïque petite armée se changea aussitôt en une masse confuse et affolée de fuyards [1].

A Niederbronn, on trouva la division Guyot de Lespart, qui venait d'arriver; elle y prit position jusqu'à la nuit. Toutefois, les Prussiens ne pressaient pas très-vivement notre retraite, et le secours tardif du général de Failly n'eut même pas le mérite d'avoir été nécessaire. Ce général aura beau alléguer que pendant la journée du 6 il ne reçut d'ordres ni de Metz ni de Frœschwiller, que, placé sur une trouée menacée par l'ennemi, il devait se considérer comme en réserve et se tenir coi, de peur de compromettre l'ensemble des opérations; qu'il avait enfin enjoint à la division Guyot de Lespart de hâter sa marche; — on lui répondra que les ordres de Mac-Mahon, les seuls dont il eût à se préoccuper, lui prescrivaient de rallier le 1er corps au plus vite, ce qu'il n'a pas fait; qu'il avait

---

[1] Un témoin oculaire, M. About, rapporta les navrants détails de ce spectacle dans un récit que publièrent maladroitement les journaux; ce récit, qui relevait avec une justesse impitoyable toutes les fautes de nos chefs et de nos administrateurs militaires, qui dévoilait l'impéritie et l'incapacité de l'Empereur, dont naguère M. About avait été le commensal et le solliciteur, avait le tort d'effrayer l'opinion, d'ébranler la confiance dans le moment où nous avions besoin de rassembler toute notre énergie; enfin, il insistait d'une façon malheureuse et peu patriotique sur l'attitude et la misère de nos soldats vaincus et fugitifs, omettant de rappeler leur belle tenue sous le feu de l'ennemi. La critique la plus sanglante du récit de M. About fut faite par M. de Bismarck, qui jugea utile de le réimprimer à un grand nombre d'exemplaires pour le distribuer aux troupes des Confédérés.

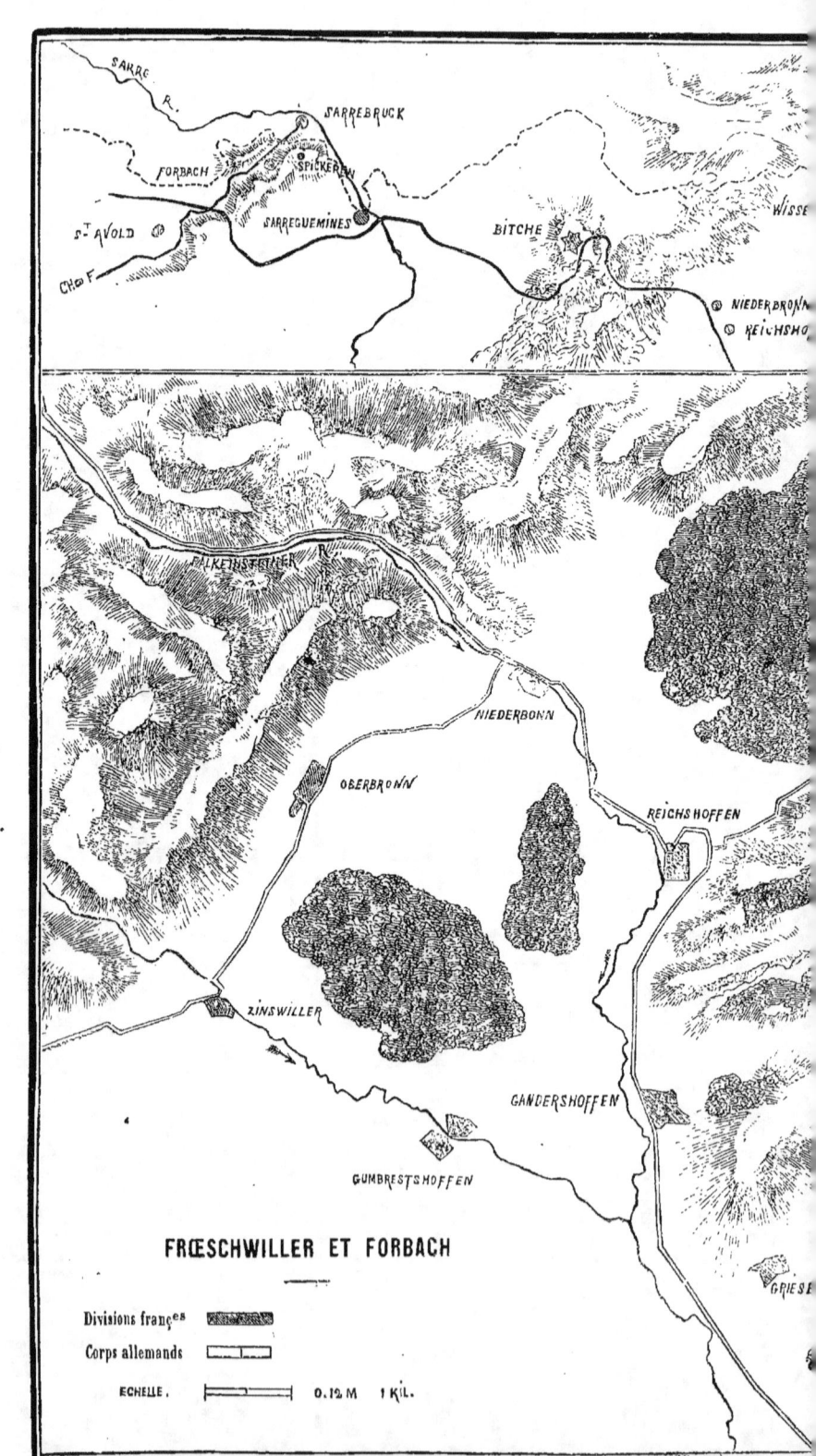

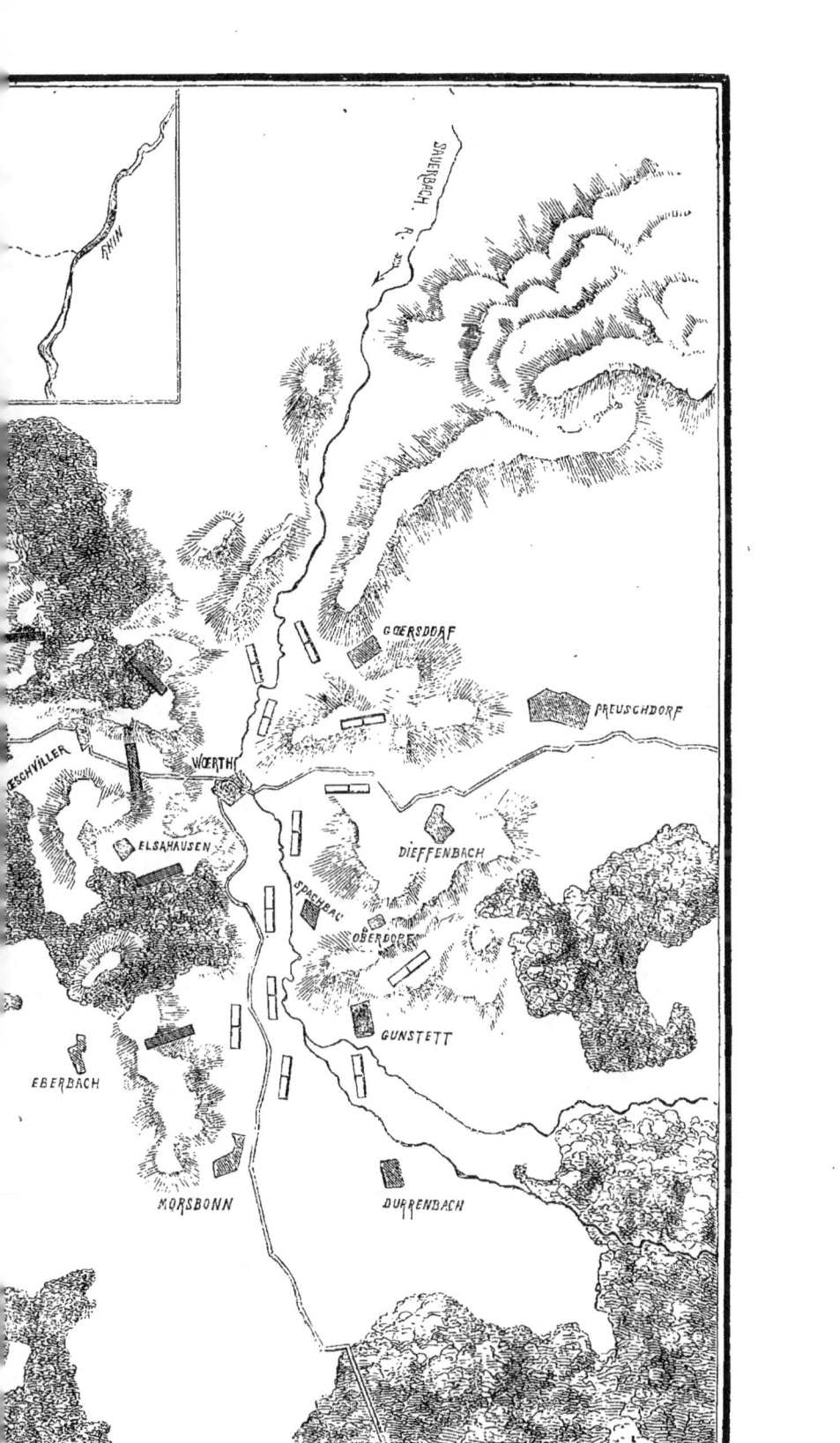

promis d'envoyer ses divisions sur Niederbronn, aussitôt leur arrivée à Bitche, ce qu'il n'a pas fait; qu'il n'avait d'autre plan à considérer que l'attaque imprévue de son chef d'armée, lequel devait compter sur son concours; qu'il ne pouvait garder ses forces à Bitche sans en référer sur le champ à Mac-Mahon avec lequel il était, dit-il, en communication; qu'enfin son inaction et son indécision ont autorisé, dans une certaine mesure, les rumeurs malveillantes qui lui ont prêté le calcul de se présenter le lendemain sur le champ de bataille, afin de remporter seul le profit et l'honneur de la victoire.

Le 1er corps avait perdu ses quelques ambulances à Wissembourg et à Frœschwiller; on avait négligé d'arborer sur les voitures et de placer sur les uniformes des chirurgiens la croix rouge sur fond blanc, insignes de la Convention de Genève, qui neutralise le service médical en campagne. Cette déplorable incurie fut la cause ou le prétexte de cruautés faciles à éviter; nos médecins furent assassinés sur le champ de bataille, nos ambulances criblées de projectiles, capturées et envoyées en Allemagne. Leur personnel revint, il est vrai, mais leur matériel fut confisqué par le vainqueur.

La retraite s'effectua par Saverne, Lunéville, Bayon, Neufchâteau. La désorganisation du corps était si complète qu'il fut impossible de le reformer devant Phalsbourg, l'une des portes de la France. Le désarroi de tous les services fut tel que l'état-major et l'intendance restèrent paralysés : plus d'ordres de marche réguliers, plus de rapport quotidien, plus de distributions assurées de vivres, point de remplacement des effets d'équipement perdus, nul souci d'alléger les souffrances et les fatigues du soldat, qu'on laissa camper sous la tente plusieurs jours avant de songer à le loger chez l'habitant. Des pluies diluviennes surviennent, détrempent les routes, couvrent de boue les troupes et achèvent de ruiner leurs vêtements. On les vit alors par bandes piller, voler, mendier. Cette retraite pénible pour les hommes, déplorable pour les officiers, dissolvante pour tous, dura onze jours et consomma la désorganisation du 1er corps. Le 17 août, lorsqu'il parvint au camp de Châlons, après des paniques ridicules, des marches et contre-marches inutiles, le soldat avait perdu tout entrain, toute confiance, toute discipline.

Le 5e corps, inquiété par l'armée du prince royale, connaissant l'échec de Frœschwiller, mal commandé par un général d'ailleurs discrédité et impopulaire, se retirait devant l'ennemi victorieux sans brûler une cartouche, abandonnant en même temps qu'une grande partie de son équipement la défense de Phalsbourg. Il convergeait aussi vers Châlons, et y signala son arrivée, le 21 août, par un acte de grave insubordination : il pilla dans la gare les approvisionnements militaires et une partie des bagages de l'Empereur. Le 7ᵉ corps, en marche vers le Bas-Rhin, était pris de panique le 7, sur l'avis du sous-préfet de Schlestadt que l'ennemi passait le Rhin, et se repliait à la hâte sur Belfort. Le 22 août, le général Félix Douay ralliait l'armée de Châlons, après avoir passé par Paris.

Le résultat stratégique de la bataille de Frœschwiller fut considérable; l'inaction des 5ᵉ et 7ᵉ corps jointe à l'échec du 1ᵉʳ corps nous faisait perdre d'un seul coup, en quelques heures, notre premier, notre plus sûr boulevard, la ligne des Vosges; la haute et la basse Alsace ainsi que la Lorraine orientale étaient ouvertes aux Prussiens; Nancy et Strasbourg se trouvait à découvert, Nancy, ville sans défense, Strasbourg, ville fortifiée, mais sans garnison suffisante. Une dépêche officielle annonça que Mac-Mahon se repliait en couvrant Nancy; cette nouvelle se trouva fausse par la rapidité avec laquelle le prince royal poursuivit sa marche et rejeta au sud le 5ᵉ corps.

Les Prussiens, mieux conduits et plus habiles, avaient jugé à propos de faire coïncider l'attaque sur nos deux ailes. La deuxième armée du prince Frédéric-Charles s'avançait vers Sarrebruck et s'apprêtait sans bruit à prendre de ce côté une revanche de la journée du 2 août. Elle mit à profit les trois jours qui suivirent et que nous passâmes dans l'inaction, pour se concentrer sur la rive droite de la Sarre, à l'ombre des bois qui couvrent le pays. Ces bois furent préparés pour attirer dans une embuscade nos troupes; des fils de fer tendus d'arbre en arbre indiquaient la ligne que les Prussiens ne devaient pas dépasser et au delà de laquelle ils étaient assurés d'atteindre les nôtres par des feux roulants de mousqueterie.

Le 6 août, dès neuf heures du matin, quelques compagnies des 77e et 76e de ligne et du 3e chasseurs à pied allèrent en reconnaissance vers les bois. Ils aperçurent bien sous les arbres un mouvement inusité, mais sans s'inquiéter, ils se déploient en tiraillant et s'avancent, guettant et visant l'ennemi. A leur tir isolé les Prussiens répondent par des feux de peloton. Ce procédé insolite, loin de les mettre en défiance, les enhardit; ils s'imaginent que l'ennemi troublé tire au hasard. Régiments et bataillons s'avancent; les décharges prussiennes continuent. Mais alors on put juger de leur terrible effet. Les nôtres tombaient par files; les blessés recevaient des grêles de balles; tous mouraient. Cette lutte folle dure deux heures et demie; des quatre mille hommes engagés à peine cinq ou six cents se replient, après avoir éventé trop tard la ruse de l'ennemi.

Ce malheureux début n'était rien pourtant en comparaison de ce qui suivit. Le 2e corps se trouvait surpris, à peu près dispersé; ses divisions éparpillées ne pouvaient offrir à l'ennemi, qui comptait deux cent mille hommes concentrés, qu'une vaine résistance. Tandis que le général Frossard met en ligne les quelques régiments qui lui restent, tout à coup l'aspect du combat change; les Prussiens ont compté nos forces et se découvrent; le feu sous bois cesse; l'ennemi innombrable se montre et déborde sur nos quelques milliers d'hommes par tous les passages de la Sarre.

Vers Spickeren, la division Laveaucoupet luttait courageusement, sans plus de succès. Malgré les efforts de notre artillerie, l'ennemi couvre Styring de mitraille, nous force d'abandonner ce point important et nous repousse à portée de fusil de Forbach. Là encore, l'immense supériorité du nombre nous écrasait. Toutefois, vers quatre heures, nous reprenons haleine. Une vigoureuse offensive, devant laquelle les masses prussiennes cèdent, nous remet en possession de Styring et nous rapproche de la *Brême-d'Or*, lieu où se trouvait, le matin, le quartier général. A cinq heures, l'ennemi, appuyé par une artillerie foudroyante, se précipite en colonnes plus profondes. Styring est une seconde fois perdu. Avec lui la victoire nous échappe. La déroute commence.

Les hauteurs boisées qui s'avancent vers Forbach, sur une longueur de trois lieues, se couronnent vers le soir de batteries prussiennes; l'ennemi, qui s'était concentré dans le bois, apparaît lentement à la lisière en lignes immenses. A sept heures, le feu s'ouvre sur toute l'étendue des coteaux; la canonnade et la fusillade, dirigées sur la ligne ferrée et la ville de Forbach, cessent à sept heures quarante-cinq minutes. La victoire était complète quand la division de Castagny arriva à la nuit sur le terrain. Dès cinq heures, le général Frossard avait, dit-on, disparu du champ de bataille, laissant aux officiers le soin d'ordonner et de diriger la retraite. Comme à Frœschwiller, nos ambulances eurent à souffrir des projectiles de l'ennemi. Est-ce faute de les avoir suffisamment protégées par les signaux convenus? ou bien est-ce par le fait de la barbarie sauvage des Confédérés? La vérité, encore incertaine, semble n'être pas en faveur de l'ennemi.

Le succès de Forbach, que l'ennemi qualifie assez dédaigneusement *d'affaire d'avant-garde*, allait permettre aux Allemands d'opérer sur les deux rives du cours inférieur de la Moselle, au-dessus et au-dessous de Thionville, jusqu'aux alentours de Metz, car nous renoncions à défendre ce fleuve qui était notre seconde ligne après les Vosges. Ainsi, le soir du 6 août nous avions perdu la Moselle et les Vosges, et, telle avait été l'insuffisance des dispositions de l'état-major général, qu'après cette lutte, où deux corps seulement sur sept avaient été engagés isolément et écrasés, nous en avions quatre en déroute.

Les causes de ce double revers sont diverses et faciles à pénétrer. Nous laissons de côté la coupable ignorance ou la criminelle faiblesse du ministre de la guerre qui se croyait prêt et ne l'était pas, ou qui, sachant en quelle situation la guerre allait le surprendre, n'osa pas l'avouer ; nous laissons de côté l'incapacité du général en chef, qui ne sait ni ordonner ni relier les diverses parties de son armée, l'aveuglement inouï des généraux qui l'entourent, et qui, devant connaître les moyens de mobilisation rapide des Confédérés, laissent se produire l'absurde plan qui consiste à surprendre l'ennemi ; ce sont là des choses inhérentes aux hommes qui nous gouvernaient alors, ce sont là des accidents. Nous voulons indiquer, au point de vue militaire, les causes qui firent de Frœswiller et de Forbach deux échecs désastreux pour nous.

1° La lenteur relative de la mobilisation de nos troupes. Il y a dix ans, cette lenteur était réputée vitesse ; aujourd'hui, la Prusse, par des études incessantes, des essais multipliés, des efforts de chaque heure, nous a surpassés. Nous ne savons pas utiliser, aussi bien qu'elle, les chemins de fer et les télégraphes. Nos réserves, au cas de rappel sous les drapeaux, ne rejoignent leurs corps respectifs que par de longs détours. Le matériel du train, de l'artillerie, et du génie n'est pas facile à mouvoir et à rassembler [1]. L'ordre de mobilisation dépendant, en Prusse, du chef du pouvoir exécutif, peut être tenu secret ; en France, nos apprêts de la dernière heure, les plus

---

[1] V. plus loin l'analyse de la brochure intitulée : *Causes qui ont amené la capitulation de Sedan.*

importants, sont forcément publiés, par suite du concours et de l'assentiment des Chambres.

2° La mauvaise organisation de la plupart de nos services militaires. L'intendance, malgré la bonne volonté que nous lui supposons, n'a jamais pu suffire aux besoins pressants et nouveaux que la guerre actuelle créait à nos troupes ; les ambulances, le service médical, les subsistances, l'équipement, toutes choses de première nécessité, nous ont fait défaut [1].

3° Notre système de conscription. Il est évident que le principe du service obligatoire, accepté et pratiqué en Allemagne, outre qu'il est pour la nation

---

[1] Le 17 juillet le général de Failly écrit : « Envoyez-nous de l'argent pour faire vivre les troupes. »

Le 24 juillet, le général de Ladmirault, écrit de Thionville : « Le 4ᵉ corps n'a encore ni cantines, ni ambulances, ni voitures d'équipages pour les corps et les états-majors. Tout est complètement dégarni. »

Le 24 juillet, l'intendant du 3ᵉ corps (Bazaine) écrit de Metz : « Je n'ai ni infirmiers, ni ouvriers d'administration, ni caissons d'ambulance, ni fours de campagne, ni train. » Le 26, le même intendant se plaint de manquer de boulangers, ce qui oblige les troupes à consommer leur biscuit de réserve. Il demande de nouveau des soldats du train et des ouvriers d'administration, dont il manque absolument. Le 29 juillet, le major-général, maréchal Lebœuf, écrit au ministre de la guerre : « Je manque de biscuit pour me porter en avant. » Le même jour le 5ᵉ corps, à Bitche, réclame avec instance des effets de campement pour 5,000 hommes. Le 27 juillet, le major-général s'était déjà plaint que les détachements qui arrivaient à Metz n'avaient ni cartouches, ni effets de campement.

Le 10 août, le maréchal Canrobert écrivait de Châlons : « Je continue à n'avoir ni marmites, ni gamelles; *et ils sont dépourvus de tout*. Nous n'avons ni sacs de couchage, ni assez de chemises, ni assez de chaussures. »

et pour l'armée fécond, fortifiant, équitable, met la France dans un état d'infériorité irrémédiable. En face des masses innombrables de l'ennemi, nous étions condamnés, ou bien à la concentration qui nous menaçait d'enveloppement, ou bien à une extension démesurée de nos lignes, qui les rendait faciles à trouer sur tous les points.

Voilà des faits bien constatés, des enseignements précieux qu'il nous faut mettre à profit. Voici maintenant des faits d'un ordre différent, purement militaires, et qui ne sont pas moins à considérer.

4° L'insuffisance de notre artillerie. La science française doit réaliser de ce côté des progrès continus.

5° Le vice radical de la composition de notre état-major. Ce corps ne manque pas de bons officiers, mais il en possède trop de médiocres ou d'incapables.

6° Nos procédés de reconnaissance et d'espionnage. Nos reconnaissances ont été routinières, impuissantes à nous éclairer, à nous renseigner, à nous protéger. De là, des surprises réitérées et fatales, des marches en avant périlleuses, des engagements à fond suivis de déroutes désastreuses [1]. Notre espionnage n'a pas d'organisation ; sa nullité nous a mis à

---

[1] La dépêche ministérielle suivante nous dispensera d'insister sur ce point.

« Paris, 19 août 1870.

« J'apprends de source certaine que les corps ne se gardent pas, qu'il n'y a pas de reconnaissance sérieusement organisée jusqu'ici.

la merci de l'ennemi. Il faut, en conséquence, assigner un nouveau rôle à la cavalerie, la recruter et l'instruire dans un but autre que celui de fournir des charges héroïques mais inutiles contre des masses pourvues d'armes aussi terribles que le canon d'acier se chargeant par la culasse et le fusil à aiguille; il faut, en second lieu, créer un service spécial d'espions et surmonter la répugnance que cela nous inspire en songeant qu'il est nécessaire de ne laisser subsister aucun motif d'infériorité.

On se demande comment les deux corps réunis sous Metz et la garde qui comptaient plus de 100,000 hommes, ne purent venir en aide aux vaincus de Forbach et de Frœschwiller, et n'arrêtèrent point les rapides progrès de l'ennemi. Faut-il en accuser l'état incomplet de leur organisation, leur dissémination, le manque d'approvisionnements ou le défaut absolu d'une volonté dirigeante? Nous pensons que toutes ces causes ont contribué à les paralyser.

Au lendemain de cette journée néfaste, la France se réveilla, ses yeux se dessillèrent, ses illusions en-

---

Je fais exception pour la division de cavalerie du général Fénélon, qui nous a fourni des renseignements utiles. J'ai su que le corps de Failly, à Chaumont et à Blennes, n'était ni éclairé, ni gardé. Cette absence de vigilance permet à des partis isolés et sans importance de couper les chemins de fer. Cette opération a été exécutée déjà avec hardiesse et bonheur dans plusieurs endroits par quelques cavaliers qu'il eût été facile de chasser à coups de fusil, si l'on s'était gardé. Veuillez donner des ordres pour qu'on redouble de vigilance en ce moment.

volées firent place à l'horrible réalité. Il est difficile de dire si l'étonnement ne domina point la douleur dans la plupart des esprits. Nous nous croyions invincibles ; un demi-siècle avait affaibli les tristes souvenirs de 1814 et de 1815, et voilà que de nouveau, l'ennemi frémissant, farouche, irrésistible, se ruait sur nous par deux larges trouées béantes, après des combats sans réelle importance. On eût été disposé à prendre la catastrophe pour un mauvais rêve, si le langage du gouvernement n'eût accusé un trouble profond. L'Empereur écrivait que la situation était grave, sans être désespérée, et qu'il fallait se résigner aux plus grands sacrifices. Ces aveux ne laissaient plus de place qu'aux regrets, à l'indignation.

Ainsi, l'homme qui avait poussé la France dans cette guerre formidable, qui avait mis tout en œuvre pour y intéresser le patriotisme et l'amour-propre national, succombant à une honteuse faiblesse, compromettait l'aventure dans laquelle nous avait jetés son égoïsme et ce qu'il croyait être l'intérêt de sa dynastie.

Il y eut alors une manifestation d'opinion si puissante, si nette, si rapide que l'Empire croûla devant elle en quelques heures, comme emporté par le flot de l'indignation populaire. Il n'y eut qu'une voix pour crier à la trahison, à l'infamie. Et, de fait, quelque nom qu'on veuille donner à ces hommes qui tenaient en leurs mains l'honneur, le prestige et la puissance militaires du pays, et disposaient de tous les moyens matériels propres à maintenir et augmenter cette puissance, il n'y en a qu'un qui caractérise leur conduite et résume leurs actes, ce mot, c'est trahison.

Ils sont traîtres, car ils ont déserté leur devoir et leur mandat, car ils ont failli à leurs engagements et menti à la France.

De ce jour, la déchéance de Napoléon III fut moralement et irrévocablement prononcée. La démission du maréchal Lebœuf, major-général de l'armée du Rhin, celle de son aide-major, le général Lebrun, cité comme l'un des instigateurs les plus persistants de la guerre, l'abandon du commandement en chef que l'Empereur remettait au maréchal Bazaine, la retraite du ministère Ollivier, toutes ces concessions arrachées sans délai, sans répit, par la pression du sentiment public, n'étaient que le prélude de la chute de l'Empire.

Et pendant que la perspective d'une révolution intérieure s'ouvrait, l'ennemi mettait la main sur le territoire envahi, pratiquant sans détours, avec cynisme, le prétendu droit de conquête; il organisait le Gouvernement général d'Alsace et de Lorraine. Des décrets du roi Guillaume, qui venait d'entrer en France, décrets datés de Saint-Avold, abolissaient dans ces deux provinces la conscription et supprimaient les frontières douanières du côté de l'Allemagne. En même temps, le roi de Prusse lançait la proclamation suivante :

« Nous, Guillaume, roi de Prussse, faisons savoir ce
« qui suit aux habitants des territoires français occu-
« pés par les armées allemandes :

« L'Empereur Napoléon ayant attaqué par terre et
« par mer *la nation allemande, qui désirait et désire
« encore vivre en paix avec le peuple français,* j'ai
« pris le commandement des armées allemandes pour
« repousser cette agression, et j'ai été amené par les
« événements militaires à passer les frontières de la
« France.

« *Je fais la guerre aux soldats et non aux citoyens
« français.* Ceux-ci continueront par conséquent à
« jouir de toute sécurité pour leurs personnes et leurs
« biens, aussi longtemps qu'ils ne me priveront pas
« eux-mêmes, par des entreprises hostiles contre les
« troupes allemandes, du droit de leur accorder ma
« protection.

« Les généraux commandant les différents corps
« détermineront par des dispositions spéciales, qui
« seront portées à la connaissance du public, les me-
« sures à prendre envers les communes ou les per-
« sonnes qui se mettraient en contradiction avec le
« droit de la guerre.

« Ils régleront de la même manière tout ce qui se
« rapporte aux réquisitions qui seront jugées néces-

« saires pour les besoins des troupes, et ils fixeront
« la différence du cours entre les valeurs allemandes
« et françaises, afin de faciliter les transactions indivi-
« duelles entre les troupes et les habitants. »

CHAPITRE VII

Intrigues et plans

Le Corps législatif, réuni de nouveau le 7 août, votait un emprunt de 750 millions, couvert en deux jours, et accueillait les mesures les plus énergiques pour la défense. Le ministère Ollivier tombait, deux jours après, au milieu de l'émotion générale, sans que sa chute intéressât personne. Le général Cousin-Montauban, comte de Palikao, prenait le portefeuille de la guerre[1], M. Léon Chevreau, celui de l'intérieur, M. Magne, celui des finances, et M. Clément Duvernois, celui des travaux publics. C'était à ce dernier que devait incomber la tâche d'approvisionner Paris. Un comité de défense était créé pour reviser et compléter les fortifications de la capitale; la garde nationale mobile, dont on comprenait maintenant l'importance, était enfin réunie, exercée, organisée; on

---

[1] Dans l'entourage de l'Empereur, on n'avait pas renoncé à l'idée de rendre ce portefeuille au maréchal Lebœuf; une dépêche de M. Piètri à l'Impératrice, datée du 8 août, le prouve.

appelait sous les drapeaux tous les anciens militaires de vingt-cinq à trente-cinq ans [1]; on formait une armée au camp de Châlons, une autre sous Paris. L'un des nouveaux ministres, M. Jérôme David, revenu de l'armée, faisait du haut de la tribune cet aveu qu'au début de la guerre la France n'était pas prête, et que nous nous étions trouvés en face d'une puissance dont l'armement formidable et les masses profondes révélaient une préméditation et des préparatifs de longue main.

L'opposition, écho de l'opinion publique, demanda que l'Empereur, dont la présence était plus nuisible qu'utile à l'armée, revînt à Paris avec son fils [2]. Elle ajouta qu'il fallait de toute nécessité confier le commandement suprême de nos forces à un général, et

---

[1] Une communication du gouvernement à la Chambre, le 10 août, disait :

« Nous comblons avec nos forces disponibles les vides de notre armée, et, pour le faire plus amplement et réunir une nouvelle armée de 450,000 hommes, nous vous proposons d'augmenter la garde nationale mobile en y appelant tous les hommes non mariés de vingt-cinq à trente-cinq ans, de nous accorder en outre la possibilité d'incorporer la garde mobile dans l'armée active; enfin, d'appeler sous les drapeaux tous les hommes disponibles de la classe 1870. »

[2] En ce qui concernait le jeune prince le conseil des ministres exprima ce vœu à l'Empereur. La Régente déclara qu'elle ne s'y opposait pas; mais, secrètement, conseilla à Napoléon III de paraître accueillir la demande sans intention de la satisfaire.

INTRIGUES ET PLANS

désigna Bazaine ou Trochu. Le maréchal fut en effet, par décret daté du 10 août, nommé commandant de l'armée du Rhin. Le maréchal Lebœuf, sous la pression de l'opinion publique, ayant donné sa démission de major-général, on lui confia le commandement du 3ᵉ corps après la mort du général Decaen. Les fonctions de major-général furent supprimées [1].

[1] Ce ne fut pas sans peine que la Régente et son cabinet obtinrent de l'Empereur qu'il acceptât cette démission. Napoléon III (c'est un trait de son caractère) s'attachait obstinément aux personnes dont le service était entré dans ses habitudes.
Les dépêches suivantes sont relatives à cet incident :
L'Impératrice à l'Empereur, 7 août : « L'opinion est montée à Paris contre le maréchal Lebœuf et le général Frossard. On les accuse fortement d'avoir amené les défaites que nous déplorons. Entendez-vous avec le maréchal Bazaine pour les opérations à venir. »
Le 8 août, l'Impératrice écrit de nouveau : « ... Le maréchal Lebœuf est rendu responsable des ordres et contre-ordres donnés, qui sont connus à Paris... Il est urgent, pour satisfaire l'opinion publique, qu'à l'ouverture de la Chambre on annonce le remplacement du maréchal Lebœuf. »
Le 9 août, l'Empereur répond que la démission qu'on lui demande est impossible.
L'Impératrice riposte avec vivacité : « Vous ne vous rendez pas compte de la situation : il n'y a que Bazaine qui inspire confiance. La présence du maréchal Lebœuf l'ébranle aussi bien là-bas qu'ici. »
Dans la soirée du 9, le maréchal Lebœuf a enfin donné sa démission, mais l'Empereur déclare qu'il ne l'acceptera pas, tant qu'il n'aura personne qui ait sa confiance pour le remplacer. Les amis de l'Impératrice, qui entourent l'Empereur, suggèrent à celle-ci de représenter à Napoléon III que, la direction des opérations ayant été confiée à Bazaine, la charge de major-général devient une superfétation. La Régente a déjà sommé le maréchal, au nom de son ancien dévouement, et quoique la détermination lui coûte, de donner sa démission. Le lendemain, l'Empereur résiste encore : il lui

A la nouvelle de l'échec de Mac-Mahon, l'émotion fut grande à Paris, à la Chambre, dans tout le pays. La Chambre, formée en comité secret, entendit un discours de M. Gambetta qui parlait de la déchéance de l'empereur. Dans le public, les uns la demandaient à grands cris : c'était le châtiment mérité de tant de fautes, de tant de crimes; c'était le seul moyen de nous sauver de l'invasion imminente, comme en 1792. Les faubourgs de Paris s'agitaient; on allait jusqu'à acclamer dans les rues la République [1]. Lyon et Marseille commençaient à remuer. La presse radicale sonnait chaque jour le tocsin de la liberté et le glas de la tyrannie; des placards séditieux apparaissaient aux murs. Paris était mis en état de siége; mais le maréchal Baraguay-d'Hilliers, qui y commandait, refusait de prendre sur lui la responsabilité de la répression et remettait ses pouvoirs à la Régente [2]. Cette tempête intérieure, ce soulèvement général, où se confondaient

est impossible de se passer d'un major-général. M. Lebœuf reste en fonction jusqu'au 12 août, jour où, sa démission étant enfin rendue publique et acceptée, l'Impératrice lui écrit : « Je vous remercie. » et à l'Empereur : « Vous avez fait une bonne chose. »

[1] Les dépêches envoyées de Paris à l'Empereur signalaient cette effervescence, en s'efforçant de l'atténuer, en promettant que le patriotisme triompherait de ces menées et dominerait toutes les préoccupations.

[2] L'Empereur à l'Impératrice, Metz, 11 août : « Comment se fait-il qu'avec l'état de siège on laisse imprimer des articles séditieux ? » Réponse de l'Impératrice : « Parce que le maréchal Baraguay-d'Hilliers n'a pas voulu se servir des pouvoirs que lui donnait l'état de siège. Du reste, il a donné sa démission. »

toutes les colères indignées du patriotisme et les rancunes du parti radical, achevaient d'affoler l'empereur et ses généraux; pris entre deux feux, pressés à la fois par l'ennemi se précipitant avec une rapidité foudroyante et par la révolution grondant derrière eux, ils ne surent ni délibérer ni agir.

Le lendemain de Frœschwiller et de Forbach, il eût fallu, au quartier général français, prendre une décision et l'exécuter rapidement. Couvrirait-on par une offensive énergique la ligne de la Moselle? Ceci résolu, il fallait occuper la vallée du fleuve ou la surveiller activement de Toul à Thionville, et se porter en avant avec toutes les forces restées libres. Cette offensive avait l'avantage de suspendre la marche du prince royal, de donner à Mac-Mahon le temps d'occuper l'Argonne, et d'assurer, au cas d'un échec, la retraite sur Metz, puis sur Verdun [1]. En outre, ce plan forçait l'ennemi à rétrograder et à se concentrer vers les frontières du Nord-Est.

[1] « Si l'intention du maréchal était de défendre la ligne de la Moselle, en tenant ferme sous Metz, il aurait dû tomber avec toutes ses forces sur l'armée allemande qui se trouvait alors tout entière à sa portée : il était sûr ainsi d'obtenir un avantage sérieux. Des forces suffisantes eussent été difficilement réunies contre lui avant le 15, et, en tous cas, l'obligation de concentrer toute l'armée à la hâte ne nous eût permis de faire passer la Moselle qu'à des détachements insignifiants. Les deux armées se seraient trouvées en présence le 15, dans la direction de Metz-Sarrebruck, et, quelle qu'eût été l'issue de la bataille, la proximité de Metz, qui couvrait leur ligne de retraite, eût laissé toute facilité aux Français pour opérer leur mouvement sur Verdun. »

Ce passage est extrait d'une brochure publiée à Cassel sous le

Mais, pendant qu'on discutait à Metz sur la marche à suivre et qu'on essayait, à tout hasard, de défendre Nancy[1], on apprenait que le prince royal, ayant traversé les Vosges, marchait sur cette ville et occupait Lunéville[2]. On abandonna dès lors la défense de la Moselle supérieure, et on se borna à opérer des reconnaissances insignifiantes et bientôt suspendues dans la vallée de la Nied. Après avoir perdu, par ce premier moment d'hésitation, la possibilité d'arrêter l'ennemi au pied des Vosges, on se demanda ce qu'on ferait de l'armée de Metz. L'emploierait-on à défendre le pays situé entre la Moselle et l'Argonne, ou bien à défendre l'Argonne et couvrir Paris en la ramenant vers Châlons?

Certes, la lutte défensive autour de Metz pouvait être sérieuse, à la condition toutefois de garder le passage

titre : *la Guerre autour de Metz*. On assure qu'elle a été rédigée d'après le journal de l'état-major du prince Frédéric-Charles. Pour le récit et l'appréciation des événements qui vont suivre nous mettrons fréquemment à profit ce document.

[1] « Un grand dessein avait été conçu : 290,000 hommes devaient être concentrés au plateau de Haye, entre Nancy et Toul. Il eût été difficile de les expulser de là ; les déborder, en leur prêtant le flanc, eût été très-périlleux... Ce projet fut abandonné. » (Discours du général Changarnier, à la séance de la Chambre du 29 mai 1871.)

[2] Ordre fut donné au 5e corps d'occuper Nancy, en faisant retraite ; mais le général de Failly, autant à cause de l'impossibilité de se défendre dans cette ville, qu'à cause de la marche rapide du prince royal qui menaçait de le devancer à Nancy, crut devoir se rabattre plus au sud, vers Chaumont, offrant de se rendre ensuite à Toul, pour marcher de là par les hauteurs et les bois, sur la capitale de la Lorraine.

du fleuve, en aval et en amont de la forteresse, à une assez grande distance. D'autre part, en rétrogradant sur Châlons, en opérant une retraite lente et solide, on forçait l'ennemi de s'étendre, de s'affaiblir ; le siège de Paris devenait pour lui une entreprise pleine d'insurmontables périls. Avec une armée de secours, Paris résisterait victorieusement ; l'invasion serait enserrée et vaincue sous les murs de la capitale [1]. Ces puissantes considérations militaires faillirent l'emporter sur les conseils, discrets pourtant, du cabinet, préoccupé de la situation politique, redoutant l'effet désastreux que produirait sur l'opinion la nouvelle d'une retraite [2], mais ajoutant qu'il ne fallait consulter que l'intérêt stratégique.

[1] Le 10 août, alors que la retraite sur Châlons était déjà abandonnée, le général Trochu écrivait une lettre, qui fut mise sous les yeux de l'Empereur, et dans laquelle il montrait le rôle de l'armée de Metz comme devant être de couvrir Paris. « Si vous tenez trop longtemps ferme devant Metz, disait le général, il en sera de cette armée, qui est le dernier espoir de la France, comme il en a été du 1er corps, qui a péri après de si magnifiques preuves. Il faut que cette armée étudie soigneusement et prépare la ligne d'une retraite échelonnée sur Paris, les têtes de colonne livrant bataille sans s'engager à fond et arrivant à Paris avec des effectifs qui devront suffire pour remplir l'objet de premier ordre que j'ai indiqué. » (Discours du général Trochu. Séance du 13 juin 1871.)

[2] La Régente avait eu un mouvement d'heureux instinct en écrivant, le 7 août, à l'Empereur : « Dans vos opérations militaires, ne vous préoccupez pas de l'opinion de Paris. L'important n'est pas de faire vite, mais de bien faire... On se maintiendra facilement si une armée tient la campagne. L'audace avec laquelle ils procèdent leur sera fatale, si nous ne prenons pas une revanche trop vite. » Les ministres s'étaient d'abord récriés en apprenant que l'armée de Metz battait en retraite, mais ils se rangent à l'avis de l'Impéra-

Il fut décidé que l'armée resterait à Metz [1] ; néanmoins, on n'abandonnerait point pour cela Paris ; on y formerait une nouvelle armée qui couvrirait au besoin la capitale.

Pour rester à Metz sans danger et y faire une bonne défense, il fallait, nous le répétons, s'assurer de la vallée de la Moselle et en former un front d'une étendue telle qu'il eût été à peu près impossible à tourner. Dès le 9, on devait faire sauter les ponts, occuper sur la rive gauche Pont-à-Mousson, Novéant, et les passages depuis Metz jusqu'à la hauteur de Briey. Le 11, les divers corps d'armée (3e, 4e, 2e et la garde) étant réunis, il ne fallait pas les tenir concentrés sous le canon de la forteresse, mais les distribuer sur cette magnifique ligne de bataille. Rien de tout cela ne fut fait. On se contenta d'avoir résolu la difficile question de savoir si on resterait à Metz ou si on irait à Châlons, et d'appeler le corps de Canrobert, qui devint le 6e de l'armée du Rhin.

---

trice. « Nous avons répondu un peu vite, ce matin, sur l'effet de la retraite à Châlons. L'effet ne sera pas bon ; il va de soi que nous ne parlons que politiquement ; mais le point de vue stratégique doit l'emporter sur le point de vue politique, et vous êtes le seul juge. »

Napoléon III, qui s'est plaint, plus tard, que les préoccupations politiques du cabinet l'aient emporté, pour l'affaire de Sedan, sur les considérations militaires, se laissa le premier entraîner à ces préoccupations.

[1] L'Empereur à l'Impératrice : « La retraite sur Châlons devient trop dangereuse ; je puis être plus utile en restant à Metz avec 100,000 hommes bien réorganisés.,. Ainsi, deux grands centres, Paris et Metz : telle est notre conclusion. Prévenez-en le conseil. »

On ne savait pas au juste ce qui passait ou se délibérait à Metz. Cependant on s'inquiétait un peu de n'apprendre rien qui indiquât de notre part un mouvement offensif.

Bien que l'inaction de Bazaine semblât généralement fâcheuse, on commençait à reprendre espoir ; on avait un général capable et expérimenté ; on se concentrait ; on mettait à profit la double leçon de Frœschwiller et de Forbach, en s'éclairant, en reliant fortement les différents corps. Les Prussiens, qui nous avaient surpris et dont la multitude avait écrasé deux petits corps isolés, auraient à compter désormais avec le nombre, la prudence et la bravoure.

On espérait que nos flottes allaient sortir de leur inaction. Le blocus des ports allemands de la Baltique et de la mer du Nord était déclaré ; au lieu des prises de quelques bricks marchands, opérées jusqu'ici par nos frégates, il se produirait sans doute des attaques sérieuses contre les côtes des Confédérés, et ces attaques pourraient faire une diversion efficace et rappeler en Allemagne ou y maintenir une portion notable des forces de l'ennemi.

Dès le début de la guerre, on semblait, dans les régions officielles, avoir abandonné l'idée d'une tentative de débarquement en Allemagne. On raconte que M. Rigault de Genouilly, ministre de la marine, à la veille de la déclaration de guerre, aurait fait franchement connaître à l'empereur qu'il n'était pas prêt pour une entrée immédiate en campagne, ce à quoi il lui aurait été répondu qu'il lui faudrait faire l'impossible. Cette franchise nous semble suspecte. Il est plus probable qu'on ne parvint pas à s'entendre dans les conseils du souverain sur le rôle à donner à la marine. Les uns le voulaient glorieux et puissant; les autres craignaient d'enlever quelque chose au prestige de nos armées de terre et demandaient qu'on subordonnât l'action de la flotte aux opérations sur le Rhin. L'avis de ces derniers était de se borner à un blocus des côtes de la Baltique et de la mer du Nord, en attendant le moment de frapper des coups plus sérieux.

Les transports nous manquaient, a-t-on dit, pour jeter en Allemagne un corps de débarquement assez nombreux en temps utile. Raison peu solide. Les transports pouvaient être fournis ou requis en huit jours, et les quarante ou cinquante mille hommes chargés d'appuyer les opérations de la flotte, auraient pu, sans détriment, être distraits de l'armée du Rhin.

Il est incontestable qu'une diversion maritime aurait eu, en cas de succès, même sans succès marqué, les meilleurs résultats, soit qu'elle eût retenu, soit qu'elle eût rappelé dans le Nord de la Confédération des troupes nombreuses.

On prétendait que cette diversion était irréalisable; on alléguait les délais nécessaires à armer la flotte, à préparer les transports, à réunir l'armée de débarquement; ces délais allaient faire manquer le but principal, l'attaque par mer affaiblirait l'armée de terre et ne pourrait se combiner opportunément avec les opérations des maréchaux. Le débarquement n'était pas facile à tenter sur des côtes protégées par des fortifications improvisées, des torpilles ou des récifs; la neutralité stricte imposée par la Russie au Danemarck rendait ce débarquement tout à fait impossible, car il ne pouvait avoir lieu que sur le territoire danois. L'impuissance prétendue de notre marine me semble tenir à l'incapacité de nos administrateurs, à l'état de désarroi dans lequel la déclaration de guerre trouva nos vaisseaux et nos ports, plutôt qu'à la difficulté d'agir dans un bref délai et qu'aux obstacles accumulés sur les côtes allemandes. Nous persistons à croire à la possibilité d'une diversion très-sérieuse et très-utile par mer, parce que la Prusse y croyait et qu'elle avait laissé le général Vogel de Falkeinstein avec 80,000 hommes dans le Nord de la Confédération, pour faire face au danger prévu de ce côté. Les fleuves étaient barrés, les ports défendus par de terribles engins, les côtes inabordables ou transformées en redoutes. Soit! mais qui osera proclamer ces obstacles insurmontables en se rappelant que nous n'avons rien fait pour les vaincre?

Perdre cette occasion d'occuper l'ennemi à la fois de front et sur ses derrières, c'était donner à la Prusse une nouvelle armée [1], et mettre à néant tous les sacrifices antérieurs, faits pour la transformation, l'entretien et l'accroissement de notre flotte. A la veille du combat, nous imitions le lutteur qui renoncerait à se servir de l'un de ses bras, parce que l'autre est plus vigoureux, ou parce qu'il trouve plus d'avantage à concentrer toute son attention sur le jeu d'un seul membre.

Cette inaction de la flotte fut l'objet des réclamations les plus fondées à la Chambre. On répondait qu'un grand coup se préparait, que nous allions bientôt nous couvrir de gloire. Cependant nos vaisseaux se bornaient à louvoyer en vue des côtes, à tirer de loin des coups de canon inoffensifs. L'amiral Bouet-Villiaumez, qui avait notifié le blocus, le 15 août, aux neutres, captura quelques bricks de commerce, observa la flotte prussienne, trop prudente pour offrir le combat à un adversaire supérieur, et gêna le négoce allemand ; là se bornèrent les hostilités. Au milieu de septembre nous dûmes, à l'approche de l'hiver et des glaces, abandonner le blocus et ramener dans nos ports ces admirables vaisseaux, que l'Angleterre nous envie, impuissants à venger ou à atténuer nos revers.

Paris, 18 août 1870.
L'Impératrice à l'Empereur au Camp de Châlons.

« Je reçois d'Anvers, par les affaires étrangères le télégramme anonyme suivant : Le corps de Falkenstein, de 50,000 hommes, a quitté Hanovre, via Cologne, et est dirigé vers la frontière de France. »

Après Frœschwiller et Forbach, on parla de médiation. Il fut bientôt reconnu que cette médiation ne serait acceptée ni par la Prusse, à demi-victorieuse, ni par la France, résolue à venger son premier échec. On pressentit combien cette médiation serait difficile à exercer dans l'avenir : l'Angleterre, retranchée dans une neutralité peu bienveillante, décidée à ne pas en prendre l'initiative, refusait d'adhérer à une ligue qui tendait à se former entre l'Italie et l'Autriche dans un but pacificateur et en vue de certains événements; la Russie entendait réserver sa liberté d'action entière, et se bornait, pour le moment, à protester de son ardent désir de rétablir la paix et de travailler à circonscrire l'incendie allumé; les États-Unis ne voulaient en aucun cas se départir du principe traditionnel qui leur fait éviter de se mêler aux affaires de l'Europe. L'Italie et l'Autriche, se voyant seules à poursuivre réellement l'apaisement du conflit, se retranchèrent pour un temps dans une attitude passive, qui s'explique sans doute, mais qui portera des fruits aussi amers pour elles que le furent pour nous ceux des dix dernières années de l'Empire.

Revenons aux opérations militaires.

Pendant que l'armée française, sans direction, en voie de s'organiser, mal administrée, perdait un temps précieux sous Metz, n'avançant ni ne reculant, négligeant même de préparer ses lignes de combat, la troisième armée du prince royal détachait vers Strasbourg, sous le commandement du général de Werder, un corps composé principalement de Badois, fort de 50,000 hommes; elle laissait d'autres contingents devant Bitche, Phalsbourg et Marsal, et recevait presque aussitôt des contingents nouveaux qui comblaient ses vides. Elle occupait Nancy le 13 août, et envoyait ses coureurs au Sud dans la direction prise par le 1er corps. La première armée de von Steimetz, étroitement liée à la seconde de Frédéric-Charles, formait avec celle-ci l'aile droite et le centre des Confédérés; toutes deux s'avançaient sur Metz, après avoir tout d'abord, par un mouvement rapide de leurs extrémités, occupé ou surveillé la vallée de la Moselle, au sud et au nord de Metz, vers Thionville et Pont-à-Mousson. Ainsi, à sa gauche, l'ennemi poursuivait Mac-Mahon, occupait Nancy, Bar-le-Duc, tournait l'Argonne et menaçait Châlons; au centre et à droite, il occupait ou menaçait Saint-Avold, Pont-à-Mousson, Frouard, Toul, Metz, et, maître du fleuve en amont de la forteresse, observait la route de Verdun, c'est-à-dire de l'Argonne.

Le 13 août, on s'aperçut, au quartier impérial de Metz, qu'on avait oublié de relier les troupes de Châlons à celles de Metz et que les armées de Steimetz et de Frédéric-Charles commençaient à nous déborder au sud et au nord. On fut pris de panique. La nécessité de se joindre à Mac-Mahon, la crainte de voir nos deux armées séparées par le prince royal, firent reprendre le projet de retraite sur l'Argonne.

Ordre fut donné à l'armée de passer le lendemain sur la rive gauche de la Moselle et de marcher sur Verdun. De cette ville à Longwy, nous allions occuper une série de positions excellentes, où les Prussiens avaient éprouvé jadis de cruels revers. L'armée de Châlons manœuvrait alors, soit pour secourir Bazaine au Nord, soit pour refouler le prince royal dans la vallée de la Marne. En supposant que, sur ce terrain, la fortune nous trahît de nouveau, l'Argonne perdue, nos troupes se retiraient sous Paris, y trouvaient des renforts et un refuge assuré, formaient plusieurs camps appuyés aux forts, empêchaient l'investissement, rendaient tout au moins le blocus extrêmement difficile et retenaient concentrées sur la Seine toutes les forces des Confédérés. La France avait le temps d'organiser de nouvelles armées et de préparer la victoire.

Au lendemain de Frœschwiller et de Forbach, notre situation militaire était donc loin d'être désespérée; nous avions le choix entre une offensive sans grand péril et une défensive formidable, qui multipliait les dangers et les obstacles autour de l'ennemi, à chaque pas qu'il faisait sur notre territoire. L'offensive effraya nos chefs, tombés subitement de la confiance excessive dans une timidité plus excessive encore; la défensive fut rendue impossible par les tâtonnements et l'indécision.

Les huit jours passés, et en grande partie perdus, dans Metz à reconstituer le commandement, à rallier les 2º et 6º corps, à revenir de l'émoi causé par les événements, à discuter un plan, enlevèrent à l'exécution de ce plan l'armée du Rhin, entraînèrent l'anéantissement de l'armée de Châlons, précipitèrent la marche triomphante de l'ennemi, et furent la cause prochaine de nos revers.

CHAPITRE VIII

Borny, Rezonville et Amanvillers

Le décret qui nommait le maréchal Bazaine au commandement de l'armée du Rhin est daté du 10 août. Le maréchal ne prit ce commandement que le 13, le lendemain de la retraite du maréchal Lebœuf[1]. Nous ignorons la cause de cet intervalle entre la date du décret et le moment de son exécution.

Mais ce fait constaté enlève au maréchal Bazaine une part de la responsabilité de notre fatale inaction sous Metz, jusqu'à l'heure où commença le mouvement de retraite.

S'il faut en croire certains récits, l'attitude des Allemands, à leur entrée en France, fut conforme au droit des gens et aux usages de la guerre. Le préfet de Nancy, M. Podevin, s'empressa de conseiller à ses

---

[1] « Nommé, par décret du 10 août, commandant en chef de l'armée du Rhin, j'en pris, le 13, le commandement... Mes instructions étaient de faire passer l'armée de la rive droite de la Moselle, où elle était réunie depuis le 11, sur la rive gauche, pour la diriger sur Verdun. » (*Rapport sommaire* du maréchal Bazaine.)

administrés le calme et la modération. D'autres récits nous représentent, dès ce moment, la violence et les excès des Confédérés comme indignes d'un peuple civilisé; ils nous parlent de paysans fusillés sur de simples soupçons, de villages incendiés sans motifs, de réquisitions brutales et inutiles, de vols, de pillages, de déprédations de toute sorte. Nous aurons plus tard à mentionner tant de faits de ce genre authentiquement établis, que, sans nous arrêter à approfondir ce qui se passa au début de la campagne, nous croyons équitable de ratifier la mesure du cabinet Palikao qui destitua M. Podevin.

La France, revenue de son douloureux étonnement, ignorant que de nouvelles et irréparables fautes se commettaient, s'était reprise à espérer. Tel est le ressort et l'énergique vitalité de ce noble pays, qu'il étonne le monde par ses revirements soudains, ses élans héroïques au moment où on le croit abattu. La France acclamait avec tendresse le glorieux vaincu de Reichshoffen; elle avait foi dans l'armée, à laquelle, croyait-on, il n'avait manqué qu'un chef résolu, expérimenté, et l'élévation de Bazaine au commandement suprême paraissait devoir calmer bien des inquiétudes. On avait de ses talents militaires une opinion trop haute; d'ailleurs, on comptait sur la bravoure du soldat pour suppléer au génie du général en chef. La carrière du maréchal, et surtout son expédition du Mexique, n'étaient cependant pas de nature à faire concevoir une grande idée de son caractère; mais il ne venait à l'esprit de personne qu'il y eût place, dans ce danger suprême, pour un autre sentiment que le patriotisme au fond d'un cœur français.

Les correspondances de nos journalistes, voisins du théâtre de la guerre, correspondances plus enflammées que véridiques, étaient lues, commentées, exagérées avec une avidité sans égale; elles promettaient les plus brillantes revanches, annonçaient une grande bataille imminente et dont le succès était infaillible. Et ces assurances puériles étaient accueillies avec une foi profonde et un frémissement de joie. On ignorait le nombre de nos troupes et celui des forces ennemies. Tout ce verbiage, prétendu patriotique, de la presse, avait l'inconvénient de surexciter dans le public le besoin du succès, l'impatience de la lutte, l'énervement de l'attente, et de fournir à l'ennemi des renseignements sur nos desseins et sur nos mouvements [1].

L'ennemi était parvenu à cacher à nos généraux, sinon sa présence aux alentours de Metz, du moins sa force, sa situation, ses projets. On signalait son passage à Nomény, sa présence à Pont-à-Mousson; on avait vu ses coureurs du côté de Briey; on jugea qu'un plus long séjour à Metz menaçait l'armée d'enveloppement. Le 14, l'empereur quitta Metz pour se rendre à Verdun et de là gagner Châlons, avec l'inten-

---

[1] La première préoccupation des éclaireurs allemands, partout où ils se présentaient, était de demander les journaux français.

tion de revenir à Paris[1]. Cependant l'armée du Rhin commença à passer la Moselle.

Ce passage était presque terminé dans l'après-midi, lorsque le 3ᵉ corps, qui allait suivre le mouvement général, fut attaqué sur la rive droite du fleuve par le 1ᵉʳ corps de la première armée prussienne et des troupes de la deuxième armée. Cette attaque avait pour but d'entraver la marche des Français, de retarder leur retraite sur Verdun, afin de donner le temps à l'ennemi de nous rejoindre sur la route de Mars-la-Tour ou d'Étain. Un général expérimenté ne pouvait s'y tromper; il était absurde de prêter aux Allemands le projet de nous livrer bataille sous les murs et presque sous le canon de Metz; répondre à leur agression par un engagement qui retarderait le passage du fleuve, c'était donner dans un piége grossier. Bazaine avait recommandé, dit-on, de ne point livrer de combat sur la rive droite. Par suite de la crue subite de la Moselle et de la Seille, un de ses affluents, le passage de l'armée ayant été retardé, le dernier corps n'avait pu se retirer assez tôt. Quelques coups de fusil tirés à l'extrême arrière-garde amenèrent inopinément le combat général auquel prirent part, de notre côté, le 3ᵉ corps entier et deux divisions du 4ᵉ, qui repassa la Moselle et vint prendre position en avant du fort Saint-Julien, et du côté de l'ennemi, divers corps des deux premiè-

---

[1] C'est du moins l'allégation de la brochure intitulée : *Des causes qui ont amené la capitulation de Sedan.*

res armées, notamment toute une moitié du 1er corps. Si Bazaine a réellement interdit de riposter à une attaque sur la rive droite, il n'en est pas moins, dans une certaine mesure, responsable de l'inexécution de ses ordres.

L'affaire fut très-meurtrière, eu égard au nombre relativement restreint des troupes engagées. Nos pertes furent de 3,500 hommes tués ou blessés; celles de l'ennemi dépassèrent le chiffre de 9,000 hommes. Plusieurs régiments des Confédérés, attirés ou refoulés sous le feu d'un fort, tout récemment armé, furent décimés. La bataille de Borny fut revendiquée comme une victoire par le roi Guillaume, qui télégraphia à Berlin, et du champ de bataille, disait-il, cette heureuse nouvelle. Ce fut à quelques kilomètres de Metz, dans un village où il fit sa première halte de nuit, à Longeville, que l'empereur apprit l'engagement de Borny. La dépêche par laquelle il annonça à la France ce qu'il appelait de son côté une première victoire, est trop caractéristique pour n'être point signalée. On y lisait que nous étions triomphants, mais on comprenait très-clairement aussi que les reconnaissances du matin avaient été mal faites, que nous avions été de nouveau surpris, que nous ignorions la présence, les intentions et la force de l'ennemi. Après la honte d'avoir commis d'aussi lourdes fautes, il ne nous manquait plus que l'humiliation de les voir proclamer dans des bulletins signés du nom de Napoléon!

« L'avantage fut uniquement pour les Allemands, moins parce qu'ils restèrent maîtres de la plus grande partie du champ de bataille, que parce que la retraite de l'armée française fut retardée de plus d'un jour par ce combat [1]. »

Le 15, l'empereur acheva sa route, non sans difficulté. Le matin, à Longeville, les projectiles de l'ennemi portèrent le désordre et la mort dans les rangs de son état-major. Étrange fête réservée au prince pour ce jour anniversaire qui passa cette année sans réjouissances dans tout le pays ! Il fallut, pour que Napoléon III atteignît sûrement Verdun, éclairer la route d'Étain, occuper les bois voisins, décupler l'escorte, détourner du gros de l'armée plusieurs milliers d'hommes qu'on exposait, en outre, à être sacrifiés. Sur plusieurs points, l'apparition des coureurs ennemis ne suivit qu'à un court intervalle le passage de l'empereur. Le pays situé à l'ouest de Metz était déjà battu par les partis de cavalerie prussienne qui signalaient notre marche et épiaient nos moindres mouvements.

« Trois bonnes routes mènent de Metz à Verdun. Les deux qui se trouvent au sud de Metz et qui, jusqu'à Gravelotte, à 14 kilomètres de la place, n'en forment qu'une, se séparent dans ce village. Celle qui va le plus au sud conduit directement à Verdun, en passant par Rezonville, Vionville et Mars-la-Tour. Elle est de beaucoup la plus courte. La route du milieu, un peu

---

[1] *La Guerre autour de Metz.*

plus longue, traverse Doncourt, Jarny, Étain, où elle se joint à la troisième. Cette dernière, en sortant de Metz, quitte la vallée de la Moselle à Woippy et, après avoir suivi les crêtes boisées qui dominent la rivière, arrive à Saint-Privat par le long défilé de Bulny. De là, elle descend dans la vallée de l'Orne par Sainte-Marie, et conduit, par une série de défilés difficiles, jusqu'à Briey. Deux nouvelles routes, partant de Briey, mènent, l'une vers le nord-ouest, à Longuyon, dans la vallée du Chiers, où elle atteint le chemin de fer et la grande route de Sedan à Mézières, Montmédy et Thionville, tandis que l'autre se dirige sur Étain par l'ouest et les hauteurs. A Étain se bifurquent trois nouvelles routes, dont la première mène, à l'ouest, sur Verdun, la seconde, au nord-ouest, par Dun et Stenay, sur Sedan, et la troisième, au nord, sur Longuyon. Toutes ces routes sont larges et dans un excellent état d'entretien [1]. »

« Le mouvement des Français sur la rive gauche de la Moselle continue le 15 août. Le 2e et le 6e corps furent échelonnés derrière la division de cavalerie de Forton, qui, depuis la veille, éclairait la route de Mars-la-Tour, tandis que la division du général du Barrail éclairait la route de Conflans et d'Étain [2], » destinée aux 3e et 4e corps, retenus à Metz par le combat du 14. La garde impériale était établie en avant de

[1] *La Guerre autour de Metz.*
[2] *Rapport sommaire* de Bazaine.

Gravelotte. Mais, telle fut la lenteur de la marche que, le lendemain 16, à 9 heures du matin, quand nous fûmes attaqués à Vionville, les 2e et 6e corps occupaient encore leurs positions de la veille, attendant que les 3e et 4e corps eussent achevé leur concentration sur le plateau de Gravelotte, concentration retardée par le passage sur les ponts, « qui étaient en nombre insuffisant [1]. »

Tandis que nous réussissions à faire parcourir 14 kilomètres à notre armée en deux jours, les Allemands accomplissaient des prodiges de rapidité. Leurs troupes, qui étaient, le matin du 15, à une distance moyenne de 40 kilomètres des positions occupées par nous sur la route de Mars-la-Tour, passaient la Moselle sur cinq ponts de bateaux, franchissaient des défilés, traversaient ou contournaient des bois, nous atteignaient dans la journée du 16 et débouchaient successivement sur le champ de bataille à 9 heures du matin, à 3 heures et à 4 heures et demie. Quand on songe qu'une marche de nuit, une étape doublée eussent mis l'armée du Rhin hors des atteintes de l'ennemi, quand on cherche à apprécier l'unique motif de l'insuffisance des ponts allégué par Bazaine pour expliquer cette lenteur, on arrive à douter sérieusement

[1] *Rapport sommaire* de Bazaine. Il est à peine croyable que ce passage, déjà effectué en partie le 14, ne se soit pas accompli dans les conditions de célérité nécessaires le lendemain, après l'épreuve précédente. Le maréchal, qui nous révèle ce retard, en est, lui aussi, responsable.

que le maréchal eût l'intention de quitter Metz et d'exécuter le mouvement de retraite sur Verdun.

Le 15, aussitôt notre retraite sur Verdun accentuée, l'état-major allemand prend les dispositions suivantes :

Le 1er corps reste devant Metz pour simuler une attaque. Le 7e et le 8e (1re armée) contournent Metz, remontent en toute hâte la Moselle et passent la rivière sur des ponts de bateaux à la hauteur de Corny. Le 3e (2e armée) est rappelé de Pont-à-Mousson à Novéant, d'où un étroit défilé permet de gagner par Gorze les hauteurs qui dominent la rive gauche de la Moselle. Le 9e suit ce mouvement et ses têtes de colonnes atteignent Vandières-sur-Moselle. Le 10e corps se dirige sur Thiaucourt, suivant la grande route de Verdun. La garde et le 12e passent la rivière à Pont-à-Mousson. Le 2e est mandé de Forbach, le 4e, en marche par Frouard, sur Toul et Commercy, assure les communications de Frédéric-Charles et du prince royal; il ne prend point part aux combats du 16 et du 18.

Le 16, de grand matin, les deux armées prussiennes sont en marche, pendant que les Français bivouaquent ou se concentrent sur les deux routes de Verdun. A 9 heures, le 3e corps, arrivant péniblement par les défilés de Gorze, sur le plateau qui domine la Moselle, engage la lutte contre les 2e et 6e corps français, après avoir refoulé la cavalerie du général de Forton. Seul, le 3e corps prussien soutient la lutte jusqu'à midi.

« Il enlève de vive force Tronville, ainsi que Mars-la-Tour, et se met à cheval sur la route de Metz à Verdun [1]. »

A midi et demi, deux divisions de cavalerie, venues de Thiaucourt, entrent en ligne. Les Prussiens attaquent Vionville et sont repoussés vigoureusement. Le 3ᵉ corps, épuisé de fatigue et décimé par notre feu, reste à peine en état de soutenir la lutte. La cavalerie se dévoue pour le sauver et garder les positions qu'il a prises. Vers une heure et demie, elle reçoit l'ordre de charger. Elle parvient à arrêter nos troupes, mais elle est presque anéantie. Toutefois le but est atteint, au prix des plus grands sacrifices ; la lutte a pu se prolonger suffisamment pour donner le temps au 10ᵉ et au 9ᵉ corps d'entrer en ligne. A 3 heures, le 10ᵉ corps, venant de Thiaucourt, débouche au delà de Puxieux et de Mars-la-Tour, après avoir traversé un bois au nord de Vionville. Il forme l'aile gauche de l'ennemi dans la direction de Bruville et prolonge son mouvement vers Doncourt. Le 9ᵉ forme l'aile droite, longe les bois de Vionville, attaque ce point et s'en empare; mais il échoue à l'attaque de Flavigny.

Les Confédérés, à ce moment, étaient maîtres de la route de Mars-la-Tour et menaçaient celle de Doncourt. Mais il est hors de doute qu'une action simultanée et vigoureuse des 2ᵉ et 6ᵉ corps et de la garde impériale les rejetait dans le bois des Ognons et les

[1] *La Guerre autour de Metz*. (Voir notre carte de Metz.)

défilés de Gorze et isolait le 10ᵉ corps ennemi, qui se trouvait beaucoup trop avancé vers Doncourt. Ce corps, imprudemment jeté à 6 kilomètres du centre de l'armée prussienne, avait alors sur les bras les 3ᵉ et 4ᵉ corps français.

Cette supposition n'a rien d'exagéré. Les Allemands eux-mêmes reconnaissent qu'il y a lieu de s'étonner qu'ils aient pu nous enlever la route de Mars-la-Tour; et, malgré le désir bien naturel qu'ils éprouvent de ne pas trop rabaisser Bazaine, ce qui pourrait diminuer leur gloire, ils conviennent que l'armée française a manqué de direction [1].

Au moment de l'attaque, les 2ᵉ et 6ᵉ corps n'étaient pas entièrement réunis; la garde impériale se trouvait trop en arrière. Grâce à cet éparpillement, ce ne fut qu'assez tard dans l'après-midi qu'on eût pu reprendre Mars-la-Tour; mais, plus tard, des renforts survenaient à l'ennemi qui, débouchant du bois, menaçait notre flanc et nos derrières. La promptitude des mouvements était la première condition de succès. Il est évident que Bazaine ne sut pas faire manœuvrer

---

[1] « Si les Allemands sont parvenus à gagner du terrain et à rester maîtres de la route sud de Metz à Verdun, cela ne peut être que la conséquence de la façon imparfaite dont les Français ont été généralement menés. Le maréchal Bazaine mérite le reproche de s'être laissé entraîner par son courage personnel et son ardeur au combat. On l'a vu au premier rang de ses soldats, ce qui n'est jamais le rôle du commandant en chef d'une aussi grande armée. C'est ainsi qu'il s'est trouvé enveloppé, vers 2 heures, avec toute sa suite, par un régiment de cavalerie et a couru grand risque de perdre la liberté ou la vie. » (*La Guerre autour de Metz.*)

ses troupes, qu'il manqua de vigueur, de décision et d'audace.

Bazaine, dit-on, manifesta sur le champ de bataille de Rezonville une activité fébrile ; les Allemands poussent la galanterie ou l'ironie jusqu'à lui reprocher de s'être exposé de sa personne plus que ne le doit faire un chef d'armée, dont la vie est toujours si précieuse. Cette activité n'eut aucun résultat, et les dangers courus par le maréchal, dont l'escorte fut chargée, et presque écrasée par un régiment de cavalerie prussienne, nous touchent médiocrement. Le hasard auquel Bazaine dut d'éviter, ce jour-là, la captivité ou la mort, fut pour la France et pour l'armée un hasard désastreux. On comprend que l'ennemi s'en félicite et reproche au maréchal d'avoir mis en ce péril des jours si chers. Quant à nous, nous avons le droit de regretter que, le 16 août, il n'ait su ni vaincre ni mourir.

Lorsque, vers 5 heures, deux nouveaux corps ennemis, le 7e et le 8e, arrivèrent de Corny, par Novéant et Gorze, à travers des routes difficiles et des plateaux boisés, la bataille prit un nouvel aspect. Il ne s'agissait plus pour nous de briser les obstacles qui obstruaient la route de Verdun, il fallait encore veiller à ce que ces nouvelles forces ne nous prissent point en flanc à Gravelotte et à revers du côté des bois de Vaux. Dès lors nous étions partagés entre le désir de marcher en avant et la nécessité d'assurer nos derrières. C'est cette difficulté qui permit aux Confédérés de diriger sur Flavigny une nouvelle attaque qui se termina entre 7 et 8 heures du soir, par notre retraite de ce village. Cependant la marche du 3ᵉ corps français, entrant en ligne à la gauche du 4ᵉ, pour attaquer Vionville et Mars-la-Tour, fut ralentie et n'eut point tout l'effet souhaité; cette marche, qu'on n'osa point pousser à fond, nous eût assuré la victoire. Bazaine craignit de compromettre sa ligne de retraite sur Metz.

Les avantages obtenus par l'ennemi étaient sérieux, puisque de Mars-la-Tour à Tronville et Vionville, le terrain restait à lui, et que de Mars-la-Tour à Doncourt, le 10ᵉ corps allemand, attaqué successivement par des fractions de nos 3ᵉ et 4ᵉ corps, à mesure qu'elles arrivaient de Metz, ne fit aucun progrès, mais réussit à se maintenir entre Droitaumont et Bruville et à menacer la route de Conflans et d'Etain.

La lutte fut vive et meurtrière. Nos pertes furent de 14,000 hommes tués ou blessés. Celle des Confédérés atteignirent et peut-être dépassèrent le chiffre de 20,000 hommes. Le tiers du 3ᵉ corps prussien resta sur le terrain, une véritable hécatombe fut faite de la cavalerie de l'ennemi. Les Confédérés engagèrent trois corps et plusieurs divisions de cavalerie, au moins 120,000 hommes. En outre, les deux autres corps, survenus le soir sur le champ de bataille, et dont les têtes de colonnes furent mises en ligne, occupèrent ou immobilisèrent une notable partie des troupes françaises, portent à plus de 180,000 hommes le chiffre des forces allemandes à la bataille de Rezonville. En quittant Metz, Bazaine dut laisser, pour la défense de la place, une division. Son armée se trouva ainsi réduite à 160,000 hommes, que le combat de Borny diminua de nouveau. Le 16, son effectif n'atteignait qu'à grand peine 157,000 hommes, et encore est-il nécessaire de faire remarquer que ce nombre est celui des rationnaires, que celui des combattants ne dépasse point 150,000 hommes. Sur ce total, nous ne pûmes engager que 130,000 hommes environ, le reste n'ayant pu s'élever sur les plateaux en temps opportun ; enfin, ces 130,000 hommes n'entrèrent en ligne que successivement et partiellement, et, à l'heure où ils auraient pu tenter un effort général et combiné, la nuit arriva et nous avions alors en face de nous plus de 180,000 Confédérés.

Il n'est donc pas exact de dire, comme le font les militaires allemands, que « l'armée française avait combattu tout entière... et que l'avantage est resté aux Confédérés, malgré leur infériorité numérique [1]. »

On peut nier aussi que l'avantage soit demeuré entièrement à l'ennemi. Des deux routes que nous suivions, une seule est tombée sur certains points en son pouvoir, et ce demi-triomphe, qui devait, sans Ba-

[1] *La Guerre autour de Metz.* Il est encore moins exact de nous prêter un effectif de 200,000 hommes.

zaine, nous profiter autant qu'à lui, lui a coûté 20,000 de ses plus braves soldats.

Le soir de Rezonville, les positions étaient ainsi définies : l'armée française forme un arc de cercle de 12 kilomètres, qui part de Gravelotte et aboutit à Doncourt, passant par Rezonville, Saint-Marcel et Bruville; la route de Verdun par Conflans figure la corde de cet arc de cercle. Cette route était donc à nous. L'armée de Frédéric-Charles occupait en face une ligne de plus de 17 kilomètres, qui suivait la lisière des bois de Flavigny, à la hauteur de la ferme de Saint-Hubert, puis, de Flavigny, se dirigeait sur Mars-la-Tour, par Vionville; enfin, de Mars-la-Tour allait se perdre entre Bruville et Droitaumont.

On reproche au maréchal Bazaine d'avoir mal conduit son mouvement de retraite; il aurait dû assurer ses flancs et ses derrières, d'abord en détruisant les ponts de Novéant et de Pont-à-Mousson, ensuite en éclairant la rive gauche de la Moselle par de la cavalerie et de l'artillerie du côté d'Ars et de Gorze; ces régions fort accidentées sont sillonnées de routes encaissées qu'il eût été facile de défendre ou d'obstruer. De la sorte, il eût empêché et retardé la marche de l'ennemi.

Ce reproche est fondé; tout le monde reconnaîtra que la prudence exige qu'un général ne se borne pas à éclairer son front. Toutefois, la destruction des ponts, dont on a plus tard abusé, n'eût été, croyons-nous, qu'un obstacle insignifiant à la marche des Allemands.

On dit aussi que Bazaine ne sut pas prévoir l'encombrement inévitable qui, de la porte du fort Moselle à Gravelotte, devait se produire sur une voie unique destinée au passage de 150,000 hommes. Les ponts eussent-ils été en nombre suffisant, la bataille de Borny n'eût-elle pas retardé de vingt-quatre heures le mouvement, l'ennemi, grâce à cet encombrement, devait fatalement nous rejoindre sur le chemin de Verdun. L'accident des ponts et le combat du 14 ont eu cependant ce résultat que l'attaque s'est produite sur nos têtes de colonnes au lieu de se produire sur nos derrières ; cette attaque a arrêté la retraite que, sans cela, elle n'aurait fait que précipiter.

On reproche encore à Bazaine de s'être laissé effrayer plus qu'il ne fallait par la présence de l'ennemi du côté de Gorze et dans le bois des Ognons. Des militaires [1] pensent qu'il était possible de tenir en respect les 7º et 8º corps allemands pendant qu'on dirigerait, à la fin de la journée, une attaque décisive sur Tronville qui, au cas d'un succès, nous remettait en possession de la route de Mars-la-Tour. La préoccupation du maréchal de conserver sa ligne de retraite sur Metz est ici évidente. Il est clair que, en essayant de gagner Verdun, il songeait avant tout à se réserver

---

[1] L'auteur des *Vaincus de Metz*, vol. in-8, chez Lacroix et Verbœkhoven, Paris, 1871.

le chemin libre du côté de Metz. Les rigoristes pourront lui faire un crime d'avoir subordonné l'obéissance passive du soldat, l'ordre étant de gagner Verdun, à toute autre considération ; les tacticiens trouveront qu'il a manqué de prévoyance et de hardiesse ; les stratégistes enfin discuteront les avantages et les inconvénients de se replier sous Metz, ou de chercher à se frayer quand même la route de l'Argonne. Nous résumerons, quant à nous, notre opinion sur ces querelles et ces reproches en disant qu'il nous paraît que Bazaine dans sa retraite n'eut pas la prévoyance d'un chef militaire expérimenté, et que, dans la bataille, mal préparée par lui, il ne fit preuve ni de coup-d'œil, ni d'habileté.

Le soir du 16 août, on tint conseil au quartier général français. Deux avis furent en présence : l'un conseillait de se rapprocher de Metz, l'autre, de continuer le mouvement vers l'Ouest, soit de nuit, soit de grand matin, avant l'aube. Le premier fut adopté par les raisons suivantes que détaille le *Rapport sommaire* : il fallait ravitailler l'armée en vivres et en munitions, chercher un endroit où l'on trouverait de l'eau pour les besoins du campement (il y en avait en abondance au pied du plateau), enfin évacuer les blessés. Le second fut abandonné, parce que, disait-on, l'ennemi recevait à chaque instant des renforts qui rendaient inutile une nouvelle attaque de Mars-la-Tour, et que la route était même occupée bien au delà de ce dernier point[1]. Nous verrons que les renforts arrivèrent seulement dans la journée du lendemain et que la route n'était pas occupée au delà de Mars-la-Tour. Les munitions n'étaient point épuisées ; un témoin autorisé et digne de foi affirme qu'en les répartissant également entre les corps, il en restait pour deux batailles au moins[2]. Des réquisitions pratiquées dans le pays parcouru auraient pu ravitailler l'armée, sans enlever à la place de Metz des ressources précieuses. On se serait procuré de l'eau aussi bien dans la vallée de l'Orne que du côté de la Moselle ; enfin, rien n'empêchait d'évacuer les blessés sur Briey. Toutes les raisons alléguées pour rétrograder vers Metz ne sont donc ni décisives ni fondées ; elles tombent devant l'examen réfléchi de la situation. Pour continuer la mar-

[1] Le *Rapport Sommaire* dit à cet égard : « Des suppositions ont été faites sur la possibilité de continuer la marche sur Verdun dans la nuit du 16 au 17 ; elles étaient erronées. Ceux qui les émettaient ne connaissaient point la situation. L'ennemi recevait à chaque instant des renforts considérables et avait envoyé des forces pour occuper la position de Fresnes en avant de Verdun. L'armée française, en marche depuis plusieurs jours, venait de livrer deux batailles sanglantes et elle avait encore des fractions en arrière, y compris le grand parc de réserve de l'armée, qui était arrêté à Toul, attendant une occasion favorable pour rejoindre, ce qu'il n'a pu faire. L'armée pouvait éprouver un échec très-sérieux, qui aurait eu une influence fâcheuse sur les opérations ultérieures. »

[2] « Je suis de ceux qui crurent alors et qui croient encore que nous aurions dû continuer notre marche sur Châlons. D'autres conseils prévalurent. On représenta que nous n'avions pas assez de munitions ; c'est une erreur : nous en avions assez pour deux batailles et demie. Nous aurions pu gagner Châlons. » (Discours du général Changarnier à l'Assemblée nationale, dans la séance du 2 mai 1871.)

che sur l'Argonne il fallait de la résolution et de l'énergie ; Bazaine en manquait. Voilà pourquoi il revint sur ses pas.

Revenir sous Metz, s'y établir fortement, attirer à soi et retenir, sinon détruire ou vaincre, de nombreuses armées ennemies, c'était d'ailleurs un plan qui pouvait séduire un homme de guerre et qui offrait le grand avantage de menacer constamment les Confédérés d'être coupés de leurs communications avec leur base d'opérations, sur un point très-rapproché de cette base. Ce qui constitue une faute, c'est d'être revenu sous Metz avec l'intention de reprendre le mouvement un peu plus tard [1].

Tout délai était fatal au mouvement de retraite ; et puis, il fallait tenter l'impossible plutôt que de toucher aux vivres de la place. L'état-major allemand démontre par des raisons très-solides que Bazaine pouvait, après le 16, continuer sa retraite en faisant un détour par le nord : « Il ne lui était plus permis de battre en retraite par les deux routes sud de Metz à Verdun. L'une était complètement en notre pouvoir, et l'autre, celle d'Étain, si près de nous qu'une marche de flanc exécutée dans de telles conditions eût été une folie. Quant à la route du nord, celle de Bricy, elle présentait aussi de graves difficultés par suite des positions qu'occupait son armée. Il lui

---

[1] « Mon intention était de reprendre l'offensive une fois le ravitaillement terminé. (*Rapport sommaire.*)

fallait faire un détour de quatre lieues [1] pour l'atteindre, et il ne pouvait conserver que peu d'espoir de gagner Verdun et la Meuse sans une nouvelle bataille; car, quand bien même l'armée allemande n'eût fait aucun mouvement le 17, elle n'était pas moins sûre de se trouver en face de lui près de Verdun, le 18 ou le 19 [2]. Le maréchal pouvait au contraire espérer s'échapper par Longuyon, en suivant la route de Metz à Sedan. Cette route se trouvait juste en arrière de ses positions, et le cours de l'Orne pouvait lui être très utile pour livrer un combat d'arrière-garde et couvrir sa retraite [3] » L'auteur allemand conclut que les motifs avancés par Bazaine pour justifier son retour vers Metz ne sont pas les véritables, et cherche à démontrer que le maréchal a voulu tenter le sort d'une grande bataille sur un terrain connu, étudié, sur des positions formidables, préparées à l'avance. Il est aisé de comprendre pourquoi l'auteur allemand veut prouver qu'à la bataille de Gravelotte l'armée française a été vaincue alors qu'elle était en possession de tous ses

[1] Ceci est exagéré : de Rezonville à Sainte-Marie-aux-Chênes la distance n'est que de 11 kilomètres ; de Gravelotte elle est seulement de 10 kilomètres.

[2] Sans doute les routes d'Étain et de Briey ne pouvaient être prises sans qu'on s'attendît à y rencontrer tôt ou tard l'ennemi. Toutefois, il convient de faire remarquer qu'une partie seulement des corps allemands eût pu joindre notre arrière-garde, les autres se trouvant, le soir du 16, à d'assez grandes distances du champ de bataille de Rezonville.

[3] *La Guerre autour de Metz.*

moyens et d'un grand nombre d'avantages; mais rien n'est plus facile à détruire, comme nous allons le voir, que cette supposition.

La France apprit, le 17, que Bazaine avait livré bataille à *toute l'armée allemande* entre Vionville et Doncourt, que l'avantage nous était resté, et que le maréchal, aussitôt son ravitaillement opéré, allait reprendre son mouvement. Bazaine, cependant, écrivait à l'empereur : « On dit aujourd'hui que le roi de Prusse serait à Pange ou au château d'Aubigny, qu'il est suivi d'une armée de cent mille hommes, et qu'en outre des troupes nombreuses ont été vues sur la route de Verdun et à Mont-sous-les-Côtes [1]. Ce qui pourrait donner une certaine vraisemblance à cette nouvelle de l'arrivée du roi de Prusse [2], c'est qu'en ce moment, où j'ai l'honneur d'écrire à Votre Majesté, les Prussiens dirigent une attaque *sérieuse* sur le fort de Queuleu. Ils auraient établi des batteries à Magny, à Mercy-le-Haut et au bois de Pouilly. Dans ce moment le tir est même assez vif [3]. Quant à nous, les corps sont peu riches en vivres; je vais tâcher d'en faire venir par la

[1] Deux remarques sur ce passage : 1° Bazaine n'est point renseigné sur la force et les mouvements de l'ennemi; 2° il se montre trop préoccupé de justifier la suspension de sa marche sur Verdun pour qu'on ne le soupçonne point d'avoir cru possible la continuation de cette marche.

[2] Le roi était alors à Pont-à-Mousson et se disposait à venir à Mars-la-Tour.

[3] Conclusion insinuée : il est nécessaire que nous restions aux environs de Metz pour la défense de la place.

route des Ardennes, qui est encore libre. M. le général Soleille, que j'ai envoyé dans la place, me rend compte qu'elle est peu approvisionnée de munitions et qu'elle ne peut nous donner que 800,000 cartouches [1], ce qui, pour nos soldats, est l'affaire d'une journée. Il n'y a également qu'un petit nombre de coups pour pièces de 4, et enfin il ajoute que l'établissement pyrotechnique n'a pas les moyens nécessaires pour confectionner les cartouches [2]... Les régiments du corps du général Frossard n'ont plus d'ustensiles de campement et ne peuvent faire cuire leurs aliments. Nous allons faire tous nos efforts pour reconstituer nos approvisionnements de toute sorte, *afin de reprendre notre marche dans deux jours*, si cela est possible. Je prendrai la route de Briey [3]. Nous ne perdrons pas de temps, à moins que de nouveaux combats ne déjouent mes combinaisons [4]. »

[1] On découvrit, depuis, 4 millions de cartouches dans les magasins du chemin de fer, ainsi que des vivres.
[2] Cette indication se trouva fausse. On put fabriquer à Metz non-seulement des cartouches, à l'aide d'un papier spécial, mais encore des fusées percutantes pour obus.
[3] Nous éprouvons le besoin de le redire : si Bazaine n'était pas résolu à rester sous Metz, tout retard, tout délai devenait fatal au succès de la retraite. Bazaine pouvait-il l'ignorer ?
[4] Le ton général de cette dépêche nous semble révéler l'embarras, l'indécision, une arrière-pensée : L'armée est fatiguée, décimée, dépourvue de vivres et de munitions ; Metz est sérieusement menacée par une nouvelle armée de 100,000 hommes ; la route de Verdun est interceptée. Néanmoins Bazaine *veut* continuer son mouvement de retraite. Il proteste qu'il ne perdra pas de temps. Protestation inutile et louche ; et cependant il perd du temps. Il prévoit que

« La bataille du 16 n'avait pas été considérée dans le camp allemand comme une action décisive. Il fallait donc tenter de nouveau le sort des armes, et c'est dans ce but que toutes les troupes qui se trouvaient à portée furent concentrées le 17 [1]. La garde et le 12ᵉ corps arrivèrent, à cette date, à Mars-la-Tour et s'établirent au sud de ce village [2]. »

Le lendemain, le 2ᵉ corps entra en ligne dans l'après-midi; les Confédérés disposèrent donc, ce jour-là, de plus de 250,000 hommes. Bazaine n'avait à leur opposer que 130,000 hommes.

Le maréchal, au point du jour, abandonnait le plateau de Gravelotte et disposait son armée, de Rozerieulles à Saint-Privat-la-Montagne, sur une série de hauteurs qui commandent la vallée de la Moselle et qui courent du nord au sud.

« Les troupes reçurent l'ordre de se fortifier dans ces positions et d'y tenir le plus longtemps possible [3]. »

Le 2ᵉ corps (général Frossard), à l'extrême gauche, creusa à la hâte quelques tranchées-abris; il était d'ailleurs suffisamment protégé par le ravin profond

dans deux jours il sera attaqué et laisse entrevoir nettement la possibilité que cette attaque l'empêche d'opérer son mouvement. On sent qu'il cherche à justifier d'avance son immobilisation sous les murs de Metz.

[1] 7ᵉ et 8ᵉ corps de la 1ʳᵉ armée, 3ᵉ, 9ᵉ et 10ᵉ de la 2ᵉ armée, sans compter plusieurs divisions de cavalerie.

[2] *La Guerre autour de Metz.* Voyez, plus loin, la carte des *Alentours de Metz.*

[3] *Rapport sommaire* de Bazaine.

de la Mance, ruisseau qui descend des hauteurs d'Amanvillers à la Moselle, en longeant les bois de Vaux. A la droite de ce corps, le 3e (maréchal Lebœuf) s'étendait de Moscou à Montigny ; sur son front, les pentes abruptes du ravin s'abaissaient et le laissaient plus exposé aux attaques de l'ennemi. Le 4e corps (général Ladmirault) tenait les hauteurs d'Amanvillers jusqu'à Saint-Privat ; ces hauteurs s'inclinent en pente douce vers les villages d'Habonville et Saint-Ail, où étaient nos avant-postes. Le 6e corps (maréchal Canrobert), à notre extrême droite, occupait le plateau de Saint-Privat et Roncourt, débordant ainsi la route de Briey et appuyé aux bois de Jaumont. La garde impériale et la réserve d'artillerie s'établirent à Plappeville auprès du mont Saint-Quentin. De Rozerieulles à Roncourt il y a environ 12 kilomètres.

Les Allemands apprécient ainsi nos positions :

« Le simple examen d'une carte spéciale ne laisse aucun doute sur la force des positions que le maréchal Bazaine avait choisies. Sa gauche, protégée par les forts Saint-Quentin et Saint-Privat [1], commande toute la vallée de la Moselle. Sa ligne de bataille s'étend, en suivant les crêtes, jusqu'au delà de Saint-Privat-la-Montagne. Il occupe les positions élevées de Point-du-

---

[1] Le fort Saint-Privat, qui devait faire partie du système général de défense de Metz, était à peine sorti de terre et n'a jamais été armé.

Jour, Moscou, Leipzig, Montigny-la-Grange. Ses approches sont défendues par un ruisseau profondément encaissé. Ce cours d'eau s'oppose au passage des grandes masses, excepté sur deux points : le premier au nord, entre les bois de la Cusse et des Genivaux, par le village de Verneville; le second, à la jonction des deux routes sud de Verdun, entre les deux bois des Genivaux et de Vaux. Ce dernier passage est moins facile, à cause de l'obstacle qu'y présente la ferme de Saint-Hubert. Ce n'est donc qu'à droite que des masses imposantes peuvent passer; encore sont-elles gênées par un ruisseau qui se jette dans l'Orne et derrière lequel se trouvent les villages d'Habouville, de Saint-Ail et de Sainte-Marie-aux-Chênes. Si forte que soit cette position, elle a cependant deux grands défauts. Premièrement, son point le plus important (Saint-Privat-Amanvillers) se trouve en avant et tout près d'une rangée de bois épais, en partie fort accidentés, qui rendent presque impossibles les mouvements de réserves en arrière. Il est donc très-difficile de renforcer un point menacé [1], et partout sur le champ de bataille les troupes, une fois disposées, sont forcées de se suffire à elles-mêmes. En second lieu, les Français n'ont d'autre ligne de retraite que Metz [2], et, pour ne pas être rejetés dans la place, il leur faut vaincre,

---

[1] Cette difficulté fut, comme on le verra, une des causes qui nous firent perdre Saint-Privat.

[2] Remarque très-juste, et qui prouve que Bazaine était toujours dominé par l'idée de revenir sous Metz.

vaincre d'une façon décisive, pour pouvoir rentrer en libre communication avec le reste de la France[1]. »

En réalité, la position n'était forte que sur notre gauche et une partie du centre, là où notre front était couvert par le ravin de la Mance. De Montigny à Roncourt, les pentes douces qui conduisent de la plaine vers les hauteurs, affaiblissaient singulièrement nos avantages; l'obstacle des bois, auxquels nous étions adossés et qui gênaient le mouvement des réserves, joint à la disposition du plateau, dont les pentes, du côté de la Moselle, sont escarpées, nous mettaient dans la nécessité de combattre sur un terrain inégal, ayant à dos de véritables précipices.

Il y avait, un peu en arrière de cette ligne, une autre série de positions que l'on signale comme offrant des avantages supérieurs et moins d'inconvénients; elle commence au ban Saint-Martin, traverse le plateau de Plappeville, suit la berge orientale d'un ruisseau (le Châtel), dont le cours est un peu oblique à celui de la Mance, et se prolonge, en arrière des bois et de Saint-Privat, jusqu'à Jaumont et Roncourt[2]. L'armée, disposée sur ces points, avait sa gauche assurée par le Saint-Quentin et le fort de Plappeville contre tout mouvement tournant de l'ennemi; elle n'était pas exposée aux attaques qui furent tentées du côté de

[1] *La Guerre autour de Metz.*
[2] L'auteur des *Vaincus de Metz* étudie et décrit cette ligne avec un soin minutieux et la compétence d'un homme du métier.

Vaux et de Sainte-Ruffine, et condamnèrent à l'immobilité la garde impériale. Le lit encaissé du Châtel protégeait notre front aussi efficacement au moins que les hauteurs inégales qui bordent la Mance. La sécurité que nous donnait l'appui du Saint-Quentin, l'espace plus court de Plappeville à Jaumont (8 kilomètres environ), que nous avions à occuper, nous permettait de dégarnir, sans danger, la gauche, de renforcer le centre, d'étendre la droite et de nous placer bien à cheval sur la route de Briey.

Le choix des positions fait par Bazaine n'est peut-être pas aussi heureux qu'on l'a supposé; mais, certes, ce choix n'était pas inspiré par des études antérieures et des préparatifs exécutés à l'avance sur le terrain. La supposition qu'en occupant ces points le maréchal réalisait un plan discuté et calculé longuement, un plan en quelque sorte classique parmi nos généraux, cette supposition est entièrement imaginaire. Elle a été cependant soutenue par les Allemands. S'il faut les croire [1], « les fermes et les villages qui formaient les positions principales, avaient été mis dans le meilleur état de défense et reliés par des tranchées. Dans plusieurs endroits on avait profité de la nature du terrain pour étager deux ou trois tranchées. Les bois avaient été obstrués par des abatis. Saint-Hubert, Verneville et Sainte-Marie, situés en avant de la ligne, avaient été également fortifiés. Des batteries de posi-

[1] *La Guerre autour de Metz.*

tion avaient été établies sur différents points. L'accumulation si rapide de tant de travaux de défense permet, ajoutent-ils, de se demander si la journée du 17 avait suffi pour les élever. Il semble possible qu'ils aient été commencés plusieurs jours auparavant, ce qui nous autoriserait à douter de l'intention officiellement exprimée de se retirer sur Verdun. »

Il faudra pourtant que nos ennemis en prennent leur parti ; tous les témoignages s'accordent à démontrer que la journée du 17 a suffi à ces travaux de défense, dont les Allemands ont beaucoup exagéré le nombre et l'importance. Il est hors de vraisemblance que les Français aient songé à préparer un champ de bataille sur la rive gauche de la Moselle, c'est-à-dire sur la rive opposée à celle où l'on pouvait attendre l'ennemi. Ignore-t-on enfin le trouble et le désarroi qui ont régné à Metz, du 10 au 15 août, pour prétendre que pendant cette période on a songé à fortifier des positions qu'il était d'ailleurs impossible de considérer comme devant être le théâtre d'une lutte prochaine?

Il est notoire qu'à Frœschwiller, à Forbach, à Borny, à Rezonville, nous avons toujours été surpris par l'attaque de notre adversaire. A moins qu'on ne représente ces surprises comme un calcul de notre part, ce qui serait le comble de l'absurdité, il est contraire à la logique et à la vérité de dire que nous avons préparé le champ de bataille du 18, parce que cela implique que nous avons prévu toutes les phases et les incidents de la campagne.

Le roi de Prusse, comme toujours, avait pris le commandement nominal des sept corps concentrés aux environs de Mars-la-Tour; en réalité, M. de Moltke dirigeait les mouvements, et le prince Frédéric-Charles assurait leur exécution. Les 7e et 8e corps, que nous avons vu déboucher des bois, le soir du 16, sur le champ de bataille de Rezonville, à la hauteur de Gravelotte, formaient l'aile droite des Confédérés et s'établissaient, de Gravelotte à Vaux, sur une ligne parallèle à peu près à la route. Le 9e corps s'étendait, au centre, de Gravelotte dans la direction et en arrière de Verneville. Les 3e et 10e corps, « qui avaient beaucoup souffert, le 16, furent laissés en réserve [1]. » Les troupes intactes, c'est-à-dire le 12e corps et la garde royale, partaient de Mars-la-Tour et marchaient sur la route de Briey, vers Sainte-Marie-aux-Chênes, cherchant à joindre et à tourner l'aile droite de l'armée française, dont les positions n'étaient pas bien connues, paraît-il, de l'ennemi. Ces deux corps ne devaient s'engager à fond que sur la fin de la journée et décider de la bataille. Comme ils avaient trois lieues et demie à parcourir, l'ordre fut donné aux corps de l'aile

[1] *La Guerre autour de Metz.*

Les Allemands prétendent que ces deux corps ne combattirent pas, que le 3e seul eut son artillerie engagée. Des témoins oculaires affirment pourtant que le 10e corps prit part avec la garde aux dernières attaques contre Saint-Privat.

droite et du centre de ne livrer tout d'abord qu'un combat d'artillerie, jusqu'au moment où les corps de gauche seraient entrés en ligne et où pourrait commencer l'effort simultané des Allemands sur tous les points à la fois.

Nous ignorons quelles étaient au juste les intentions et les espérances de l'état-major ennemi. Si on s'en rapporte au seul document important et semi-officiel que nous possédions [1], les Confédérés voulaient surtout nous déborder sur la droite, et de la sorte nous rejeter sur Metz. C'est là un résultat trop modeste, eu égard aux forces immenses, presque doubles des nôtres, dont l'ennemi disposait. Il est clair que ce résultat obtenu laissait subsister devant lui l'armée française qui, à l'abri de la forteresse, reprenait haleine et force et l'obligeait bientôt à de nouveaux efforts. D'où il suit que la prise de Saint-Privat, le débordement de notre droite et la possession de la route de Briey ne pouvaient être envisagés sérieusement comme le gain de la bataille et les conditions du triomphe. La victoire, pour les Allemands, devait consister à enfoncer nos lignes de gauche en arrière de Saint-Hubert et de Point-du-Jour, de façon à nous isoler de Metz. Ils seront tôt ou tard forcés d'en convenir, si la logique peut l'emporter chez eux sur la vanité. Ce qui le prouve, du reste, sans réplique, ce sont leurs efforts réitérés, leurs tentatives désespérées sur notre

[1] *La Guerre autour de Metz.*

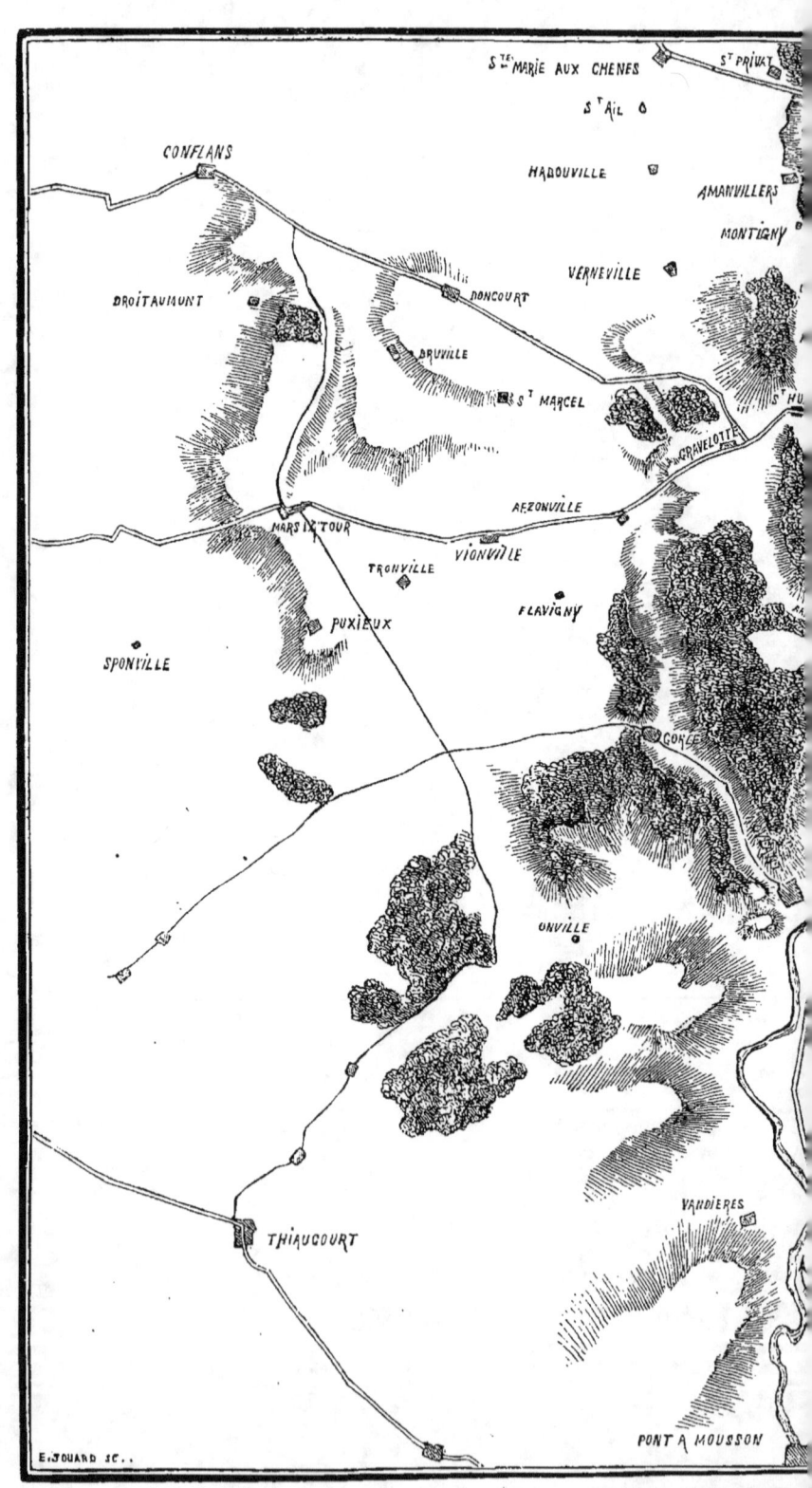

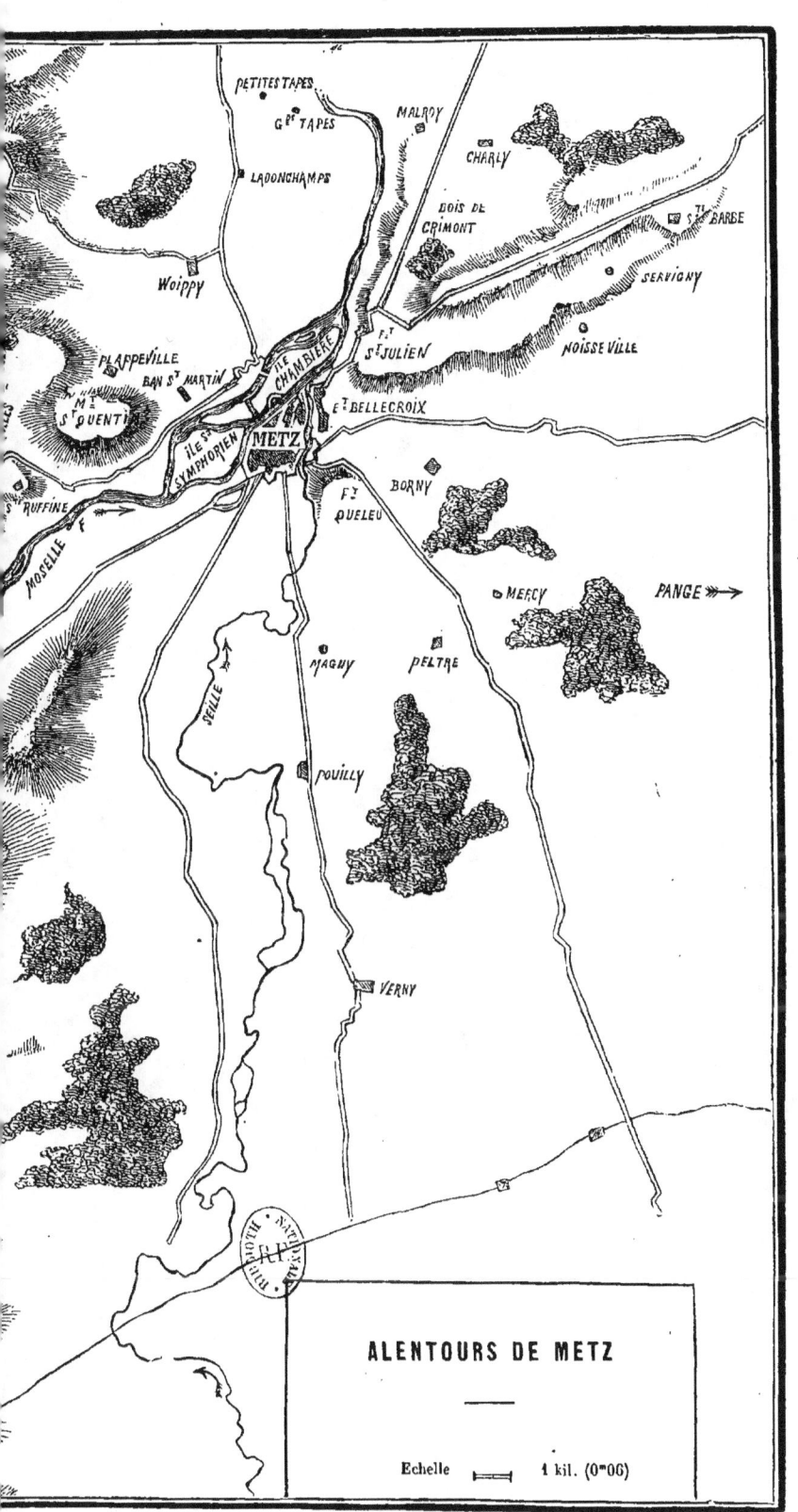

ALENTOURS DE METZ

Echelle 1 kil. (0m06)

gauche, les masses formidables (près de 100,000 hommes) qu'ils y ont accumulées[1]. Les 3ᵉ et 2ᵉ corps français (60,000 hommes à peine), contre lesquels sont venues se briser l'obstination et la puissance de l'ennemi, se sont couverts de gloire ; le 2ᵉ surtout a noblement pris sa revanche de l'échec de Forbach. Nous laisserons donc les Allemands s'extasier sur *l'admirable* mouvement de conversion de leur armée, sur l'ordre et la rapidité avec lesquels il s'est accompli ; mais ils ne parviendront pas à nous donner le change et à nous faire oublier que s'ils ont réussi à leur gauche, ce qu'ils désiraient sans doute, ils ont échoué à leur droite, ce qui a dû vivement contrarier leurs plans et ne constitue en leur faveur qu'une demi-victoire.

Pendant toute la matinée du 18, l'armée française, impassible, regarda défiler devant elle, à l'horizon, les bataillons ennemis. Vers midi, le feu s'ouvrit sur toute la ligne, depuis Gravelotte jusqu'à Verneville et

---

[1] Bazaine ne s'y est point trompé et son *Rapport sommaire* constate que le but des Confédérés était de nous isoler de Metz.

Ici encore apparaît un argument puissant en faveur des positions indiquées en arrière de celles que nous occupions. Si notre gauche se fût appuyée au plateau de Plappeville et au Saint-Quentin, il est certain que nos troupes eussent été dans de meilleures conditions que celles où elles se trouvaient à Rozerieulles ; il est certain que nous nous étendions au delà de Roncourt, ce qui augmentait la difficulté de nous tourner ; il est certain enfin que nous pouvions occuper plus fortement Saint-Privat et que les réserves, immobilisées à Plappeville, devenaient disponibles pour renforcer nos lignes sur les points menacés.

Saint-Ail. Ces deux points, occupés par nos avant-postes, restèrent aux Allemands. A Gravelotte, l'ennemi avait établi une immense batterie de 80 à 100 pièces ; plus tard, dans l'après-midi, deux batteries pareilles ouvrirent le feu, de Verneville et de Saint-Ail, sur nos positions. Leur tir lent, régulier, précis, leurs projectiles à fusées percutantes, ne parviennent point à effrayer nos troupes, qui demeurent inébranlables, héroïques, sous cette pluie de mitraille. Cependant notre artillerie, moins nombreuse [1], lançait des projectiles trop souvent impuissants, qui éclataient en l'air à douze ou quinze cents mètres, ou qui venaient mourir devant les batteries ennemies, lesquelles conservaient toute leur efficacité et leur justesse à une distance de trois et quatre mille mètres. Les mitrailleuses, qui avaient si terriblement fonctionné à Borny, ne furent pas ici à la hauteur de leur réputation ; elles envoyaient au hasard des volées de balles, qui furent la plupart du temps inoffensives, excepté aux environs de Verneville.

Cependant, Bazaine, ayant sans doute réfléchi sur les inconvénients d'exposer la personne du général en chef, rendu sage par l'incident du 16, se tenait fort tranquillement à Plappeville, au centre de la garde en réserve, surveillant, disait-il, Woippy et Sainte-Ruffine, tout entier à la crainte d'être isolé de Metz [2], et

[1] Les Allemands avaient près de 700 bouches à feu ; nous ne pûmes en mettre en batterie que 350 environ.

[2] Sans doute, c'était là le grand danger ; mais il est regret-

abandonnant les chefs de corps à leurs inspirations et à leurs ressources. L'armée française se battait seule ; c'était la lutte du soldat réduit à son courage, contre la science tactique et l'organisation parfaite de tous les moyens mis par le calcul au service de l'art militaire [1].

Après l'épouvantable canonnade dirigée sur notre gauche et sur notre centre et admirablement affrontée par les 2e et 3e corps français, le combat d'infanterie commença. Fidèles à leur principe de procéder par masses, les Confédérés lancent contre nous des colonnes profondes, précédées de nuées de tirailleurs. Les masses se brisent contre nos lignes ; le nombre est vaincu par l'intrépidé. Le terrain, sans doute, nous favorisait ; mais on peut dire que rarement nos soldats montrèrent plus de vigueur, de sang-froid et d'ingé-

---

table qu'il ait à ce point paralysé l'action du général en chef.

« Tout le combat, dit un témoin oculaire, M. Viansson, maire de Plappeville, prouvait l'absence complète de direction. A une heure de l'après-midi, je me présentai au logement occupé à Plappeville par le maréchal Bazaine. Moi présent, plusieurs officiers vinrent signaler au général en chef la gravité de la situation. Il parut taxer d'exagération leur rapport..... Dans cette même journée du 18, vers quatre heures, passe le maréchal Bazaine, suivi de son état-major. Il sortait de Plappeville et se rendit au fort Saint-Quentin, où il donna l'ordre de diriger le feu sur deux batteries ennemies établies derrière Sainte-Ruffine. » (*Le Blocus de Metz en 1870*, publication du Conseil municipal de Metz. Metz, 1871, in-8. Pag. 250.)

[1] Le général Changarnier a dit, sans doute par euphémisme, dans son discours à l'Assemblée nationale, que le maréchal Bazaine avait eu le *malheur* de ne pas assister à la bataille.

nieuse sagacité pour s'aider de tous les accidents du sol. La canonnade alors redouble d'intensité ; les attaques se multiplient, — sans plus de succès.

Il est cinq heures. Nos lignes sont intactes partout. Du côté des Confédérés, « les 7º et 8º corps (face à notre gauche) sont épuisés ; le 9º éprouve à Verneville des pertes énormes ; la garde, à la suite d'une attaque de vive force sur Saint-Privat, a été repoussée, en laissant le sol jonché de ses morts et de ses blessés [1]. » Encore deux heures de constance et d'efforts aussi vaillamment soutenus, et l'ennemi, impuissant à nous entamer, ayant perdu 40,000 hommes en deux jours, se repliait peut-être sur l'armée du prince royal. A ce moment de la journée, si les Français eussent possédé un général, non pas de génie, mais tout simplement attentif aux incidents qui se produisaient sur le champ de bataille, au lieu de se laisser absorber par l'observation de Sainte-Ruffine, la victoire était à nous. Il suffisait pour cela de diriger sur notre droite, que l'ennemi était enfin parvenu à joindre, vers Roncourt, des renforts, et d'utiliser cette magnifique infanterie d'élite de la garde, qui assista l'arme au pied à la bataille. Deux heures, une heure et demie même, suffisaient à porter ces renforts de Plappeville vers Saint-Privat. Le secours fut-il demandé trop tard ? Bazaine hésita-t-il à l'envoyer ? La distance, beaucoup trop considérable (huit kilomètres

[1] *La Guerre autour de Metz.*

environ), qui séparait la réserve de l'aile droite ne put-elle être franchie avec une rapidité suffisante? Tout cela n'est pas encore éclairci; nous ne savons qu'une chose, c'est que la garde arriva trop tard. Saint-Privat, qui ne nous fut enlevé qu'entre sept heures et demie et huit heures du soir, était perdu.

A six heures, nos positions sont toujours maintenues, mais deux corps de troupes fraîches, plus de soixante mille hommes, entrent en ligne aux extrémités opposées du champ de bataille, du côté de l'ennemi. Le 2ᵉ corps, mandé le 15 de Saint-Avold, ayant parcouru en trois jours près de 80 kilomètres, se déployait en avant de Gravelotte et attaquait Saint-Hubert et Point-du-Jour, positions avancées de notre gauche. En même temps, le 12ᵉ corps saxon ouvrait, de Roncourt, sur Saint-Privat, un feu d'artillerie intense, et la grande batterie établie à Saint-Ail balayait les hauteurs entre Amanvillers et Saint-Privat.

La lutte prit alors, de part et d'autre, un caractère de violence et d'acharnement inouï. « Tandis que le 12ᵉ corps allemand tourne le 6ᵉ corps français à son aile droite, la garde royale et le 10ᵉ corps se jettent dans la trouée produite par la batterie foudroyante de Saint-Ail, entre le 4ᵉ et le 6ᵉ corps français [1]. » Il y eut alors des prodiges de valeur : officiers, généraux, soldats, rivalisent d'audace ; les hommes, les compa-

[1] *Les Vaincus de Metz.*

gnies, les bataillons tombent sans reculer; les chefs donnent aux troupes l'exemple de la bravoure et du mépris de la mort. Le maréchal Canrobert, l'épée à la main, aux premiers rangs, animant de la voix et du geste les combattants, lutte ainsi, pendant près de deux heures, avec un corps incomplet d'environ 20,000 hommes, contre des forces écrasantes.

Vers sept heures, une clameur immense, funèbre, s'éleva derrière Saint-Privat. Puis on aperçut sur les pentes orientales du plateau et à la lisière des bois qui le couvrent, un vaste fourmillement d'hommes. C'était le 6e corps qui abandonnait en désordre ses positions. L'artillerie de la garde accourait cependant, et venait renforcer celle du maréchal Canrobert. Nos batteries, bien dirigées, arrêtent la marche en avant de l'ennemi, et font de ses réserves, massées pour une nouvelle attaque, un véritable carnage [2]. Mais Saint-Privat est

[1] On a retrouvé à Saint-Privat un bataillon du 38e de ligne presque tout entier anéanti derrière un fossé qui lui servait de retranchement.

[2] « Au bas du plateau disputé, à Sainte-Marie-aux-Chênes, les cadavres prussiens foisonnent; *le sol disparaît sous les corps,* les casques, les armes, les sacs abandonnés; les fossés de la route qui monte vers Saint-Privat en sont remplis; il est visible que des milliers de soldats sont venus s'abriter dans la dépression du fossé. Vain abri! tombés à leur poste, les uns après les autres, ils dorment pour toujours, et quelques-uns conservent encore leur position de combat. » (*De Frœschwiller à Paris,* par M. E. Delmas, p. 169).

On dit que les Allemands ne prononcent pas sans une sorte de respect le nom de Saint-Privat.

La reine de Prusse a ordonné d'y faire construire un monument funèbre en l'honneur des soldats de son régiment qui y ont été ensevelis en grand nombre.

définitivement perdu pour nous. La garde arrive trop tard pour essayer, au milieu du désordre et de la panique du 6ᵉ corps, de reprendre ce village.

Sur la gauche, après trois heures d'un combat acharné, en dépit des troupes fraîches mises en ligne, l'ennemi parvient à s'emparer, seulement vers huit heures, de Saint-Hubert [1], de Point-du-Jour et de Moscou ; il gagne donc un peu de terrain sur notre front avancé ; mais, là s'arrêtent ses succès ; il ne réussit pas à entamer nos lignes. C'était bien là, pourtant, que devait se porter le principal effort, là que l'ennemi s'apprêtait à frapper le coup décisif, car les attaques se renouvelèrent avec fureur et persistance sur le front du 2ᵉ corps, jusqu'à dix heures du soir, aux lueurs lugubres que projetaient sur le champ de bataille les incendies de Sainte-Marie, de Saint-Privat, de Leipzig et de Moscou.

Nous pouvons citer avec orgueil les termes peu impartiaux par lesquels l'état-major allemand conclut le récit de la bataille : « Pas un trophé, pas un canon démonté ne restèrent entre nos mains, témoignage glorieux en faveur du vaincu. Plus de 40,000 morts ou blessés prouvent l'acharnement de ce combat, qui dura neuf heures, et dans lequel la vaillance des Allemands ne triompha qu'à grand'peine de l'opiniâtre résistance des Français [2]. »

---

[1] Le 60ᵉ de ligne défendit Saint-Hubert avec un courage admirable ; il y perdit les trois quarts de son effectif.

[2] *La Guerre autour de Metz.*

Du côté des Confédérés, 200,000 hommes avaient été engagés ; du côté des Français, 100,000 seulement. L'ennemi avait encore sur nous l'avantage d'une artillerie double en nombre, supérieure en outre pour la précision, la portée et l'efficacité du tir ; il avait l'avantage, plus enviable et plus nécessaire au succès, d'un général en chef habile, servi par un lieutenant énergique et intelligent. Les Français n'avaient qu'un avantage, celui des positions, et, malgré le manque de direction, ils surent en profiter largement. Le succès des Confédérés fut partiel ; ils échouèrent dans leur principale attaque. Ils l'avouent eux-mêmes : le lendemain du 18 et » dans les semaines suivantes, les chances restaient sensiblement égales ; *les résultats des luttes précédentes étaient pour ainsi dire nuls* [1]. »

Nos pertes furent de 15 à 16,000 hommes tués ou blessés et de 6,000 prisonniers. Les Allemands ne perdirent qu'un millier d'hommes en prisonniers, mais le nombre de leurs soldats tués ou blessés, qu'ils n'ont pas consenti à avouer jusqu'à ce jour, flotte entre vingt et vingt-cinq mille hommes [2].

Décidément nous étions rejetés de la route de Ver-

[1] *La Guerre autour de Metz.*
[2] Les pertes des Français se sont élevées, pour les journées des 14, 16 et 18 août à 32,817 hommes, dont 1,642 officiers. En y ajoutant les pertes approximatives des combats précédents, nous dépassons 50,000 hommes. Jusqu'au jour du 18 inclus, les pertes des Allemands dépassent 70,000 hommes. C'est donc, en quatorze jours, plus de 120,000 victimes !

dun. En face d'un ennemi si parfaitement organisé, si supérieur en nombre et en armement, nous n'avions plus qu'à nous retirer sous Metz, qui devenait le pivot d'opérations nouvelles.

L'armée du Rhin, quoique très-éprouvée, n'était point découragée; elle avait le sentiment de sa force, de sa valeur et du respect qu'elle inspirait à l'ennemi. Ce ne fut pas sans une légitime fierté qu'elle descendit lentement, pendant la matinée du 19, dans la vallée de la Moselle, abandonnant à regret des positions si héroïquement défendues, au prix de tant de sang généreux.

Bazaine, croyons-nous, ne pouvait plus alors conserver l'espoir de se frayer, immédiatement et de vive force, un chemin vers l'Ouest, à travers les forces allemandes. La timidité et l'indécision qu'il venait de montrer, sa préoccupation constante de garder libres ses communications avec Metz, sa conduite ultérieure, tout tend à démontrer qu'il était aussi peu propre que résolu à tenter une telle entreprise[1]. Cependant, il annonçait à l'empereur que ses troupes avaient un be-

---

[1] Nous avons de Bazaine une dépêche, datée de Plappeville, qui prouve que le général en chef, dans la soirée du 18, croyait la lutte terminée et la victoire gagnée, au moment même où l'aile droite pliait et où nous perdions Saint-Privat. « J'arrive du plateau, écrit-il à l'empereur. L'attaque a été très-vive. En ce moment, sept heures, le *feu cesse*. Nos troupes constamment restées sur leurs positions. Le 60e a beaucoup souffert en défendant la ferme de Saint-Hubert. » Qui pourra, après cela, contester que notre armée ait été dirigée et commandée de fort loin par Bazaine?

soin absolu de deux ou trois jours de repos, après lequel il allait prendre la direction du Nord pour se rabattre sur Montmédy, et de là gagner Châlons ou Mézières. On a le droit de s'étonner qu'il ait fait de telles promesses. L'issue de la bataille et la situation de l'armée ne lui permettaient de prendre aucune route sans gagner une victoire; or, la victoire est chose toujours incertaine, et ne peut faire d'objet d'un engagement. Ce qu'il y a de plus étrange, c'est que le maréchal, qui devait tout tenter pour remplir cet engagement (lequel pouvait donner lieu à un rendez-vous, comme il arriva), après avoir annoncé qu'il avait besoin de deux ou trois jours de repos seulement, resta immobile pendant sept jours, fit semblant d'agir le 26, et rentra dans ses campements parce qu'il pleuvait. Ce qu'il y a de plus fatal, nous le verrons plus loin, c'est que cette promesse d'action ait été la cause déterminante de la marche sur Sedan.

Jusqu'au 19 août, Bazaine a parlé constamment comme s'il eût voulu à tout prix atteindre Verdun et Châlons, et agi comme s'il n'eût pu se résoudre à quitter Metz.

TROISIÈME PARTIE

SEDAN

CHAPITRE IX

La Régence

Des bruits sinistres arrivaient à Paris; on parlait d'échecs graves sous Metz. L'opinion publique, en proie à une anxiété légitime, accusait le gouvernement de tromper la France et lui reprochait vivement son silence. Le ministre de la guerre interrogé à la Chambre répondit qu'il y avait eu en effet des engagements très-meurtriers pour l'ennemi, sur lesquels il n'avait pas reçu les rapports officiels, ce qui était vrai; que Bazaine était libre de ses mouvements et concertait ses opérations ultérieures avec le maréchal Mac-Mahon, ce qui était faux; que les carrières de Jaumont avaient servi de tombeau à toute une division ennemie [1]; que des régiments de cavalerie avaient été

---

[1] Ce renseignement provenait, sans doute, d'une rumeur assez vague. Ce n'était pas à Jaumont, mais à Sainte-Marie-aux-Chênes, que l'ennemi avait subi des pertes énormes.

anéantis jusqu'au dernier homme [1]; que la démoralisation et le typhus ravageaient l'armée des Confédérés; qu'enfin les Allemands étaient à bout de ressources et que si Paris connaissait notre situation et la leur Paris illuminerait! Il y avait dans ces dernières allégations autant d'exagération que de fantaisie.

Quelque désir qu'on eût d'accepter ces assurances, elles ne réussirent point à calmer les angoisses patriotiques du plus grand nombre. On sentait instinctivement l'invasion s'avancer.

La situation politique intérieure s'assombrissait d'heure en heure. La déchéance de l'empereur, sans être un fait accompli, était moralement prononcée. La connaissance, encore imparfaite, des événements militaires survenus depuis le 14, allait inévitablement provoquer les explosions populaires. Les partis avancés contemplaient cet écroulement avec une joie impudique, que le patriotisme, à défaut de prudence, aurait dû réprimer. Aux revers des armes s'ajoutait pour la France le malheur de porter en son sein des germes, toujours plus vivaces, de discorde civile, un ferment implacable de compétitions et de haines personnelles, d'appétits brutaux et désordonnés, de révolte contre la loi, la règle, le travail, l'ordre social. Dans un pays moins travaillé par les théories creuses du révolutionarisme et par le fanatisme politique,

---

[1] Notamment, disait-on, les cuirassiers blancs de M. de Bismarck. Or, ce régiment paradait, le 22, à Pont-à-Mousson. Ce renseignement inexact avait été donné au ministère par l'empereur.

l'amour de la patrie eût opéré, en face de ce péril suprême, un rapprochement subit, une entente au moins temporaire. L'histoire couvrira d'une énergique réprobation et d'une honte éternelle les hommes qui, en ce moment, rêvèrent la conquête du pouvoir par l'égorgement de la France mourante. L'histoire, dans sa justice, ne les confondra pas tous peut-être dans la même flétrissure : les uns ont été des agents plus ou moins conscients de l'ennemi et des traîtres ; les autres ont cédé à une exaltation criminelle, les autres ont subi les conséquences de l'esprit et de la solidarité des partis.

Le gouvernement connaissait cette agitation et les menées révolutionnaires. M. Emile Ollivier, le rapporteur de la loi qui avait autorisé les coalitions d'ouvriers, en était venu, croyons-nous, à regretter plus d'une fois, quand il fut au pouvoir, les mesures qu'il avait soutenues et réclamées sur les bancs de l'opposition. Le ministre avait senti la nécessité de surveiller de près les progrès et les actes d'une société dite *Association internationale des travailleurs*, laquelle, sous le prétexte avouable d'étudier les problèmes intéressant le prolétariat, réunissait et organisait en groupes corporatifs, en sections et fédérations un nombre immense d'ouvriers, recevant de l'étranger une impulsion et un mot d'ordre. L'*Internationale* fut activement combattue par M. Ollivier ; il y eut des procès qui se terminèrent par des condamnations bénignes tout à l'avantage des inculpés ; l'association sortit de ces épreuves glorifiée et fortifiée.

Les événements ont prouvé depuis combien étaient fondées les inquiétudes de M. Ollivier, à l'égard de cette association. Son influence et sa direction se sont depuis révélées dans les émeutes qui ont troublé d'abord la rue, puis aveuglé, affolé le gouvernement, et enfin déshonoré, ruiné Paris et porté à la France des coups plus profonds et plus mortels que l'ennemi.

L'annonce de nos premiers revers fut le signal de ces honteuses tentatives. Un groupe d'agitateurs[1] avait levé à Paris dans la populace une bande soudoyée. Cette bande fut le noyau d'une troupe plus nombreuse, recrutée dans la basse classe des quartiers excentriques, et composée de gens exaltés par les doctrines du jacobinisme. Les armes manquaient. Pour s'en procurer on devait attaquer les casernes. Le jour et l'heure du coup de main furent fixés, puis contremandés. L'un des groupes conjurés qui n'avait pas reçu à temps l'annonce du contre ordre, se rua, le 15 août, sur une caserne de pompiers, à La Villette. Le factionnaire fut désarmé, assassiné ; des agents de la force publique, accourus en hâte, furent tués ou blessés ; le poste dut abandonner ses armes aux meurtriers ; peu s'en fallut que la caserne ne tombât en leur pouvoir. Cet attentat excita, dans le public honnête, un vif sentiment de réprobation et de dégoût.

[1] Parmi lesquels, et à leur tête, Blanqui.

Le procès montra dans l'organisation du complot l'influence du parti jacobin; les débats ne purent établir la connivence des agents de l'étranger et de l'*Internationale*; cette connivence resta toutefois soupçonnée, et les faits qui se produisirent plus tard tendent à confirmer ce soupçon. Les coupables ¹, sur lesquels on put mettre la main, condamnés par un conseil de guerre, furent amnistiés par le gouvernement du 4 septembre.

Le gouvernement de la Régente ne pouvait plus conserver d'illusion sur les sinistres desseins de l'ennemi intérieur qui veillait dans l'ombre, le guettant comme une proie assurée, prêt à profiter de ses fautes et de ses revers pour révolutionner la France. L'impression produite par nos échecs était trop vive pour ne pas affaiblir l'émoi que le complot aurait suscité en des temps plus calmes; l'Empire nous avait si cruellement déçus, qu'on ne pouvait se défendre de le haïr, et qu'il était malaisé de ne pas excuser, dans une certaine mesure, ceux qui l'attaquaient, fût-ce à main armée. Le langage de la presse radicale encourageait et avivait ces rancunes. Il s'agissait bien d'ordre et de tranquillité au dedans quand nous avions à refouler l'invasion, l'invasion à laquelle l'empereur, ses partisans, ses généraux, ses ministres avaient ouvert les portes de la France et préparé, par leur incurie et leur inca-

1. Entre autres un certain Eudes qui se distingua parmi les généraux de la Commune de Paris.

pacité, les plus foudroyants succès ! Naguère tout ce que la France comptait de conservateurs se serait levé comme un seul homme, au premier cri d'alarme poussé par les gardiens de la paix publique ; maintenant, à l'heure du deuil et des angoisses nationales, la douleur, la honte, la rage dominaient les esprits, absorbaient les cœurs. C'est dans l'isolement, au milieu des ténèbres, au sein de l'indifférence générale que le gouvernement de la Régente aurait à lutter contre les entreprises de plus en plus audacieuses du parti révolutionnaire.

Il convient de ne pas perdre de vue cette situation pour apprécier avec équité l'attitude du cabinet dans les événements qui vont suivre.

Le 16 août au soir, l'empereur arrivait à Châlons, qui fut assigné définitivement comme lieu de rendez-vous aux 1er, 5e et 7e corps. Il y trouva le 12e corps en formation, sous les ordres du général Trochu, et les gardes nationales mobiles de la Seine, commandées par le général Berlault.

Le 17, l'empereur réunissait un conseil de guerre, auquel assistaient le prince Napoléon, le maréchal de Mac-Mahon, les généraux Trochu, Berlault, Schmitz et de Courson. Le général Trochu raconte ainsi ce qui s'y passa :

« L'empereur demanda à ce petit conseil de guerre ce qu'il pensait de la situation et ce qu'il convenait de faire. A l'unanimité, par l'organe du prince Napoléon, qui parla le premier avec un esprit très-ferme, et aussi par mon organe, la conférence exprima ce qui suit :

« L'empereur a abandonné le gouvernement en
« allant prendre le commandement de son armée ;
« il vient d'abandonner le commandement et de le
« remettre aux mains du maréchal Bazaine. Il est seul
« au camp de Châlons, sans armée. En fait, il a abdi-
« qué le gouvernement et le commandement. S'il ne
« veut pas abdiquer tout à fait, il faut qu'il reprenne
« ou le gouvernement ou le commandement. »

L'empereur reconnut que cet exposé était conforme à la réalité des faits. La conférence ajouta que, pour que l'empereur reprît le gouvernement avec quelque sécurité, il fallait qu'il fût au préalable annoncé à la population de Paris par un officier général qui l'y précéderait, prendrait le commandement, et préparerait moralement et militairement son arrivée ; qu'enfin, par suite de circonstances que le prince Napoléon indiqua [1], j'étais l'homme expressément désigné à remplir cette mission difficile.

« L'empereur, se tournant vers moi, me demanda s'il me convenait de remplir cette mission. Je lui répondis : « Sire, dans la situation pleine de périls où

[1] Le général Trochu avait publié en 1867 un livre sur l'armée française, qui avait fait du bruit. Il était un de ceux qui avait instamment réclamé des réformes dans notre organisation militaire. L'opinion publique lui tenait compte de ses efforts. D'ailleurs, on le citait comme un homme intelligent et indépendant.

« est le pays, une révolution le précipiterait dans
« l'abîme. Tout ce qui pourra être fait pour éviter
« une révolution, je le ferai. Vous me demandez
« d'aller à Paris, de vous y annoncer, de prendre le
« commandement en chef ; je ferai tout cela. Mais, il
« est bien entendu que l'armée du maréchal Mac-
« Mahon va devenir l'armée de secours de Paris, car
« nous allons à un siège [1]. »

« L'empereur acquiesça. Le maréchal Mac-Mahon
avait déjà déclaré que c'était là la véritable destination de son armée.

« Cette conférence fut levée à onze heures et demie.
Elle avait abouti à la convention, dont voici les termes : « Le général Trochu, nommé gouverneur de
« Paris et commandant en chef, partira immédiate-
« ment pour Paris ; il y précédera l'empereur de quel-
« ques heures. Le maréchal de Mac-Mahon se dirigera
« avec son armée sur Paris [2]. »

Le ministère avait décidé le rappel sous les dra-

---

[1] Dans une lettre du 10 août citée plus haut, le général Trochu avait déjà insisté pour que l'armée de Metz devint l'armée de secours de Paris.

[2] En conséquence de ce qui avait été résolu, le général Trochu reçut l'ordre suivant : « Mon cher général, je vous nomme gouverneur de Paris et commandant en chef de toutes les forces chargées de pourvoir à la défense de la capitale. Dès mon arrivée à Paris, vous recevrez notification du décret qui vous investit de ces fonctions ; mais, d'ici là, prenez sans délai toutes les dispositions nécessaires pour accomplir votre mission. NAPOLÉON.

L'écrit intitulé : les Causes qui ont amené la capitulation de Sedan, confirme, comme nous le verrons, le récit du général Trochu.

peaux des anciens militaires jusqu'à trente-cinq ans. Mesure sans équité : on n'offrait pas à ces hommes, qui avaient payé leur dette du sang, des avantages suffisants pour compenser le nouveau sacrifice qu'on exigeait d'eux. Mesure inefficace en outre : on les dirigea sur les dépôts, au lieu de les verser dans les cadres de la garde mobile. Ces 150,000 hommes eussent été pourtant une pépinière de bons instructeurs, de sous-officiers et d'officiers, capables de hâter l'organisation de cette force immense, notre suprême ressource. Si le ministère de la guerre fût entré dans cette voie, on calcule qu'il eût créé pour la défense nationale un effectif de plus de 500,000 hommes, qui, dès le mois d'octobre, pouvaient prendre la campagne et inquiéter sérieusement l'ennemi.

Mais, soit que l'organisation de l'armée de Châlons absorbât toute l'attention du comte de Palikao, soit que l'on comptât peu sur le concours de la garde mobile, on l'abandonna à des chefs, pour la plupart insignifiants, étrangers à la science et au métier militaire, à des *officiers-dandies*, plus occupés de l'effet de leur uniforme que du soin de se préparer, par de rudes exercices, à sauver la patrie en danger.

La gauche, fidèle aux traditions républicaines, vivant toujours sur la légende de 93, demandait qu'on décrétât la levée en masse des citoyens valides. On lui répondait avec raison que cette levée ne serait utile qu'autant qu'on pourrait armer et organiser les recrues, qu'on avait, pour le présent, une besogne plus que suffisante. La gauche demanda si le nombre des fusils se chargeant par la culasse suffirait à tous les besoins. La Chambre, qui devait connaître aussi bien que le ministre l'état de nos arsenaux, acceptait de lui sur ce point une affirmation, que les faits démentaient presque aussitôt : la garde mobile en était réduite à faire l'exercice avec des bâtons ou avec des armes empruntées à la gendarmerie et aux compagnies des sapeurs-pompiers.

A ces questions s'en ajoutaient de plus pressantes et de plus envenimées : Pourquoi ne pas rétablir la garde nationale ? Son concours était indispensable à la défense du territoire ; si elle eût existé, peut-être eût-elle longtemps disputé à l'ennemi la possession et le passage des Vosges du nord. Une loi fut votée qui rétablissait la garde nationale. Mais elle était sans armes, par conséquent impuissante. Toutefois, le parti radical dut considérer comme importante cette concession arrachée au gouvernement. Depuis quelques jours son mot d'ordre avait été : rétablissement de la garde nationale. Il y avait eu dans les journaux du parti une campagne très-vive entreprise dans ce but, et des manifestations menaçantes s'étaient produites à Lyon et dans d'autres grandes villes afin d'appuyer ces réclamations. Il est à craindre que le danger public et les nécessités de la guerre aient eu moins de part en cette affaire que le désir de créer dans les centres populeux une force révolutionnaire capable d'amener le triomphe de la cause républicaine.

Le gouvernement s'était sans doute flatté de désarmer pour un temps l'opposition en lui accordant satisfaction au sujet de la garde nationale. Mais, chaque jour, l'opposition revenait à la charge, rendue plus âpre et plus exigeante par un premier succès. Armez la garde nationale, répétait-elle à tout instant, ou nous dirons que vous trahissez le pays. Le ministre s'épuisait à la Chambre dans des luttes oratoires où les uns ne cherchaient que la popularité, les autres que des embarras à susciter au gouvernement.

C'est au milieu de ces tracasseries, couvertes du beau prétexte de salut public, que le cabinet devait faire face à tous les besoins de la situation, former les régiments de marche, créer à Paris un nouveau corps (le 13e, sous les ordres du général Vinoy), approvisionner la capitale et mettre ses fortifications en état. On réparait les glacis et les fossés de l'enceinte, on fermait les portes, on commençait des ouvrages complémentaires à Montretout, Gennevilliers et Courbevoie; on armait les forts et les remparts de canons puissants empruntés à la marine, servis par un corps d'artilleurs venus de nos ports et réputés excellents pointeurs; on appelait les gendarmes, les douaniers, les gardes forestiers disponibles; on allait concentrer à Paris 100,000 hommes de garde nationale mobile.

Pour mettre le comble aux embarras du cabinet, le 17 août au soir, il reçut communication des résolutions prises en conseil de guerre à Châlons. L'arrivée du nouveau gouverneur, dont on se défiait, à tort ou à raison, à la cour; le retour de l'empereur dans la capitale à demi-soulevée, auprès d'une Chambre dans laquelle l'opposition avait pris un ascendant redoutable; la retraite de l'armée de Châlons, qui éclairait d'un jour sinistre la situation, révélait les progrès de l'ennemi, mettait en perspective le siège de la capitale, avouait le blocus de Metz et l'investissement de l'armée du Rhin, qu'on avait jusqu'à ce jour représentée comme libre et victorieuse, tout cela jeta le trouble et l'inquiétude aux Tuileries et aux ministères.

On a longuement et avec passion discuté sur le point de savoir si l'exécution des résolutions prises, le 17, à Châlons, n'aurait pas sauvé la France. Après mûre réflexion, nous en sommes venu à nous demander si l'état de l'opinion en France, à Paris surtout, et à la Chambre, leurrée par les affirmations rassurantes du général Palikao, surexcitée par les clameurs et les menées du parti radical, n'avait pas rendu impossibles la retraite de Mac-Mahon et le retour de Napoléon III. Qui osera affirmer que cette retraite et ce retour n'eussent pas été le prétexte et la cause d'un mouvement qui eût enseveli, honteusement pour nous, la France sous les ruines de l'Empire?

CHAPITRE X

La Régence

(SUITE)

Ceux qui ont remarqué avec quelle persistance l'impératrice et le cabinet s'opposèrent à l'exécution des mesures concertées à Châlons, trouvent dans cette attitude la preuve du rôle considérable, jusqu'ici souterrain, que la régente joua dans cette guerre. Quelques-uns affirment qu'elle a inspiré tous les actes des dernières années; c'est elle qui a poussé l'empereur dans la voie des libertés nécessaires et dans la restauration du parlementarisme ; c'est elle qui a voulu le plébiscite, qui a formé et dirigé le parti de la guerre (la guerre heureuse, aidée par un régime intérieur libéral, étant la condition première pour fonder solidement la dynastie); c'est elle qui a émietté notre armée à la frontière en obtenant pour ses créatures des commandements en chef; c'est elle qui a porté le trouble dans les opérations militaires, en représentant comme dangereuse la retraite de Metz sur l'Argonne, à l'heure où elle était facile et opportune.

Qu'y a-t-il de vrai dans ces allégations? L'avenir nous l'apprendra, sans doute. Aujourd'hui, nous ne pouvons que les mentionner, en ajoutant qu'elles ne sont pas sans vraisemblance, mais qu'elles sont peut-être exagérées et que les moyens de les réduire aux proportions de l'exacte vérité nous manquent. Quoi qu'il en soit, ce plan et ce rôle supposent une suite et une énergie peu communes.

Aux Tuileries, il fut donc décidé qu'on s'opposerait, par tous les moyens, à l'exécution du plan conçu à Châlons, et qu'on annulerait par une surveillance attentive l'influence et les actes du général Trochu. Le 17, le ministre de la guerre avait écrit à l'empereur :

« L'impératrice me communique la lettre par laquelle l'empereur annonce qu'il veut ramener l'armée de Châlons sur Paris. Je supplie l'empereur de renoncer à cette idée qui paraîtrait l'abandon de l'armée de Metz, qui ne peut faire en ce moment sa jonction à Verdun. L'armée de Châlons sera, avant trois jours, de 85,000 hommes, sans compter le corps de Douay, qui rejoindra dans trois jours, et qui est de 18,000 hommes. Ne peut-on pas faire une puissante diversion sur les corps prussiens, déjà épuisés par plusieurs combats? L'impératrice partage mon opinion [1] »

---

[1] Il y a dans cette dernière phrase une constatation évidente de l'ascendant de la régente sur l'esprit de Napoléon III.

Le lendemain, l'empereur répondait :

« Je me rends à votre opinion. »

La dépêche [1] qui constate ce revirement soudain, cette absence de volonté chez Napoléon III corrige la relation du mémoire sur les *Causes qui ont amené la capitulation de Sedan*. On y lit que les résolutions prises le 17, à Châlons, provoquèrent une vive opposition au sein du gouvernement de la régence. « Paris, disait-on, est en état de défense parfait; sa garnison est nombreuse; l'armée de Châlons doit être employée à débloquer Metz; la garde mobile [2] est un danger pour la tranquillité de Paris; le caractère du général Trochu n'inspire aucune confiance; le retour de l'empereur sera mal interprété par l'opinion. *Toutefois, on se décida à exécuter les ordres de l'empereur*, tout en insistant sur l'opportunité de secourir le maréchal Bazaine. Mais le duc de Magenta fit connaître au ministre de la guerre que la marche sur Metz serait de la plus haute imprudence... C'est seulement sous les murs de la capitale, disait le maréchal Mac-Mahon, que mon armée, reposée et reconstituée, pourra offrir à l'ennemi une résistance sérieuse. »

Le mémoire justificatif de l'empereur nous trompe donc en nous laissant croire que Napoléon III persista dans les résolutions du 17, mais il nous renseigne sur

---

[1] Voir *Papiers et correspondance*, etc., XV⁰ livraison, page 426.
[2] La garde mobile de la Seine, d'après la décision du conseil de guerre, quittait Châlons et venait s'établir au camp de Saint-Maur.

un autre point en nous apprenant que le maréchal de Mac-Mahon, moins versatile et plus énergique que l'empereur, crut devoir persister dans ces résolutions.

Si l'on fait abstraction des considérations politiques qui pesaient d'un poids si lourd sur les décisions du cabinet et du conseil de la régence, si l'on se place au point de vue militaire, point de vue que le ministère de la guerre eut tout d'abord la prétention d'envisager uniquement, on se persuade à bon escient de l'illusion du général de Palikao.

Après la bataille du 18, les Confédérés avaient formé une quatrième armée, dite armée de la Meuse, d'environ 100,000 hommes ; elle se composait de la garde royale et des 4e et 12e corps (fraction enlevée à la deuxième armée, dont les vides furent comblés en partie par des renforts venus d'Allemagne). Le commandement en fut confié au prince royal de Saxe, qui s'avança à l'ouest pour surveiller les routes des Ardennes et de l'Argonne, du côté de Montmédy et de Stenay. Cependant l'armée du prince royal de Prusse [1] tournait Verdun, occupait Bar-le-Duc et menaçait la vallée de la Seine et Châlons.

« Il y a deux partis à prendre, écrivait le 21 août à l'empereur, le ministre de la guerre : ou dégager promptement Bazaine, dont la position est des plus

---

[1] Elle était formée des 5e, 6e et 11e corps de l'Allemagne du Nord ; des 1er et 2e corps d'armée bavarois ; de la division wurtembergeoise ; des 2e et 4e divisions de cavalerie. Environ 140,000 hommes.

critiques, en se portant en toute hâte sur Montmédy ; ou marcher contre le prince royal de Prusse, dont l'armée est nombreuse et qui a la mission d'entrer dans Paris où il serait proclamé empereur d'Allemagne. Dans ce dernier cas, je puis envoyer le 13e corps d'armée (27,000 hommes), occuper la Ferté-sous-Jouarre, où il serait le pivot d'un mouvement tournant de l'armée de Mac-Mahon, qui marcherait vigoureusement sur le flanc de l'armée prussienne, soit qu'elle prenne la route de Vitry, Champaubert et Montmirail, soit qu'elle se dirige par Wassy, Montiérender et Brienne. »

Ou bien le ministre ignorait la situation et la force de l'ennemi, ce qui nous semble probable, ou bien, connaissant cette situation il conseillait un plan d'une témérité extrême. Quelle que fût la direction prise par nos troupes, au nord comme au sud, nous nous trouvions condamnés à une marche très-périlleuse, entre deux armées, dont l'une avait un effectif égal au nôtre, dont l'autre avait un effectif beaucoup plus considérable, dont l'une nous barrait le chemin, tandis que l'autre nous attaquait de flanc et à revers. Il y avait mille chances pour une pour que nous nous trouvions pris entre deux feux. En admettant que la rapidité de nos mouvements nous permissent de surprendre et d'écraser l'une de ces deux armées avant que l'autre pût nous joindre, supposition énorme qui mettait sur le compte de l'ennemi un défaut de vigilance et de prudence auquel il ne nous avait pas accoutumés, nous restions toujours, même dans cette hypothèse, la plus favorable, en face de troupes fraîches, aguerries, organisées, dont il faudrait de nouveau triompher, peut-être au lendemain d'une bataille qui nous aurait épuisés. De toute nécessité, pour se ménager l'espoir de rejoindre Bazaine, nous étions réduits à immobiliser l'une des deux armées pendant que nous attaquerions l'autre; nous étions réduits à diviser nos forces déjà trop faibles pour tenter dans de bonnes conditions le sort des armes contre chaque armée séparément.

Telles étaient les difficultés générales, insurmontables, à notre avis, qui empêchaient de prendre l'offensive et de marcher vers l'Est.

Regardons de plus près encore. Le ministre de la guerre croyait que la rapidité était une condition essentielle de succès. Nos approvisionnements, nos convois étaient-ils préparés de façon à ne pas retarder le mouvement?

L'expérience a prouvé le contraire.

L'armée de Châlons était-elle assez solide pour supporter la fatigue de marches prolongées? Les meilleures troupes de Mac-Mahon, la division d'infanterie de marine, n'étaient point rompues aux marches ; les renforts venus des dépôts étaient dans les mêmes conditions et devaient semer la route de traînards. Le 1er corps avait un effectif considérable, mais un moral profondément atteint ; le 5e était désorganisé avant d'avoir combattu ; le 7ᵉ participait à cette désorganisation [1].

Le plan défensif avait, au contraire, des avantages et des commodités incontestables. Il consistait à occuper et défendre le plus longtemps possible les passages de l'Argonne, à opposer des troupes au prince royal dans la vallée de la Marne, de manière qu'il ne pût nous surprendre sur nos derrières, à opérer une retraite lente sur Paris, disputant pied à pied le terrain, s'aidant des bois, profitant des plaines et des hauteurs pour décimer l'ennemi ; à rallier le corps de Vinoy et asseoir à proximité des forts de Paris un ou plusieurs camps, qui, rendant l'investissement impossible, eussent protégé l'ouest et le centre contre les ravages de l'ennemi. De la sorte, les Prussiens auraient trouvé sur les bords de la Seine, après de pénibles efforts pour y parvenir, une armée régulière de 150,000 hommes, que les forces disponibles de Paris auraient immédiatement doublée. Nous doutons qu'alors ils eussent pu rien entreprendre de sérieux ; le danger de voir leurs lignes percées à chaque instant aurait retenu leurs troupes agglomérées, et cette agglomération, qui sauvait du

[1] Le général de Palikao a promis de démontrer que le plan qu'il avait conseillé était réalisable et pouvait aboutir au succès. Nous ne doutons pas de la conviction du général ; nous croyons même qu'il ne manquera pas de raisons pour la justifier. Mais nous sommes persuadé qu'il aura soin de se réserver la rapidité des mouvements, la solidité des troupes et d'autres conditions de succès, sur lesquelles il était alors difficile ou impossible de compter.

pillage et du vol le reste du pays, devenait un obstacle à leur ravitaillement.

La retraite sur Paris était recommandée aussi bien par l'histoire que par l'autorité du plus grand capitaine du siècle. On sait que le but de la fameuse campagne de France, la plus admirable de toutes, au dire des tacticiens, était d'attirer sous Paris les forces des Alliés pour les y écraser. Paris, par une capitulation imprévue, Paris, sans défense alors, fit échouer cette combinaison, qui devait anéantir l'invasion victorieuse au cœur même du pays. Quel a été le motif d'élever autour de la capitale cette immense ceinture de remparts et de bastions, couverte au loin par plus de quinze forteresses, dont la moindre est encore redoutable et exige un siège en règle? Quel a été le motif de jeter tant de millions dans une entreprise aussi gigantesque, sinon de réserver à la France, pour l'avenir, cette chance suprême de réparer tous les échecs d'une campagne malheureuse par une revanche définitive, en un mot d'assurer l'exécution du plan de Napoléon, reculant devant l'invasion pour l'étreindre et l'étouffer au dernier moment de la lutte?

Si le ministre de la guerre eût été renseigné exactement sur la situation de l'ennemi, nous doutons qu'il eût persisté dans son plan d'offensive. D'autre part, il est certain que la retraite de l'armée de Châlons sur Paris et le retour de l'empereur offraient au point de vue politique des inconvénients et des dangers que le langage trompeur du ministre et, plus encore, les menées du parti radical avaient contribué à créer. On était acculé dans une impasse, entre l'ennemi et la révolution. Marchait-on en avant ? on avait la presque certitude d'un désastre militaire. Revenait-on en arrière ? l'émeute surgissait, furieuse, implacable et consommait la ruine qu'on cherchait à éviter.

A l'armée, c'était le danger stratégique qui frappait le plus les yeux. Le maréchal de Mac-Mahon, en homme de guerre intelligent, signalait au ministre l'existence de trois armées ennemies [1]. La plus forte avait déjà commencé l'investissement de Metz et gardait Bazaine, tandis que les deux autres, situées aux deux extrémités de la base du triangle dont le sommet était occupé par nous, attendaient pour marcher et se réunir sur nous, que nous eussions commencé notre mouvement. Le maréchal résistait donc, alléguant des raisons solides auxquelles le ministre répondait sans doute :

« Ne pas secourir Bazaine aurait à Paris les plus déplorables conséquences. En présence de ce désastre, il faudrait craindre que la capitale ne se défende pas [2]. »

---

[1] Châlons, 20 août. De Mac-Mahon au ministre de la guerre :
« Les renseignements parvenus semblent indiquer que les *trois armées* ennemies sont placées de manière à intercepter à Bazaine les routes de Briey, de Verdun et de Saint-Mihiel. »

[2] Dépêche du ministre à l'empereur, du 22 août :
On prétend que, vers cette époque, M. Thiers, consulté sur le danger ou l'opportunité de la marche en avant, aurait répondu qu'elle ne pouvait aboutir qu'à un désastre.

On allait plus loin : le cabinet et le conseil de régence étaient tellement convaincus de la nécessité de marcher sur Metz, qu'ils étaient résolus, au cas où le maréchal persisterait dans son dissentiment, à faire exécuter l'opération par un général déjà désigné, le ministre lui-même.

Le 19, de Mac-Mahon cède [1], à regret, sans doute, car tandis qu'il promet de faire tout son possible pour rejoindre Bazaine, nous voyons par une dépêche qu'il adresse à ce dernier, qu'il ne se fait point illusion sur les impossibilités qui l'entourent :

« Je ne sais, lui écrit-il, à la distance où je me trouve, comment vous venir en aide sans découvrir Paris. »

Ce n'était pas tout que de se décider à secourir Bazaine, il fallait connaître ce qui se passait aux environs de Metz et l'issue des combats certainement livrés; il fallait tout au moins connaître la direction prise par le maréchal, dont on avait aucune nouvelle depuis le 17. De Mac-Mahon cherche à se renseigner soit par Thionville [2], soit par Verdun, soit par Épinal, mais inutilement.

---

[1] Quartier impérial, 19 août 1870. De Mac-Mahon au ministre de la guerre :

« Veuillez dire au conseil des ministres qu'il peut compter sur moi et que je ferai tout pour rejoindre Bazaine. »

[2] Camp de Châlons, 19 août, 4 h. 50 m. De Mac-Mahon au commandant supérieur de Thionville :

« Envoyez en reconnaissance un officier intelligent, monté sur

Cependant, aux Tuileries, on commençait à discuter le plan du ministre de la guerre. Pour marcher sur Metz, on sentait bien qu'il ne suffisait pas de se jeter au sud ou au nord, qu'il était nécessaire de se concerter avec Bazaine, et les moyens d'établir ce concert manquaient. Tout d'abord on avait énergiquement résisté au plan de retraite sur Paris, que l'on considérait comme un *désastre*, puis on avait réfléchi aux mille difficultés de l'offensive, aux dangers qu'elle offrait, à la catastrophe militaire qu'elle pouvait entraîner et qui provoquerait fatalement le désastre que l'on redoutait. Au sein du conseil de la régente, l'opinion que le mouvement offensif était peut-être une suprême imprudence, s'était fait jour. M. Rouher partit alors pour Châlons, afin de rejoindre l'empereur et l'armée, peser avec soin les raisons du maréchal de Mac-Mahon, apprécier les circonstances et prendre une décision définitive.

Le général Trochu était arrivé à Paris dans la nuit du 17 au 18 août. Il se rendit sur-le-

une machine à vapeur... Rendez-moi compte des renseignements de cet officier sur la marche du maréchal Bazaine. »

Châlons, 19 août, 6 h. 25 m. De Mac-Mahon au général commandant Verdun et au sous-préfet de cette ville :

« Nous sommes sans nouvelles directes du maréchal Bazaine, et je crains que nous n'en ayons pas de longtemps. Employez tous les moyens possibles pour vous en procurer. »

Châlons, 20 août. De Mac-Mahon au préfet des Vosges :

« Faites votre possible pour avoir des nouvelles du maréchal Bazaine et savoir s'il se retire vers le midi, à travers le pays situé sur la rive droite de la Moselle. »

champ auprès de l'impératrice, qu'il « trouva pleine de fermeté et de courage, mais exaltée et défiante de lui. »

— « Général, lui dit-elle, les ennemis seuls de l'empereur ont pu lui conseiller ce retour à Paris. Il ne rentrerait pas vivant aux Tuileries.

— « Madame, répondit le général, je suis donc des ennemis de l'empereur? J'ai contribué avec le prince Napoléon, avec le maréchal de Mac-Mahon, avec tous les généraux qui formaient hier la conférence de Châlons, à faire considérer le retour de l'empereur comme un acte de virilité gouvernementale qui pouvait écarter une révolution. J'ai accepté le mandat, plein de périls pour moi-même et assurément imprévu, en égard à mes précédents, de venir annoncer ici l'empereur à la population de Paris; il va se former ici un gouvernement de défense pour sauver le pays dans la crise où il est.

— « Non, général, l'empereur ne viendra pas à Paris; il restera à Châlons.

— « Mais alors, madame, la convention en vertu de laquelle je viens ici n'a plus cours. L'empereur m'envoyait pour le défendre, et il ne me suit pas.

— « Vous défendrez Paris, vous remplirez votre mission sans l'empereur.

— « Madame, je défendrai Paris sans l'empereur, et j'apporte ici la proclamation par laquelle j'annonce à la population que je suis nommé gouverneur et commandant en chef pour le siége. »

Cette proclamation commençait ainsi :

« Devant le péril qui menace Paris, l'empereur m'a nommé gouverneur de la capitale en état de siége... »

— « Général, dit l'impératrice-régente, il ne faut pas que le nom de l'empereur figure dans une proclamation à l'heure présente.

— « Mais, Madame, je représente l'empereur ; j'ai dit que je venais le défendre ; je ne puis pas parler à la population de Paris sans mettre l'empereur devant moi, et dire que c'est par son ordre que je viens défendre la capitale.

— « Non, général, croyez-moi, il y a des inconvénients dans l'état des esprits, à Paris, à laisser subsister cette indication [1]. »

Et l'indication disparut.

[1] Discours du général Trochu à l'Assemblée nationale ; séance du 13 juin 1871.
Une lettre attribuée à l'impératrice, publiée dans les journaux anglais, reconnaît pour véritable le récit du général Trochu, mais proteste contre l'intention prêtée à la Régente d'éliminer l'empereur du gouvernement.
Le fait d'avoir effacé le nom de l'empereur est réel, dit cette lettre, mais le général le dénature. Nous ne voyons pas toutefois que M. Trochu ait insinué dans son discours que la Régente fût inspirée par le désir de conserver le pouvoir.
Quand à nous, nous admettons comme très-vraisemblable que l'impératrice n'ait pris en cette affaire conseil que de son dévouement à la chose publique et ne se soit opposée à la retraite sur Paris que par crainte de provoquer une explosion populaire.

Le lendemain, la proclamation amendée parut sur les murs. On s'étonna généralement dans le public de n'y point voir figurer le nom de l'empereur. L'opposition en tint compte au gouverneur comme d'un acte d'indépendance; les amis de l'empereur ne manquèrent pas de se récrier contre ce qu'ils nommaient une inconvenance, sentant de loin la trahison. « J'ai foi, disait le général, j'ai la foi la plus entière dans le succès de notre glorieuse entreprise (la défense de Paris). Je fais appel à tous les hommes de tous les partis, n'appartenant moi-même, on le sait dans l'armée, à aucun parti. Et, pour accomplir mon œuvre, après laquelle, je l'affirme, je rentrerai dans l'obscurité d'où je sors, j'adopte l'une des vieilles devises de la province de Bretagne où je suis né : *Avec l'aide de Dieu, pour la patrie!* » A cette proclamation longue, verbeuse, faussement modeste [1], plusieurs harangues du nouveau gouverneur succédèrent coup sur coup. On s'aperçut que le général possédait un beau talent oratoire et quelque désir de le faire briller. Paris était fatalement voué aux avocats.

Le ministre de la guerre fit au général Trochu une froide réception, et ne lui cacha point qu'il allait apporter un nouvel élément de trouble dans une situation aussi troublée. Le retour des dix-huit batail-

[1] La proclamation affichait en outre une confiance dans le succès que le gouverneur ne pouvait plus avoir, puisque, de son aveu, l'armée de secours de Paris venant à lui manquer, Paris n'était plus défendable.

lons de garde mobile de la Seine, qui étaient un des éléments constitutifs du 12e corps d'armée, lui parut très-fâcheux. « Quelques-uns de ces bataillons appartenaient aux plus mauvais quartiers de la capitale; c'était autant de moins contre l'ennemi, autant de plus contre l'ordre[1] » D'ailleurs, le ministre et le gouverneur représentant chacun des plans et un système d'opérations tout-à-fait opposés, il en résulta un malaise et des conflits que les circonstances rendaient extrêmement fâcheux.

Le séjour de Châlons devenait dangereux pour l'armée à cause du voisinage, chaque jour plus gênant, de l'ennemi. Le 21, l'armée partit pour Reims. Mac-Mahon explique lui-même le mouvement en ces termes : « Si Bazaine perce par le Nord, je serai plus à même de lui venir en aide; s'il perce par le Sud, ce sera à une telle distance que je ne pourrais dans aucun cas lui être utile[2] »

M. Rouher rejoignit l'empereur à Reims. Délégué du gouvernement de la Régence il venait rendre compte de l'attitude prise par le cabinet, appuyée par le Conseil privé, s'enquérir des répugnances de Mac-Mahon et prendre des résolutions suprêmes. Il trouva sans doute les répugnances du maréchal pour la marche sur Metz encore augmentées par l'absence

---

[1] Lettre du général Palikao en réponse au discours du général Trochu.
[2] Dépêche au ministre de la guerre, du 20 août.

de nouvelles de Bazaine; l'empereur probablement se prononça en faveur du maréchal; M. Rouher céda à son tour. La retraite sur Paris déjà décidée, puis abandonnée, fut décidée de nouveau.

Le président du Sénat revint avec un ensemble de proclamations et de décrets qui nommaient le maréchal de Mac-Mahon général en chef de toutes les forces militaires composant l'armée de Châlons et de toutes celles qui étaient ou seraient réunies sous les murs de Paris ou dans la capitale [1]. L'empereur écrivait au maréchal : « Nos communications avec le maréchal Bazaine sont interrompues. Les circonstances deviennent difficiles et graves. Je vous confère le commandement général de l'armée de Châlons et des troupes qui se réuniront autour de la capitale et dans Paris. Pour moi, qu'aucune préoccupation politique ne domine autre que celle du salut de la patrie, je veux combattre et vaincre ou mourir au milieu de mes soldats. »

De son côté, le maréchal expliquait dans une proclamation aux troupes que « son désir le plus ardent aurait été de se porter au secours du maréchal Bazaine; mais qu'après mûr examen cette

---

[1] *Papiers et Correspondance*, etc., 2ᵉ livraison, p. 50 et suivantes.

Cette rédaction laisse entrevoir qu'on était parvenu à faire regretter à l'Empereur la nomination du général Trochu au poste de gouverneur de Paris, et qu'on était résolu à annuler son influence.

entreprise avait été reconnue impossible ; car nous ne pourrions nous rapprocher de Metz avant plusieurs jours ; d'ici à cette époque le maréchal aurait brisé les obstacles qui l'arrêtaient ; etc. Pendant notre marche vers l'Est, Paris aurait été découvert, et une armée prussienne pouvait arriver sous ses murs. Le système des Prussiens consistait à concentrer leurs forces et à agir par grandes masses ; nous devions imiter leur tactique. C'est pourquoi il allait conduire l'armée sous les murs de Paris. »

Ainsi, les exigences de la situation militaire avaient triomphé de la résistance du Gouvernement, qui avait fini par se résoudre à subir les chances si redoutées et si redoutables de l'annonce de la retraite sur Paris.

Certes, la conjoncture était des plus critiques. Mais, on pouvait prévoir que, si la révolution n'éclatait pas dans Paris, la lutte entrerait dans une phase nouvelle et pleine de périls pour l'envahisseur.

CHAPITRE XI

Beaumont

La retraite sur Paris était donc encore une fois décidée, non sans angoisse. Les difficultés stratégiques, les impossibilités créées par le mauvais service de l'intendance, les craintes suggérées par le découragement et l'indiscipline des troupes, le concours incertain de l'armée du Rhin avaient condamné l'empereur et le Gouvernement à courir les chances du *désastre révolutionnaire* [1].

Tout fut changé le lendemain.

Au moment où les décrets et proclamations, rapportés de Courcelles par M. Rouher, allaient être rendus publics, on reçut de l'empereur le télégramme suivant :

« Courcelles, 22 août, 10 h. 25 du matin. — Je re-

---

[1] Pendant la négociation de M. Rouher, le 21 août, nous voyons que le général Palikao, dans une dépêche citée plus haut, insistait toujours pour l'offensive, et ne voyait que deux partis à prendre : ou se porter sur Metz, ou attaquer le prince royal.

çois de bonnes nouvelles de Bazaine, qui, *je l'espère*, vont changer nos plans. »

Le laconisme de la dépêche nous laisse entrevoir beaucoup de choses. Ce sont les renseignements de Bazaine qui ont fait abandonner, à l'heure où elle était résolue d'une manière définitive, la retraite sur Paris. L'empereur ne s'était pas rangé sans regret à l'avis de Mac-Mahon, puisqu'il saluait avec la joie de l'espérance les bonnes nouvelles de Bazaine [1].

Bazaine a omis, dans son Rapport, de nous donner le texte de cette importante dépêche ; l'empereur la passe sous silence dans son Mémoire justificatif et reporte sur le Gouvernement la responsabilité entière des mesures que cette dépêche provoqua ; enfin le général de Failly [2], soit qu'il ait eu des événements une

---

[1] L'écrit intitulé : *Des causes qui ont amené la capitulation de Sedan*, nous paraît affirmer à tort que le mouvement sur Reims était le commencement de la retraite sur Paris ; les dépêches que nous avons rapportées prouvent que ce mouvement n'impliquait aucune décision. Cet écrit affirme aussi, à tort, que l'Empereur avait persisté dans les résolutions prises le 17 à Châlons. Enfin il est contraire à la vérité que, le 22, les instances du Gouvernement aient violenté l'Empereur et vaincu sa résistance. Ce sont les nouvelles de Bazaine qui ont changé les résolutions du 21, résolutions que l'Empereur paraît joyeux d'abandonner.

[2] Dans la brochure intitulée : *Opérations et marches du 5ᵉ corps*, le général de Failly écrit, sous la date du 22 août : « Une sérieuse divergence d'opinion s'était élevée entre le maréchal de Mac-Mahon et le ministre de la guerre. Mieux inspiré sans doute, le maréchal désirait *continuer* son mouvement sur Paris et couvrir la capitale. Entraîné par des considérations générales, pressé par les sollicitations du Gouvernement, *il crut devoir se rendre* aux vues du ministre, en adoptant le plan de jonction qui lui était tracé. »

connaissance imparfaite, soit qu'il ait adopté le système de l'empereur, accuse aussi le ministre de la guerre, sans attribuer à Bazaine la part prépondérante qui lui revient. On est donc autorisé à conclure qu'il y a là un accord destiné à dissimuler les mobiles qui ont, dès ce moment ou plus tard, inspiré la conduite du général en chef de l'armée du Rhin.

Le matin du 2 avril, des gardes forestiers arrivaient à Verdun, après avoir franchi les lignes ennemies, avec une lettre dans laquelle le maréchal Bazaine, mieux renseigné, rendait compte de la bataille sanglante du 18, et annonçait qu'il allait reprendre son mouvement de retraite. Le maréchal écrivait :

« Ban Saint-Martin, le 19 août 1870. — L'armée s'est battue hier toute la journée sur les positions de Saint-Privat et de Rozerieulles, et les a conservées. Les 4ᵉ et 6ᵉ corps seulement ont fait, vers neuf heures du soir, un changement de front, l'aile droite en arrière, pour parer à un mouvement tournant par la droite que les masses ennemies tentaient d'opérer à la faveur de l'obscurité. Ce matin, j'ai fait descendre de leurs positions les 2ᵉ et 3ᵉ corps, et l'armée est de nouveau groupée sur la rive gauche de la Moselle, de Longeville au Sansonnet, formant une ligne courbe passant par le ban Saint-Martin, derrière les forts de Saint-Quentin et Plappeville. Les troupes sont fatiguées de ces combats incessants, qui ne leur permettent pas les soins matériels, et il est indispensable de les laisser reposer *deux ou trois jours*. Le roi de Prusse était ce matin, avec M. de Moltke, à Rezonville, et tout indique que l'armée prussienne va tâter la place de Metz[1]. Je compte toujours prendre la direction du Nord[2] et me rabattre ensuite par Montmédy sur la route de Sainte-Menehould et Châlons, si elle n'est pas fortement occupée. Dans ce cas, je continuerai sur Sedan et même Mézières pour gagner Châlons. »

Aussitôt cette dépêche parvenue à Reims, Mac-Mahon, comprenant que le plus considérable motif de sa résistance tombe devant l'annonce du mouvement offensif de Bazaine, lequel est en voie de se produire à l'heure même, écrit au ministre de la guerre :

« Reims, 22 août, 10 h. 45 du matin. — Le maréchal Bazaine a écrit, du 19, qu'il comptait toujours opérer sa retraite par Montmédy. Par suite, je vais prendre mes dispositions pour me porter sur l'Aisne. »

En même temps, il récompense généreusement[3] les

---

[1] Nous voyons reparaître ici l'insinuation de la nécessité de défendre Metz contre une attaque prétendue probable.

[2] Sans prétendre pénétrer la pensée intime de Bazaine, il nous sera permis de répéter, à propos de ce dessein de retraite : il est invraisemblable que le maréchal, après le grand effort du 18, eût conservé l'espoir de déloger l'ennemi des fortes positions défensives prises par lui aux environs de Metz sur toutes les routes, surtout vers le Nord.

[3] « Mac-Mahon au général commandant à Verdun. — Donnez deux mille francs au garde qui nous a apporté ce matin la dépêche du maréchal Bazaine. Promettez lui une pareille récompense s'il rapporte une réponse à la dépêche chiffrée que je vous ai transmise ce matin. »

messagers et écrit à Bazaine qu'il se met en marche pour seconder son mouvement, que, le 24, il sera sur l'Aisne, prêt à lui porter secours, selon les circonstances [1].

On se prépare à lever le camp, il est convenu qu'on se dirigera, par Rhétel et le Chêne-Populeux, sur Stenay et Montmédy [2], indiqué par Bazaine comme objectif de l'armée du Rhin. Au cas où cette armée serait rejetée plus au Nord, vers Sedan et Mézières, on sera en mesure de couvrir ses flancs et d'assurer sa retraite.

Une autre dépêche de Bazaine arrivait de Longwy. Moins formelle que la précédente, au sujet du mouvement de retraite de l'armée du Rhin, elle disait :

« J'ai dû prendre position près de Metz pour donner du repos aux soldats et les ravitailler en vivres et munitions. L'ennemi grossit toujours autour de moi [3], et je suivrai *probablement*, pour vous joindre, la ligne du

---

[1] « Mac-Mahon à Bazaine. — Reçu votre dépêche du 19. Suis à Reims ; me porte dans la direction de Montmédy. Serai après-demain sur l'Aisne, d'où j'agirai, selon les circonstances, pour vous venir en aide. Traitez marché de vos nouvelles. »

[2] « L'aide de camp de service au ministre de la guerre. — Courcelles, près Reims, 22 août. — Par ordre de l'Empereur, envoyez immédiatement au quartier impérial dix exemplaires de la feuille de Mézières, aux 320 millièmes. »

[3] Affirmation de la plus grave inexactitude. Bazaine pouvait-il ignorer qu'il avait eu sur les bras, le 18, les 1re et 2e armées des Confédérés ? Pouvait-il ignorer que l'ennemi, menacé par l'armée de Châlons, avait envoyé des troupes dans l'Ouest pour appuyer l'armée du prince royal ?

Nord, et vous *préviendrai* si notre marche peut être entreprise sans compromettre l'armée [1]. »

Une troisième dépêche, datée du ban Saint-Martin, le 20, disait :

« Mes troupes occupent toujours les mêmes positions. L'ennemi paraît établir des batteries qui doivent lui servir à appuyer son investissement. Il reçoit constamment des renforts Nous avons dans la ville de Metz au delà de 16,000 blessés [2]. »

Enfin, le 22 août, Bazaine ayant reçu de Mac-Mahon une dépêche qui l'interrogeait sur ses intentions, répondait au ministre de la guerre :

« Nous sommes sous Metz, nous ravitaillant en vivres et munitions. L'ennemi grossit toujours et paraît commencer à nous investir. J'écris à l'empereur qui vous donnera communication de ma dépêche [3]. J'ai reçu la dépêche de Mac-Mahon, auquel j'ai répondu ce que je crois pouvoir faire dans quelques jours [4]. »

De l'ensemble de ces documents il ressort que la dépêche écrite par Bazaine, le lendemain de la bataille

---

[1] Cette dépêche est arrivée à Longwy et en a été expédiée, le 22 août à 4 heures 50 du matin. La date du jour où elle a été écrite manque.

[2] Cette dépêche est arrivée à Thionville le 21, et n'a pu parvenir que dans les jours suivants à Mac-Mahon. Ces trois dépêches, écrites du 19 au 20, et parvenues le 22 prouvent que les communications n'étaient alors ni impossibles ni même très-difficiles.

[3] Cette dépêche à l'Empereur n'a pu être retrouvée.

[4] Allusion probable à la dépêche venue par Longwy : « Je suivrai probablement pour vous joindre la ligne du Nord et vous préviendrai si marche peut être entreprise..., »

d'Amanvillers (Gravelotte), dans laquelle il annonce devoir reprendre son mouvement après deux ou trois jours de repos, que cette dépêche arrivée à Reims, le 22 au matin, décida la marche sur Stenay. En effet, c'est bien au texte de cette dépêche, dont il répète les termes [1], que le maréchal de Mac-Mahon fait allusion dans sa dépêche au ministre de la guerre, annonçant l'abandon de la retraite sur Paris. Il ressort aussi que les dépêches subséquentes de Bazaine, parvenues à l'armée de Châlons après que le mouvement sur Stenay fut commencé, ont exagéré la situation de l'ennemi, et les dangers courus par la place de Metz; en ce qui concerne le mouvement de retraite qu'il a annoncé vouloir reprendre, qu'il ne déclare pas abandonner, qu'il ne se décide pas à entreprendre, elles ont toujours laissé subsister l'espoir que, d'un jour à l'autre, l'armée de Metz allait tenter un effort. Ce fut, pour le ministre de la guerre, un argument en faveur de l'opération désastreuse terminée sous les murs de Sedan. Nous voyons bien que Bazaine aura le droit de chercher dans ses dépêches, à l'exception de celle du 19, des moyens de démontrer que le mouvement sur Stenay fut prématuré, inopportun, non provoqué par lui. Mais il restera acquis, premièrement, que la dépêche du 19 a été, en fait, la cause déterminante du mouvement; secondement, que les dépêches subséquentes n'ont été

[1] « Le maréchal Bazaine a écrit du 19 qu'il *comptait toujours opérer son mouvement de retraite sur Montmédy.* »

ni assez claires ni assez positives pour suspendre ou faire abandonner ce mouvement. On a le droit d'attendre d'un chef d'armée, dans des circonstances aussi critiques, un langage ferme, des plans arrêtés, des indications précises. Bazaine a manqué ce devoir.

A peine la première dépêche de Bazaine fut-elle connue à Paris, que le ministre de la guerre écrivit à l'empereur :

« Paris, 22 avril, 1 h. 05 du soir. — Le sentiment unanime du conseil [1], en présence des nouvelles du maréchal Bazaine, est plus énergique que jamais. Les résolutions prises hier soir devraient être abandonnées. Ni décret, ni lettre, ni proclamation ne devraient être publiés. Un aide de camp du ministre de la guerre part pour Reims avec toutes les instructions nécessaires. Ne pas secourir Bazaine aurait à Paris les plus déplorables conséquences. En présence de ce désastre, il faudrait craindre que la capitale ne se défende pas. Votre dépêche à l'impératrice [2] nous donne la conviction que notre opinion est partagée. Paris sera à même de se défendre contre l'armée du prince royal de Prusse [3]. Les travaux sont poussés très-prompte-

[1] On voit que non-seulement le cabinet mais encore le conseil tout entier de la Régente avait dû se laisser arracher la concession de la retraite sur Paris.

[2] « Nous recevons de bonnes nouvelles de Bazaine, qui, je l'espère, vont changer nos plans. »

[3] Dans l'esprit du ministre, l'armée du prince royal ne menaçait que Paris. C'était une erreur. La 3e armée de l'ennemi était alors dans une situation telle qu'elle pouvait, selon les circonstances et la

ment. Une armée nouvelle se forme à Paris. Nous attendons un réponse par le télégraphe. »

La réponse ne tarde guère. Toutes les considérations s'effacent devant la nécessité de concourir au mouvement de Bazaine, qui a dû commencer ce jour-là. L'empereur écrit au ministre :

« Courcelles, 22 août, 4 h. — Reçu votre dépêche. Nous partons demain pour Montmédy. Pour tromper l'ennemi, faire mettre dans le journal que nous partons avec 150,000 hommes pour Saint-Dizier [1]. Vous supprimerez les décrets que vous a portés Rouher. Exécutez la conclusion pour l'appel des anciens soldats. »

Le 23, l'armée partit de Reims [2]. On voulait, par Vouziers, atteindre le plus tôt possible Stenay et Montmédy. De Reims à Vouziers, la distance est d'environ 50 kilomètres, deux étapes; de Vouziers à Stenay, la distance est de 40 kilomètres. En quatre jours, en trois jours même, on pouvait atteindre la Meuse, sans fatiguer les troupes. L'ordre de marche était réglé de

---

rapidité de Mac-Mahon, ou bien marcher sur les derrières et les flancs de l'armée de Châlons, ou bien, comme il arriva, se réunir à la 4ᵉ armée (de la Meuse) pour l'écraser.

[1] Ruse naïve, qui n'eut et ne pouvait avoir aucune influence sur les mouvements du prince royal.

[2] Les dépêches suivantes sont relatives aux mesures prises par Mac-Mahon pour approvisionner l'armée :

« Mac-Mahon au ministre de la guerre. — Rhétel, 24 août. — L'occupation de Reims est de la plus haute importance, cette ville devant opérer le ravitaillement des armées du Nord-Est. Prière d'envoyer sur ce point une division d'infanterie, qui aurait toujours

façon que le 1er et le 12e corps [1] formaient l'avant-garde et le centre ; le 7e et le 5e, le centre et l'arrière-garde. Les quatre corps avaient un effectif d'environ 115,000 hommes.

Dès la première marche, à Bétheniville, la difficulté des approvisionnements obligea l'armée de se rapprocher du chemin de fer et d'obliquer sur sa gauche vers Rhétel. Elle y arriva le 24, et la journée du 25 se passa à distribuer des vivres [2]. Ainsi, faute d'avoir prévu tout ce qui devait hâter le mouvement, l'armée, par le fait de ce retard, se trouva à Réthel le jour où elle devait se trouver aux environs de Stenay, c'est-à-dire en arrière de plus de douze lieues.

La journée du 26 fut employée à atteindre le Chêne-Populeux. Les renseignements parvenus au maréchal de Mac-Mahon, sur les mouvements de l'ennemi, étaient fort inquiétants. De Bar-le-Duc, le prince royal

---

le temps, si elle était attaquée par des forces supérieures, de se replier par les voies ferrées.

« Mac-Mahon au même, 24 août. — Le grand parc pouvant recevoir des attelages, je désire que les 2,500,000 cartouches et les 25,000 coups de canons qui se trouvent à Reims soient dirigés sur Mézières.

« Mac-Mahon au même, 24 août. — Je crains de rencontrer encore dans les Ardennes de grandes difficultés pour nourrir l'armée par le pays, difficultés qui seront insurmontables si nous parvenons à joindre Bazaine. Je demande donc qu'il soit dirigé sur Mézières des convois considérables de biscuit, soit près de deux millions de rations. »

[1] Le 1er était commandé par le général Ducrot, le 12e par le général Lebrun.

[2] *Des causes qui ont amené la capitulation de Sedan.*

était arrivé à Châlons et marchait sur notre flanc, tandis que le prince de Saxe, ayant franchi la Meuse à Dun, tendait la main au prince royal par sa gauche, et par sa droite occupait ou surveillait les passages du fleuve. Les deux armées ennemies (de Châlons à Dun, par Sainte-Menehould et Varennes) formaient sur notre flanc droit un demi-cercle dont les deux extrémités menaçaient les routes de l'Est et de l'Ouest. La jonction des deux armées pouvait alors être considérée comme un fait accompli.

Le danger, bien qu'immense, puisqu'il rassemblait contre nous des forces doubles, n'était pas cependant au-dessus de l'ancienne bravoure française. Mainte fois on avait vu, dans des situations en apparence plus désespérées, nos intrépides soldats, par la rapidité et l'imprévu de leurs coups, déconcerter l'ennemi et surmonter les obstacles. Mais tout concourait à paralyser l'armée de Châlons : service défectueux de l'intendance, discrédit des officiers et des généraux, mérité ou immérité ; pluies torrentielles qui survinrent tout à coup et rendirent les campements pénibles et les routes impraticables ; marches et contre-marches, ordres donnés, puis retirés, puis donnés de nouveau. Tout, jusqu'au spectacle irritant du luxe impérial, contribua à rendre la victoire de l'ennemi plus facile et notre désastre plus certain.

« Jamais je n'ai rien vu de si triste, de si navrant que cette marche, dit un aumônier de la deuxième ambulance [1]. Ce n'était plus cette discipline mâle, vigoureuse, ce silence dans les rangs ou ces chants guerriers et sages qui indiquent la confiance dans les chefs, la confiance en soi-même. C'étaient des cris, des vociférations, des malédictions, des blasphèmes, des chants bachiques ou obscènes, des hurlements de la *Marseillaise*, indices du découragement et de l'insubordination.

« Dans les nombreuses haltes que nous dûmes faire, on entendait des orateurs de carrefour maudire les chefs, maudire le Gouvernement qui abandonnait la ligne de défense naguère placée entre Châlons et Vitry, maudire l'empereur, accusé d'entraver la marche par ses voitures et ses équipages culinaires, accusé de paralyser l'action des généraux; maudire surtout de Failly... Pourquoi, ajoutaient-ils, pourquoi marcher sur Reims? Pourquoi ne pas aller droit sur Verdun, afin de gagner au plus tôt Metz par Étain et Briey ? Pourquoi éviter les grandes voies de communication et s'embourber dans les chemins de traverse avec les canons et les mitrailleuses ? Comment se fait-il que nos officiers d'état-major, au lieu d'avoir de bonnes cartes et de connaître le pays où nous avançons, s'enquièrent-ils du chemin auprès des paysans, qui les trompent parfois sciemment ?

« Ce langage nous inspira une profonde douleur.

[1] Nous empruntons ce passage à un recueil inédit de *Lettres intimes*, par l'abbé F. Loizellier, aumônier de l'armée française.

Un spectacle affreux nous attendait quand nous quittâmes la grande route pour nous rendre à Hentrégiville, où nous devions nous arrêter. Partout des soldats débandés, ivres, couchés sur les chemins, se livrant à des propos, des lazzis, des gestes, des danses ignobles. Le cœur était soulevé de dégoût à la vue de ces traînards. »

On imaginera aisément les douloureuses angoisses du général en chef, du brave maréchal de Mac-Mahon, qu'une sorte de fatalité inévitable condamnait, lui, le type de l'honneur et de la loyauté chevaleresque, à assister à ce naufrage de nos vertus guerrières, à conduire, en quelque sorte, le deuil de notre gloire militaire! Qui sait si cette épreuve cruelle et imméritée, en lui faisant pénétrer le secret de nos faiblesses et de nos fautes, ne l'a pas préparé pour l'avenir à l'œuvre de notre résurrection?

Le 27 août, au matin, le 5e corps reçoit l'ordre de marcher du Chêne sur Buzancy. Ce mouvement avait pour but de s'assurer de l'exactitude des renseignements parvenus, de savoir si l'ennemi, signalé à Vouziers et à Grand-Pré, rétrogradait vers Stenay ou se dirigeait sur Paris [1]. Le 5e corps était arrivé près de Buzancy, à Bar-les-Buzancy, lorsque survint un contre-ordre de Mac-Mahon, prescrivant de revenir à l'Ouest, à Châtillon et à Brieulles [2]. Avant d'obéir, le général

---

[1] *Opérations et marches du 5e corps,* par le général de Failly.
[2] Le maréchal, comme nous verrons, voulait faire retraite sur Mézières.

de Failly lance sa cavalerie sur quelques escadrons ennemis signalés en avant de Buzancy. La cavalerie est arrêtée, dit le général, par un ennemi très-supérieur en nombre et par le feu de plusieurs batteries [1], qui se démasquent tout à coup du mont Sivry et balayent la route de Buzancy. Cachée dans les bois, la cavalerie prussienne ne déployait ses escadrons que successivement et n'en avait pas d'abord laissé deviner le nombre. L'infanterie de l'ennemi appuyait ses batteries. Le général de Failly venait de se heurter, à son insu, au 12e corps saxon, aux têtes de colonnes de l'armée de la Meuse.

Dès le 24 août, lendemain du départ de Reims, Châlons avait été occupé par l'ennemi. Le prince royal, encore incertain de la direction que prendrait Mac-Mahon, se borna à lancer ses coureurs dans la vallée de la Seine, et, jusqu'au 26, eut son quartier général à Bar-le-Duc, prêt à se porter sur Paris ou à se jeter dans la vallée de la Meuse. A cette date, il apprit que Mac-Mahon atteignait le Chêne-Populeux; et, ne conservant plus de doute sur la destination donnée à l'armée de Châlons, il marcha résolûment au Nord, de façon à joindre l'armée du prince de Saxe,

---

[1] La version allemande de ce combat sans importance nous donne un curieux spécimen de l'habile vantardise de nos ennemis, qui sont passés maîtres en l'art de marier le mensonge à la vérité : « Combat victorieux livré par le 3e régiment saxon, un escadron du 18e régiment de uhlans et la batterie Zwinker, contre six escadrons de chasseurs français. L'affaire a eu lieu dans les environs de Buzancy. Le commandant français est blessé et prisonnier. »

dont aucun obstacle ne le séparait et dont les avant-postes n'étaient pas à plus de soixante kilomètres. Le maréchal, instruit de ce mouvement, qui devait opérer, le lendemain 28, la jonction des deux armées, se décide à se porter plus au Nord, ne pouvant se résoudre encore à abandonner tout à fait la région que doit traverser Bazaine, dont l'arrivée est attendue à tout instant. Toutefois, comme le danger devient plus grave d'heure en heure, Mac-Mahon écrit à Bazaine qu'il essaiera de se maintenir encore deux jours, jusqu'au 29, sur l'Aisne; que si, à cette date, il n'a pas appris que l'armée du Rhin soit sortie de ses retranchements, il sera contraint de se retirer sur Mézières et de là sur Paris [1]. Preuve évidente que les dépêches de Bazaine avaient malheureusement laissé subsister l'espérance d'une offensive prochaine de l'armée du Rhin. C'est une circonstance dont l'histoire demandera un compte sévère au maréchal qui commandait sous Metz.

Aussitôt Mac-Mahon justifie en ces termes, devant le ministre de la guerre, la résolution que les événements lui dictaient : « Les 1re et 2e armées (plus de 200,000 hommes) bloquent Metz, principalement sur la rive gauche. Une force évaluée à 50,000 hommes

---

[1] « Mac-Mahon à Bazaine. — Le Chêne, 27 août, 3 h. 25 m. du soir. L'arrivée du prince royal à Châlons me force à opérer le 29 ma retraite sur Mézières et de là à l'Ouest, si je n'apprends pas que le mouvement de retraite du maréchal Bazaine soit commencé. »

serait établie sur la rive droite de la Meuse [1] pour gêner ma marche sur Metz. Des renseignements annoncent que l'armée du prince royal de Prusse se dirige aujourd'hui sur les Ardennes avec 50,000 hommes; elle serait déjà à Ardeuil [2]. Je suis au Chêne avec un peu plus de 100,000 hommes. Depuis le 19 [3], je n'ai aucune nouvelle de Bazaine; si je me porte à sa rencontre, je serai attaqué de front par une partie des 1re et 2e armées, qui, à la faveur des bois, peuvent dérober une force supérieure à la mienne; en même temps je serai attaqué par l'armée du prince royal, me coupant toute ligne de retraite. Je me rapproche demain de Mézières, d'où je continuerai ma retraite, selon les événements, vers l'Ouest [4]. »

Aux Tuileries, on est consterné en apprenant ce qui se passe au Chêne. Le ministre de la guerre écrit, à onze heures du soir, à l'empereur que tout est perdu si Mac-Mahon bat en retraite, que Paris va se soulever, que l'armée de Châlons va du reste avoir sur les bras les deux armées qu'elle cherche à éviter, tandis qu'en poussant résolûment à l'Est, on peut échapper au

---

[1] Renseignement exact. les Allemands avaient détaché dans la direction de Briey deux corps. Mais Mac-Mahon confond ces deux corps avec l'armée du prince de Saxe, forte de 100,000 hommes et non de 50,000.

[2] Le prince royal arrivait avec 150,000 hommes et non avec 50,000.

[3] Dans les copies de ce texte on lit : 9, ce qui est une erreur évidente.

[4] La dépêche est datée du Chêne, 27 août, 8 h. 35 m. du soir.

prince royal et n'avoir affaire qu'aux forces qui bloquent Metz [1]. Le ministre se trompait sur la force et les positions de l'ennemi.

On remarquera que c'est à l'empereur, non à Mac-Mahon, que ces instances s'adressent. On savait donc Napoléon III plus accessible que le maréchal aux impulsions du gouvernement, puisqu'on le traitait en allié. L'empereur justifia cette attente. Il céda, comme toujours, et le maréchal dut obéir. L'empereur (lui-même le reconnaît[2]) pouvait résister; il ne l'a pas voulu; il avait abandonné le gouvernement et le commandement pour déférer au vœu de l'opinion publique; « *il était résigné à subir la fatalité qui paraissait s'attacher à toutes les résolutions de la Régence.* » Il est difficile de ne pas révoquer en doute la réalité de ces dispositions chez Napoléon III; ses dépêches nous

---

[1] « Le ministre de la guerre à l'Empereur. — Paris, 27 août, 11 h. du soir. Si vous abandonnez Bazaine la révolution est dans Paris et vous serez attaqué par toutes les forces de l'ennemi. Contre le dehors Paris se gardera. Les fortifications sont terminées. Il me paraît urgent que vous puissiez parvenir jusqu'à Bazaine... Je vous ai télégraphié ce matin deux renseignements qui indiquent que le prince royal, sentant le danger auquel votre marche tournante expose et son armée et l'armée qui bloque Bazaine, aurait changé de direction et marcherait vers le Nord. Vous avez au moins 36 heures d'avance sur lui, peut-être 48. Vous n'avez devant vous qu'une partie des forces qui bloquent Metz, et qui, vous voyant vous retirer de Châlons sur Reims, s'étaient étendues vers l'Argonne Votre mouvement sur Reims les avait trompés. Comme le prince royal, ici, *tout le monde* a senti la nécessité de dégager Bazaine et l'anxiété avec laquelle on vous suit est extrême. »

[2] *Des causes qui ont amené la capitulation de Sedan.*

le montrent constamment disposé à accueillir sur-le-champ les résolutions ou les objections de Paris, aussi bien à Metz qu'à Châlons ou à Reims. N'a-t-il pas salué avec joie, comme un heureux renversement du plan de retraite sur Paris, l'arrivée des nouvelles de Bazaine? Le langage du ministre de la guerre ne nous autorise-t-il pas à le considérer comme acquis d'avance aux opinions de l'impératrice? Ne le traite-t-on pas comme un allié secret dont il s'agit d'effacer les scrupules, de calmer les inquiétudes, et auquel on veut fournir des raisons et des armes contre les répugnances renaissantes de Mac-Mahon? En dernière analyse, il apparaît, comme une probabilité touchant à la certitude, que Napoléon III était, non moins que l'impératrice et les ministres, sous le coup de la terreur révolutionnaire, que cette terreur, augmentée par les catastrophes militaires, produisit en lui le vertige, anéantit tout sang-froid, toute volonté; qu'enfin il n'apporta même pas au maréchal de Mac-Mahon le concours des vains regrets dont il se vante pour faire honneur à sa clairvoyance.

On s'explique que l'empereur ait pu concevoir contre le gouvernement de la Régente quelque amertume rétrospective, en se souvenant qu'il a empêché l'exécution de mesures sages et prudentes; mais l'équité devait, ce semble, lui rappeler qu'il s'est fait complice de ce gouvernement en s'associant, soit par faiblesse, soit par conviction, aux vues qui ont triomphé.

La dépêche du ministre de la guerre arriva au Chêne dans la nuit du 27 au 28. L'empereur, terrifié par cette phrase, qui, semblable au *Mane, Thecel, Pharès* de l'Écriture, flamboyait en tête du télégramme : *La Révolution est dans Paris!* entre deux désastres également certains, choisit celui qu'il redoutait le moins. La fortune des armes est journalière ; on peut tomber glorieusement sur le champ de bataille ; la guerre honore même le vaincu, tandis que l'émeute l'avilit et le traîne dans la boue avant de l'abandonner aux ignobles fureurs de la multitude.

Le sort en était jeté. Napoléon III était perdu. La révolution qu'il avait exploitée et la démagogie dont il avait fait un instrument, se retournaient contre lui et le poussaient, l'épée aux reins, sur le champ de bataille où il allait tomber sous les coups de ses complices de la veille, de ses associés en conspiration.

Terrible leçon donnée aux princes et aux peuples qui oublient que la fin ne justifie pas les moyens, que la force ne prime pas le droit, que la dignité et l'honneur sont encore les bases les plus solides de la politique, et que, dans la compétition du pouvoir, mieux vaut échouer par respect de Dieu et de la justice que réussir par condescendance envers les passions mauvaises, par transaction avec le crime et le mensonge. Et par un étonnant concours de circonstances, qui révélait à tous le doigt divin, la leçon s'adressait à la fois aux bourreaux et à leurs victimes, à Bismarck, à Guillaume, à Napoléon III, à la France. On pouvait croire toutefois que la Providence clémente réserverait à Napoléon III le triste avantage de tomber noblement. La Providence le lui refusa, comme s'il ne l'avait pas mérité.

Le lendemain, 28 août, à l'issue du conseil, le ministre de la guerre, craignant peut-être que la résistance de Mac-Mahon ne fût pas encore vaincue, lui écrivit : « Au nom du conseil des ministres et du conseil privé je vous demande de porter secours à Bazaine en profitant des trente heures d'avance que vous avez sur le prince royal. Je fais porter le corps Vinoy sur Reims [1]. »

Cette nouvelle instance était inutile. Mac-Mahon avait déjà, dans la nuit précédente, donné contre-ordre. Le 5ᵉ corps, arrêté dans sa marche sur Buzancy doit la reprendre le lendemain, 28, et se porter jusqu'à Nouart; le 7ᵉ corps, plus au Sud, entre Grand-Pré et Buzancy, appuiera ce mouvement et ses têtes de colonnes suivront l'arrière-garde du 5ᵉ corps. Cependant le 1ᵉʳ et le 12ᵉ corps, marchant de Stones sur Stenay, combineront leurs mouvements avec les deux autres pour une attaque simultanée de Stenay; car on s'attend à rencontrer sur ce point une vive résistance [2]. Mais on espère la briser sans trop de diffi-

[1] Dépêche datée de Paris, 28 août, 1 h. 30 m. du soir.
[2] « Mac-Mahon au général de Failly. Le Chêne, 28 août. — Il est

culté et culbuter les 50,000 hommes qu'on croit envoyés de Metz pour empêcher le passage de la Meuse.

Sachant que l'ennemi occupait Bar, Buzancy, et les hauteurs de Chaumont qui commandent la route de Buzancy à Nouart, le général de Failly, dont l'objectif est Stenay, cherche à tourner les fortes positions des Allemands; il se dirige sur Beauclair et Beaufort par Bois-des-Dames. Le général Douay, invité à venir prendre ses positions de combat, répond qu'il ne peut lui donner aucun concours, que ses troupes fatiguées ne dépasseront pas Boult-aux-Bois, que son arrière-garde est encore aux prises avec l'ennemi vers Grand-Pré. Ce contre-temps retarde le mouvement du 5ᵉ corps sur Beauclair [1]. Il pleut à torrents; les routes sont défoncées; l'artillerie, la cavalerie, l'infanterie elle-même n'avancent qu'à grand'peine sur un sol

---

de la plus haute importance que nous traversions la Meuse le plus tôt possible. Poussez donc dans la direction de Stenay aussi loin que vous pourrez. Le général Douay, qui vous suit, a été invité à suivre votre dernière colonne; il campera au delà de Bar. Si l'ennemi vous force à quitter momentanément la grande route, faites le connaître au général Douay, pour que sa tête de colonne prenne la même direction. Nous marchons sur Montmédy pour délivrer le maréchal Bazaine. Attendez-vous à rencontrer demain une vive résistance pour enlever Stenay. Je pars pour Stone. »

[1] La division l'Abadie se trouva séparée du corps par un marais infranchissable; il y avait de ce côté une position de flanc droit, destinée au 7ᵉ corps qui ne put l'occuper. Le temps donné à cette division pour rejoindre le corps fait que le mouvement en avant a commencé seulement à 3 heures, il se trouve encore retardé par le mauvais état des routes détrempées et une côte rapide qui précède Bois-des-Dames.

boueux et glissant et dans cette région accidentée. Le 5ᵉ corps parvint tard à Bois-des-Dames et campa en partie sur le plateau, en partie dans la plaine à Belval.

Le lendemain 29, de Failly forme deux colonnes de ses troupes; la première (division Guyot de Lespart) marche sur Beauclair; la seconde (divisions Goze et l'Abadie) part de Belval, et marche sur Beaufort, contournant le plateau de Bois-des-Dames.

La première colonne s'est à peine mise en mouvement qu'elle est attaquée par la cavalerie, puis par l'infanterie de l'ennemi. Des batteries placées sur les hauteurs de Nouart, à plus de 3,000 mètres, dirigent sur nous une vive canonnade, tandis qu'une colonne d'infanterie prussienne, sortant des bois, débouche dans la vallée. Notre cavalerie se replie et notre infanterie entrant en ligne rejette vigoureusement l'ennemi en arrière. Néanmoins les Saxons (car on avait affaire au 12ᵉ corps et à une partie de l'armée du prince de Saxe) restent sur leurs positions et le 5ᵉ corps s'établit sur le plateau de Bois-des-Dames [1]. L'ennemi alors cesse son attaque de front, et continue à nous lancer des obus et envoie des troupes sur nos flancs pour essayer de nous tourner, mais ne peut y réussir.

Pendant le combat l'ordre du maréchal arrive de

---

[1] Les Prussiens rendent compte en ces termes de cette affaire : « L'avant-garde du 12ᵉ corps d'armée a battu près de Nouart des troupes du 5ᵉ corps français. »

marcher sur Beaumont. Mac-Mahon jugeait que le 5e corps s'engageait trop au Sud, du côté le plus rapproché du gros des forces ennemies; il songeait à se porter plus au Nord, espérant toujours ainsi échapper au prince royal. L'ordre avait été expédié dans la soirée du 28; il devait parvenir au 5e corps dans la nuit; cela lui aurait épargné une journée de marche inutile sur Stenay; mais l'officier, porteur de la dépêche, avait été pris par l'ennemi. Il résulta de cet accident un retard d'un jour pour le mouvement projeté par le maréchal, et le 5e corps qui aurait dû passer la Meuse à Mouzon dans la nuit du 29 ou dans la matinée du 30 était alors à Beaumont.

Le 30 août, vers sept heures du matin, Mac-Mahon passe à Beaumont et donne ordre au 5e corps de se rendre à Mouzon. La fatigue des troupes était grande; elles étaient arrivées fort tard à Beaumont; quelques unes n'avaient pu y arriver que le matin; les distributions de vivres n'avaient pas lieu régulièrement. Le général de Failly crut devoir retarder le départ jusqu'à onze heures afin d'accorder un repos nécessaire à ses soldats harassés. Il prescrivit le nettoyage des armes.

Cependant des avis alarmants parvenaient au général de Failly, occupé à déjeuner chez le maire de Beaumont. Le général accueillait avec humeur et incrédulité les paysans accourus pour annoncer l'arrivée de l'ennemi : le rapport de neuf heures n'avait rien signalé de pareil; ces braves gens étaient sans doute affolés par la peur. Tout-à-coup, vers midi une attaque foudroyante d'artillerie et de mousqueterie éclate sur le camp français [1]. Nos soldats surpris à moitié déshabillés, leurs armes démontées, réussissent cependant, après le désordre inévitable des premiers instants, à se former en bataille. Une armée de plus de cent mille hommes était parvenue à nous joindre sans nous donner l'éveil !

L'immense supériorité numérique des Allemands leur permettait de manœuvrer sur nos flancs sans aucune difficulté; de Failly voit sa droite menacée par un mouvement tournant; il exécute un changement de front en arrière sur son aile gauche; sa droite,

[1] Le général de Failly parle de ses grand-gardes et de ses avant-postes qui n'avaient rien signalé; on en conclut que le service était bien mal fait. Il parle encore de la grande distance à laquelle s'ouvrit le feu d'artillerie de l'ennemi; un témoin oculaire réduit cette distance à deux kilomètres. La faute du général est de celles qui se pardonnent difficilement.

« Le général de Failly cherche à se disculper de la faute de s'être laissé surprendre à Beaumont. Il prétend que les reconnaissances ne lui signalèrent l'ennemi nulle part. Soit; mais ses troupes avaient-elles oui ou non combattu l'armée allemande, la veille, à quelques kilomètres de l'endroit où l'on était? Le général pouvait-il croire que les Allemands, forçant de marche pour nous gagner de vitesse, allaient bénévolement s'arrêter pour nous donner le temps de franchir la Meuse? Enfin n'avait-il pas fait la triste et fatale expérience de la manière des Prussiens qui consiste à se porter en arrière, pour attendre, sans se montrer, que les reconnaissances prescrites par notre service en campagne et faites toujours à heure fixe, pussent être passées pour reprendre leurs positions? (*Sedan*, par le général de Wimpffen, p 133.)

combattant toujours, lui sert de pivot. Mais l'ennemi prononce davantage son mouvement tournant. Alors le 5ᵉ corps se replie vers Mouzon. Sur la route, un bois impénétrable force le corps à se diviser; la gauche et l'artillerie de réserve suivent la route de Mouzon, la droite contourne le bois et se trouve sur un plateau aux pentes escarpées. L'ennemi avait suivi ce mouvement; le 12ᵉ et le 4ᵉ corps du prince de Saxe avaient contourné le bois et se trouvèrent devant nous appuyés et soutenus par les troupes du prince royal (1ᵉʳ corps bavarois) qui avaient suivi le 7ᵉ corps également en retraite sur la Meuse par Remilly et dont elles tenaient l'arrière-garde engagée.

L'ennemi ouvre sur nous un feu d'artillerie très-vif. Le plateau en peu d'instants devient intenable; d'ailleurs le plateau offre un espace insuffisant pour notre déploiement. Nos troupes se retirent. Ce mouvement gêné par d'épais taillis et des pentes très-raides s'opère en désordre. Les projectiles ennemis continuent de pleuvoir sur nos bataillons et précipitent leur fuite.

Le maréchal Mac-Mahon se voyant poursuivi de près par l'ennemi, qu'il croyait plus éloigné, avait résolu de battre en retraite sur Paris, par Carignan, Sedan et Mézières. Il envoie au secours du 5ᵉ corps une brigade d'infanterie du 12ᵉ et le 5ᵉ régiment de cuirassiers, qui tente en vain, par une charge à fond de train, d'arrêter l'ennemi. De son côté, le 7ᵉ corps, marchant au canon, avait tenté de dégager le général de Failly. Il dut, devant le nombre très-supérieur de l'ennemi, se retirer au Nord, assez précipitamment du reste, pour que le passage de la Meuse à Remilly achevât de le mettre en désordre. Mac-Mahon ne veut pas se laisser entraîner à livrer une bataille générale et juge prudent de ne pas suspendre la marche de ses troupes pour acquérir un avantage insignifiant.

Pendant ce temps, grâce à l'énergie et au dévouement de ses officiers, le 5ᵉ corps a été rallié en grande partie et mis en bataille sur une position située au milieu de la plaine en avant de Mouzon. Le combat redevient alors très-vif. Le premier choc de l'ennemi fut reçu avec succès. Mais que pouvaient 20,000 hommes contre 100,000? La supériorité écrasante de l'artillerie aussi bien que le nombre sans cesse grossissant des Confédérés rendent la lutte impossible. L'ordre est donné au 5ᵉ corps de passer la Meuse. Un bataillon du 30ᵉ de ligne, quoique très-affaibli, soutint vaillamment la retraite et ne s'engagea qu'à six heures du soir sur le pont de Mouzon, protégé par le feu d'une brigade du 12ᵉ corps postée sur la rive droite.

Rallié de nouveau sur les hauteurs qui dominent Mouzon, le 5ᵉ corps est dirigé immédiatement sur Carignan, et de là, par une marche de nuit, sur Sedan, où il arriva le 31, à neuf heures du matin, et prit position au grand camp et sur les glacis. Les troupes du général de Failly étaient exténuées de fatigue et de faim, la distribution des vivres n'ayant pas pu se faire la veille. Le 12ᵉ corps suit le mouvement du 5ᵉ; le 1ᵉʳ et le 7ᵉ les ont précédés à Sedan.

La surprise du général de Failly nous avait coûté 4,000 hommes tués ou blessés, plusieurs milliers de prisonniers, douze bouches à feu et un matériel considérable (convois et équipages de ponts)[1]. Cette surprise avait eu en outre ce résultat plus déplorable d'avoir retardé le mouvement de retraite : il n'est pas douteux que si le 5ᵉ corps, après l'affaire de Nouart, se fût sérieusement gardé et eût transmis au maréchal de Mac-Mahon des renseignements précis sur la marche des Allemands qui le suivaient à son insu, on aurait non-seulement évité cette poursuite désordonnée de Beaumont à Mouzon, mais encore on aurait pu atteindre Mézières à l'heure où l'on arrivait sous les murs de Sedan. Enfin, la panique et le désordre du 5ᵉ corps se communiquèrent plus ou moins à toute

---

[1] A la reine Augusta, à Berlin. — Varennes, 31 août 3 h. 30 m. du soir. — Nous avons livré hier une *bataille* victorieuse avec les 4ᵉ et 12ᵉ corps ainsi que le 1ᵉʳ bavarois. *Mac-Mahon a été battu* et repoussé depuis Beaumont, au delà de la Meuse, jusque près de Mouzon. Douze bouches à feu, quelques mille prisonniers et un matériel considérable sont tombés dans nos mains. — GUILLAUME. »

Une autre dépêche, relative au même combat et signée Podbielski, dit : « Nous avons pris plus de vingt bouches à feu. Les pertes de l'ennemi sont extraordinairement grandes. »

Le général de Wimpffen, dans son livre sur Sedan, évalue à vingt-cinq mille hommes la perte que ce jour là causa à l'armée de Châlons. Il est vrai qu'il comprend dans ce nombre les débandés qui ne purent rejoindre et ceux qui, égarés, sans ordres, se trouvèrent le 31 août, en dehors des lignes prussiennes d'investissement,

l'armée qui atteignit Sedan par groupes et ne put mettre en ligne, le 1er septembre, guère plus de quatre-vingts mille combattants, le reste étant débandé ou égaré.

Maintenant, laissons le maréchal Bazaine nous raconter ce qui se passait à Metz pendant que l'armée de Châlons se compromettait si gravement pour opérer le salut de l'armée du Rhin.

« L'ennemi ne perdit pas un instant pour compléter notre investissement, dit le maréchal dans son *Rapport sommaire*, en détruisant les ponts sur l'Orne et en rendant impraticable la voie ferrée de Thionville.

« Le 26, les 4e, 6e corps et la garde passaient sur la rive droite. J'avais le projet de forcer le passage le long de cette rive; mais une véritable tempête nous surprit et rendit inexécutable dans de bonnes conditions tout mouvement offensif dans des terrains aussi détrempés.

« Les commandants des corps d'armée et les chefs des armes spéciales furent réunis à la ferme de Grimont, et ils émirent l'avis que l'armée devait rester sous Metz, parce que sa présence maintenait devant elle 200,000 ennemis, qu'elle donnait le temps à la France d'organiser la résistance, aux armées en formation de se constituer, et, qu'en cas de retraite de l'ennemi, elle le harcèlerait, si elle ne pouvait lui infliger une défaite décisive. Quant à la ville de Metz, elle avait besoin de la présence de l'armée pour terminer les forts, leur armement, les défenses extérieures du corps de place, et il fut reconnu que celle-ci ne pourrait pas tenir plus de quinze jours sans la protection de l'armée. »

Ainsi, Bazaine ne nous dit rien de l'engagement pris par lui, le 19, de se mettre en mouvement le 22; rien de sa correspondance avec Mac-Mahon [1]; la lecture de son rapport autorise, par le silence que son auteur garde sur ce point, à croire, ce qui est contraire à la vérité, que Bazaine, jusqu'au 30, n'a eu de l'armée de Châlons aucune nouvelle.

Bazaine avait peut-être de bonnes raisons pour ne pas se mettre en mouvement avant le 26; mais il est nécessaire, pour sa justification, qu'il les formule; pour sa justification il devra démontrer, en outre, qu'il a nettement fait savoir à Mac-Mahon que le mouvement promis pour le 22 ne pouvait avoir lieu [2]. Sans cette double preuve, Bazaine sera accusé, à bon

---

[1] On a vu plus haut que nous possédons de Bazaine, une dépêche datée du 22, mentionnant la réception d'une dépêche de Mac-Mahon et la réponse qui y a été faite.

[2] Une des dépêches de Bazaine, postérieure au 19 dit bien : « Je vous préviendrai si marche peut être entreprise sans compromettre l'armée; » mais il est évident que ce langage implique toujours chez le maréchal l'idée d'agir, entretient chez Mac-Mahon et chez l'Empereur l'espoir d'apprendre d'un instant à l'autre que le mouvement de Bazaine est commencé. De là, pour l'armée de Châlons une sorte de nécessité de se tenir à la disposition de l'armée du Rhin. Est-il admissible que Bazaine ne se soit pas rendu compte de l'effet que devaient produire ses dépêches?

droit, d'avoir manqué au rendez-vous assigné par lui et d'y avoir manqué par sa faute, puisqu'il n'a rien fait en temps opportun pour remplir une promesse, sur laquelle il n'était point positivement revenu.

Les Allemands insistent lourdement sur l'impossibilité de tenter le 26, par une pluie torrentielle, l'attaque des positions d'investissement [1], comme s'il s'agissait de savoir pourquoi Bazaine n'a rien fait ce jour-là! Nous demandons pourquoi il n'a rien fait les jours précédents, rien fait le lendemain, le surlendemain. Nous demandons si le langage tenu par lui au maréchal de Mac-Mahon et à l'empereur l'autorisait à rester dans cette inaction. S'il en est ainsi, qu'il produise ses dépêches, qu'il en produise d'autres que celles que nous connaissons.

Nous avons, quant à nous, acquis la persuasion que, le 26, pas plus que le 19, le 20, le 22, Bazaine ne songeait à briser l'investissement. Cette persuasion est puisée dans les faits. Bazaine est resté inactif jus-

[1] « On a beaucoup reproché au maréchal Bazaine de s'être laissé arrêter par le mauvais temps et de n'avoir point ce jour-là engagé une grande bataille. Ses détracteurs ne font pas attention que l'armée française était une fois pour toutes obligée d'attaquer et que les Allemands, sur la défensive, bien retranchés, établis dans leurs positions, avaient en outre leurs batteries toutes placées.

« L'agresseur, au contraire, est obligé de progresser difficilement et ne peut déployer que lentement son artillerie. La considération du temps est si capitale que, pour n'en citer qu'un seul exemple, Napoléon Ier fut obligé de retarder de deux heures l'engagement de la bataille de la Belle-Alliance pour laisser sécher les terres détrempées. » — (*La Guerre autour de Metz*.)

qu'au 30. Pouvant agir dans cet intervalle, s'il n'a point agi, c'est qu'il ne l'a point voulu.

Comme nous, le vénérable Chargarnier affirme qu'il ne l'a pas voulu : « L'armée immense que nous avions combattue le 18 s'était divisée, éloignée en partie [1]; nous aurions pu, dès le 22, rayonner à 18 ou 20 kilomètres de Metz... Quand un général en chef est *possédé d'une idée énergique*, il ne doit réunir un conseil de guerre que pour donner des ordres. Une seule voix s'éleva, celle du maréchal Le Bœuf, pour conseiller de marcher en avant. Le maréchal Bazaine, avec l'immense majorité du conseil, fut d'un avis contraire. » (Discours à l'Assemblée nationale, séance du 2 mai 1871.)

N'est-il pas étrange de voir, pendant que s'opère un mouvement qui a pour but de forcer le passage sur la rive droite, selon le projet du général en chef, n'est-il pas étrange de voir ce même général soutenir au sein du conseil une opinion contraire au projet que lui-même s'attribue? En sorte que nous obtenons cette série d'explications contradictoires de la bouche même de Bazaine : « Le 26 au matin, j'ai voulu forcer le passage sur la rive droite du fleuve; le 26, à une heure de

---

[1] Le 21, les troupes de l'armée de la Meuse (100,000 hommes) avaient été distraites de l'armée d'investissement qui ne conserva plus que 7 corps (environ 180,000 hommes)... Dès le 25 août arrivaient comme renforts la 3ᵉ division de réserve, 3 régiments de cavalerie, et 6 batteries, en tout 20,000 hommes environ. » — (*La Guerre autour de Metz.*)

l'après-midi, j'ai été d'avis qu'il fallait se tenir coi sous les remparts de la forteresse; le 26 au soir, j'ai suspendu la marche en avant des troupes... — Pour quels motifs? Assurément parce que le conseil de guerre avait décidé de ne rien faire. — Non; le mouvement ne s'est pas exécuté parce qu'il pleuvait! »

Qu'il y eût, au début de l'investissement, nécessité de prendre du repos, de reconstituer les cadres et de garder pendant quelques jours la défensive, nous l'admettons. Le devoir strict du général en chef de l'armée du Rhin était de fixer les limites de cette période d'accalmie, comme il le fit dans sa dépêche du 19 août. Le 26, il n'y avait pas plus de raisons pour se décider à une défensive indéfinie qu'il n'y en avait le 19, le 20 et les jours suivants. C'était donc le 19 ou le 20 qu'il fallait réunir et consulter le conseil de guerre pour transmettre ses avis à Châlons. Ce n'était pas le 26, mais le 19, qu'on devait s'apercevoir que Metz, sans l'armée, ne tiendrait pas quinze jours. Le 26, on ne devait plus avoir qu'une préoccupation : l'engagement du 19, la promesse d'agir le 22. Bazaine a-t-il fait connaître à son conseil de guerre la circonstance de cet engagement?

Bazaine n'a voulu rien tenter le 26, affirme encore le général Deligny :

« Dans l'armée, on avait la CERTITUDE qu'*aucune disposition n'avait* été prise soit pour abandonner Metz à ses propres moyens, soit pour la mobilisation du matériel et des réserves de vivres et de munitions, indispensables à toute armée livrée à ses propres ressources [1]. »

M. Coffinières, commandant la place de Metz, fournissait donc à Bazaine des raisons pour justifier son inaction, et la mise en mouvement de l'armée était une comédie destinée à tromper l'impatience des troupes. Que les membres du conseil aient cru au patriotisme et à l'énergie du maréchal, qu'ils aient pris ses prétextes pour de solides motifs, cela nous parait probable. Immobiliser 200,000 Allemands ne devait pas signifier pour eux qu'on n'essaierait pas de les détruire par tous les moyens.

Que de fois, depuis, avons-nous eu la tristesse d'entendre répéter :

« Si Bazaine eût cherché à attirer Mac-Mahon dans un piége, en lui laissant croire adroitement, sans trop se compromettre, qu'il allait marcher sur Stenay; s'il eût cherché à tromper les chefs de corps, en leur persuadant que le parti le plus sage et le plus profitable était de ne pas quitter Metz; s'il eût cherché à tromper l'armée et à détourner ses soupçons par un semblant d'action, s'y serait-il pris autrement ? »

La voix publique l'accuse d'avoir conçu dès lors le projet ambitieux et coupable de précipiter par son inaction les événements désastreux, la défaite de Mac-Mahon, la chute de Paris, afin que, resté seul debout

[1] *L'Armée de Metz*, par le général Deligny. Paris, librairie internationale, 1871.

à la tête d'une armée encore redoutable, il eût l'honneur de figurer au traité de paix et de saisir la dictature militaire sous la Régence.

Il est à craindre qu'on n'obtienne jamais sur ces prétendus projets des révélations tout à fait convaincantes. L'historien doit s'en tenir aux faits qui ont leur signification et leur éloquence :

Du 19 au 26 août, Bazaine, pouvant agir, est resté dans l'inaction; devant agir, il n'a rien fait pour accomplir sa promesse. Du 19 au 22, Bazaine a tenu, dans les dépêches à Mac-Mahon et à l'empereur, que nous connaissons, un langage qui a laissé subsister l'espoir de voir l'armée du Rhin prendre l'offensive; or, ce langage est en contradiction avec la conduite de Bazaine. Le 26 août, Bazaine, pendant qu'il annonçait à l'armée le projet de forcer le passage sur la rive droite de la Meuse, soutenait au sein du conseil de guerre une opinion opposée à ce projet. Au moment où l'action devait être engagée, Bazaine délibérait s'il fallait engager l'action. Il mettait l'armée en mouvement d'abord et décidait ensuite qu'il fallait mieux tenir l'armée au repos. Il y a dans ces détours, ces précautions, ces contradictions, un ensemble d'une haute gravité; tout cela nous autorise à dire : Bazaine est coupable, sans que nous puissions dire jusqu'à quel point il l'a été.

CHAPITRE XII

Noisseville et Sedan

Les Allemands avaient craint que Mac-Mahon, par un mouvement rapide, n'atteignît le prince de Saxe avec une armée d'égale force et avant que le prince royal ne pût lui porter secours. Telle était l'opinion qu'on avait chez nos ennemis de la supériorité réelle de notre armée, qu'on n'a jamais cru possible de nous aborder sans l'avantage du nombre.

Pendant que le prince de Saxe se concentrait à Stenay, le 23 et le 24 août, deux corps de l'armée d'investissement de Metz, le 2ᵉ et le 3ᵉ, furent détachés pour le renforcer. Leur jonction avec l'armée de la Meuse allait s'opérer, lorsque, le 28, on apprit que le prince royal était parvenu à Sainte-Menehould et marchait sur Varennes et sur Buzancy. Tout danger ayant disparu, les 50,000 hommes reprirent la route de Metz.

Bazaine eut-il connaissance du départ de ces deux corps? La réponse du maréchal n'est pas douteuse.

S'il avouait qu'il a été instruit de ces mouvements de l'ennemi autour de Metz, comment expliquerait-il son inaction? Vers cette époque, « l'armée d'investissement affaiblie était à peine plus forte que l'armée investie. Elle ne présentait sur chaque rive qu'un effectif à peu près équivalent à la moitié de celui de cette dernière, ce qui la mettait dans l'impossibilité de lutter à forces égales sur une seule rive, si elle ne voulait rendre l'investissement de la seconde complétement illusoire [1]. »

Les Allemands affirment avec une assurance singulière que « les communications secrètes que Bazaine avait encore avec le dehors ont dû lui permettre d'être informé presque immédiatement du départ de ces deux corps et ont pu influer sur ses décisions [2]. » Ces communications, quoiqu'en dise Bazaine, ont dû exister. Les nombreuses dépêches échangées entre Metz, Châlons et Rheims, du 19 au 22, le prouvent; des témoignages de personnes honorables confirment cette preuve.

« Il y a eu, depuis le commencement du blocus jusqu'à la fin, dit M. le comte de Pontbriant, un moyen de communication avec le dehors de la place, par lequel sont arrivés à Metz des correspondances et des journaux. *Le commandant supérieur connaissait ce moyen.* Une personne qui lui a remis des journaux des

---

[1] *La Guerre autour de Metz.*
[2] *Ibid.*

6, 8, 13 et 16 septembre, arrivés par cette voie, a vu qu'elle était connue de lui. *Le général en chef a donc pu* TOUJOURS *avoir des nouvelles du dehors.* Il a eu ainsi des indications sur la position des forces de l'ennemi et de ses approvisionnements, et, à un certain moment, sur la présence, aux environs de Metz, de quelques centaines de soldats échappés de Sedan et cachés dans les bois. Il reçut aussi de Thionville, dans les derniers jours d'août, l'avis du mouvement du maréchal Mac-Mahon, et, dans la seconde moitié de septembre, celui qu'il était parvenu dans cette place des vivres en quantité considérable à la destination de son armée [1]. »

Bazaine proteste qu'il reçut seulement le 30 août la réponse à la dépêche du 19. Nous connaissons cette réponse, datée du 22, annonçant la marche de Mac-Mahon sur l'Aisne et Montmédy, et qui aurait mis huit jours à venir de Reims à Metz, tandis que la précédente avait mis trois jours à venir de Metz à Reims. A quel moment de la journée cette dépêche fut-elle reçue?

Bazaine ne le dit pas, et nous ne pouvons apprécier l'empressement ou la lenteur qu'il montra en cette circonstance. L'armée reçut l'ordre de se porter le lendemain, 31, sur la rive droite de la Moselle; le fort de Queuleu était le point d'appui et le pivot de l'aile droite; l'objectif était le plateau de Sainte-Barbe (Nord), qu'il fallait enlever de vive force ainsi que les villages

[1] *Le Blocus de Metz* en 1870, pages 248 et 249.

de Noisseville et de Servigny qui l'entouraient. « En cas de réussite, le projet était de gagner Thionville par Bettelainville et Kédange avec les 3ᵉ, 4ᵉ et 6ᵉ corps, en faisant filer la garde et le 6ᵉ corps par la route de Malroy. La rive droite offrait l'avantage de ne pas traverser l'Orne ; puis, en prenant Sainte-Barbe pour objectif, l'ennemi était incertain si nous nous dirigerions vers l'Est pour couper ses communications, ou vers les forteresses du Nord [1].

« Le 6ᵉ corps (Canrobert) occupait la gauche. Il devait, tout en s'avançant vers l'objectif, s'emparer du village et du pont de Malroy [2], où l'ennemi était assez solidement établi ; mais, ne s'emparât-il pas de cette position, il lui fallait tout au moins la surveiller et empêcher l'ennemi d'en déboucher. Ce dernier résultat, il l'obtint [3]. »

A la droite du 6ᵉ corps marchait le 3ᵉ (maréchal Le Bœuf), le plus nombreux et l'un des plus solides, chargé d'opérer sur les points principaux. Les 2ᵉ et 4ᵉ corps et la garde étaient placés à la droite vers le fort Queuleu ou en réserve.

L'une des premières préoccupations du maréchal Bazaine, s'il avait eu réellement l'intention d'agir, eût consisté à assurer par tous les moyens le transport rapide de ses forces d'une rive à l'autre de la Moselle ;

---

[1] *Rapport sommaire.*
[2] Voir notre carte des *Alentours de Metz.*
[3] *L'Armée de Metz*, par le général Déligny.

car une concentration rapide de son armée lui permettait d'attaquer, où il voudrait, l'ennemi avec des forces écrasantes. L'armée ennemie était réunie autour de nos lignes sur une circonférence de 50 kilomètres environ, partagée en deux par la Moselle, franchissable, pour les Allemands, aux ponts d'Ars (en amont) et de Malroy (en aval), à une distance moyenne de la place de 6 kilomètres; il ne fallait que masquer ou détruire un de ces ponts, au cas où nous attaquions sur une rive, pour tenir éloignées du théâtre de l'action toutes les forces de l'adversaire campées sur l'autre rive; car il leur eût été complétement impossible d'y arriver en moins de huit à dix heures [1].

Soit que Bazaine n'ait pas prévu cette nécessité de premier ordre [2], soit qu'il n'ait jamais songé à combattre sérieusement l'armée allemande d'investissement, il ne prit aucune mesure pour assurer, par un passage facile, la rapide concentration de ses troupes, sur l'une ou sur l'autre rive. Qu'arriva-t-il? Le mouvement commencé au point du jour ne se termina qu'à midi [3]. Les corps venus de la rive gauche entraient en ligne à la gauche et derrière ceux campés en perma-

[1] *L'Armée de Metz*.

[2] Et pourtant l'écoulement insuffisant de l'armée le 14 et le 16, aurait dû servir de leçon.

[3] « Le 31 août, l'armée française commença son mouvement à la pointe du jour : l'aile droite s'établit au fort de Queuleu et l'aile gauche au fort Saint-Julien. Ce ne fut que vers midi que le mouvement se trouva exécuté; une moitié de l'armée prête pour l'action et l'autre disposée en réserve. Le combat ne s'engagea pas immédia-

nence sur la rive droite, et qui étaient déjà établis depuis huit heures du matin sur leurs emplacements de combat.

Il s'agissait de surprendre et d'écraser sur un point donné l'ennemi, chose facile, à condition d'opérer vite, et Bazaine, averti le 30, au lieu de commencer son mouvement sans retard, perdait plusieurs heures et défilait lentement sous les yeux de l'ennemi.

L'action, toutefois, pouvait s'engager à midi. C'est à quatre heures seulement que s'ouvre le feu de notre artillerie. Bazaine avait mis douze heures à préparer le combat. Trois heures nous restaient jusqu'à la chute du jour. Quelle que fût l'ardeur de nos troupes, elles ne pouvaient pas évidemment, dans cet intervalle trop restreint, remporter de succès décisif. Ces retards, ces lenteurs, attestés par l'ennemi lui-même, s'expliquent aisément en prêtant à Bazaine l'intention de jouer une seconde fois avec plus de sérieux la comédie du 26 ; elles ne s'expliquent guère autrement.

A cinq heures, après une vive canonnade des forts et des batteries de campagne, alors que l'ennemi s'est un peu replié, l'infanterie française s'avance. Le corps du maréchal Canrobert n'atteignit pas Malroy, mais occupa le village de Failly, succès très-suffisant. Ce village est situé sur un des contre-forts du plateau de

---

tement, et plusieurs heures s'écoulèrent avant que les premières pièces de campagne n'ouvrissent leur feu. » — (*La Guerre autour de Metz.*)

Sainte-Barbe. Nous nous sommes maintenus pendant toute la nuit autour de cette position.

L'attaque du village de Noisseville par le 3ᵉ corps fut très-vive. L'ennemi, abordé sur ce point à la baïonnette, y fit des pertes sensibles. Nos troupes atteignirent, à la tombée du jour, les abords du village de Servigny, sur le plateau qui domine, à 2,000 mètres de distance, la position de Sainte-Barbe [1]. La ligne d'investissement était forcée [2].

« Sur ces entrefaites, les deux corps allemands, qui avaient été détachés de l'armée et auxquels était parvenu un contre-ordre, le 29, venaient de rentrer sous Metz, en sorte qu'il devint possible de jeter, le soir même du 31, et dans la nuit, de nouvelles forces sur la rive droite de la Moselle [3]. »

Bazaine laissa, en effet, l'ennemi défiler toute la nuit à un kilomètre de son flanc droit. Il avait bien pensé à fermer une porte aux renforts de son adversaire du côté du Nord ; on eût dit qu'il voulait tenir soigneusement ouverte celle du sud.

L'arrivée des ténèbres ne nous permit point de nous établir assez fortement à Servigny. Le général Manteuffel, vers une heure du matin, attaqua ce village, où il ne rencontra que quelques compagnies de garde, qu'il en chassa aisément, mais sans oser pousser plus loin [4].

[1] *L'Armée de Metz.*
[2] *La Guerre autour de Metz.*
[3] *La Guerre autour de Metz.*
[4] « Vers deux heures du matin, dit *la Guerre autour de Metz*,

Le 1ᵉʳ septembre, à l'aube, le feu recommence avec une grande vivacité de part et d'autre; un brouillard intense empêche d'abord de distinguer les incidents du champ de bataille. Vers dix heures, au moment où la garde va tenter sur Sainte-Barbe un effort décisif, à l'instant, où, pour seconder cette attaque, tous les commandants de corps venaient de recevoir l'ordre de tenir à tout prix sur leurs positions, le 3ᵉ corps (maréchal Le Bœuf), battu de tous côtés par l'artillerie allemande, se vit dans la nécessité de se retirer et d'évacuer Noisseville. Ce mouvement de retraite inattendu aurait entraîné celui de toute l'armée [1]. Telle est la version la plus favorable au maréchal Bazaine. C'est sans doute celle qu'il adoptera tôt ou tard. Jusqu'ici, elle a tout le monde contre elle. Français et Allemands

---

Manteuffel avait repris Noisseville et Montoy, à la baïonnette. » C'est une erreur; Servigny seul fut repris pendant la nuit. Nous verrons tout à l'heure comment nous abandonnâmes Noisseville. Les Allemands se sont montrés partout, dans leurs dépêches, rapports, mémoires, très-fiers des succès qu'ils disent avoir obtenus à la baïonnette. La vérité est qu'ils n'ont jamais, dans toute la guerre, rien tenté de semblable en présence de nos troupes, même en face de nos conscrits; la vérité est qu'ils n'ont jamais affronté une charge à la baïonnette, et que souvent, en entendant le simple commandement donné à nos fantassins : *chargez!* ils ont lâché pied; la vérité est que les positions qu'ils représentent *enlevées d'une façon brillante* ont toujours été *occupées* par leur infanterie, laquelle, couchée par terre ou dissimulée dans les plis du terrain, guettait avec *intrépidité* le moment où l'artillerie allemande aurait consommé son œuvre de destruction pour se porter sur les points déblayés par elle.

[1] Note du traducteur de *la Guerre autour de Metz*.

sont d'accord pour expliquer d'autre façon l'issue de cette funeste journée.

Les Allemands disent que l'armée française s'est battue mollement, qu'à la suite des rudes combats du 16 et du 18, elle avait perdu son ardeur, sa mobilité, sa confiance en elle-même. Pas un officier allemand, ajoutent-ils, ne mit en doute après le 1er septembre que le rôle de cette grande armée ne fût fini, et qu'elle serait impuissante à se tirer d'affaire sans secours étranger [1]. Le général Changarnier regrette, de son côté, que le *mens divinior*, cet esprit d'enthousiasme et de patriotisme, qui, dans un jour de bataille, court du général aux soldats, ne nous ait pas animés ce jour-là [2]. Il constate que nous fîmes une retraite dont beaucoup ne comprenaient pas la nécessité, et qui lui semble à lui-même étrange. Cette retraite est appréciée ainsi par un officier général, témoin et acteur dans l'affaire : « Nos troupes les plus avancées, ne sachant pas ce qu'elles avaient à faire, *ne recevant aucun ordre*, ne voyant prendre aucune disposition, soit pour les relever, soit pour les appuyer, se bornèrent à se maintenir dans leurs positions de la nuit. Elles demeurèrent pendant plusieurs heures sous un feu d'artillerie des plus violents, que leur immobilité contribuait à rendre meurtrier. Puis, vers dix heures, on les vit se retirer dans leur meilleur ordre et tou-

---

[1] *La Guerre autour de Metz.*
[2] Discours à l'Assemblée nationale, séance du 2 mai 1871.

jours en combattant. En arrière d'elles surgirent presque instantanément huit ou dix lignes de bataille se repliant, elles aussi, avec un ensemble parfait, occupant militairement et successivement toutes les positions intermédiaires. Les obus éclataient par centaines au milieu d'elles, sans y occasionner le moindre trouble. »

Est-ce là l'attitude de troupes qui se battent mollement, d'une armée démoralisée?

Mais pourquoi cette retraite? La situation du 3ᵉ corps était-elle donc si critique et ne pouvait-on, sur les flancs du plateau de Noisseville, opérer quelque diversion? A ce moment, Bazaine affiche de l'inquiétude et se donne beaucoup de mouvement; il met la garde en bataille, il appelle de la cavalerie; on eût dit qu'il croyait à un danger et qu'il s'agissait de sauver l'armée d'une retraite désastreuse. « Toute son armée était devant lui, faisant la meilleure contenance; de danger, il n'y en avait aucun; il eût suffi en ce moment d'un coup de clairon pour arrêter instantanément le mouvement de retraite et d'un simple ordre pour reporter l'armée en avant [1]. »

Nous concluons que la mollesse reprochée injustement à l'armée du Rhin ne fut autre chose que l'absence de commandement. Cette absence de direction s'était moins fait sentir le 18, parce qu'il s'agissait alors de défendre des positions assignées et occupées

[1] *L'Armée de Metz.*

d'avance ; mais elle devait forcément se révéler le 1ᵉʳ septembre, par un échec, alors qu'il fallait attaquer l'ennemi et briser les lignes d'investissement par des manœuvres combinées. Comme le 26, Bazaine n'avait pris, le 31, aucune mesure pour mobiliser les bagages et les convois de l'armée, déposés dans l'île Chambière ; cette circonstance, jointe aux lenteurs et aux fautes signalées ont répandu et accrédité l'opinion que Bazaine n'avait point l'intention de rompre la ligne d'investissement, qu'il ne voulait point livrer une grande bataille, mais seulement manifester le désir de concourir aux opérations de Mac-Mahon. On croit généralement qu'il était en son pouvoir d'obtenir, le 31, un avantage sérieux sur l'ennemi ; il lui eût suffi pour cela de commencer l'action quelques heures plus tôt, de gêner la marche des renforts allemands au Sud, de donner des ordres, dans la matinée du 1ᵉʳ septembre, pour que l'offensive fût vigoureusement reprise.

L'ennemi, décidé à conserver la défensive, ne chercha point à forcer nos lignes. Quand nos troupes se furent arrêtées en avant des forts, on s'occupa des morts et des blessés qui furent relevés de part et d'autre (du côté des Allemands les pertes furent d'environ 5,000 hommes, de notre côté elles atteignirent 3,000 hommes). Les troupes campées en permanence sur la rive droite reprirent leurs bivouacs ordinaires et celles qui avaient à se porter sur la rive gauche s'écoulèrent lentement et péniblement le long des flancs du fort

Saint-Julien. Il était dix heures du soir lorsque les derniers régiments arrivèrent sur leurs emplacements respectifs[1]. »

Ainsi finit l'étrange manifestation à laquelle on a donné à tort le nom de bataille de Noisseville[2].

L'inaction, les fautes ou la trahison de Bazaine, devaient peser d'un poids fatal sur la conduite et l'issue de la guerre. Il est admis que, du 19 au 30 août, si Bazaine l'eût voulu, il pouvait battre l'armée d'inves-

---

[1] *L'Armée de Metz.*

[2] Voici le bulletin vantard et mensonger qui mentionne la prétendue victoire des Allemands : « Sainte-Barbe, près Metz, 1er septembre, 9 h. 45 m. du soir. — Depuis hier, le maréchal Bazaine, *à la tête de toutes ses troupes se bat jour et nuit* contre le 1er corps d'armée et la division Kummer. (On a oublié de mentionner les 80,000 hommes de renfort.) La nuit dernière et aujourd'hui il a été repoussé victorieusement sur toute la ligne. Les Français se sont battus avec une grande bravoure (prenons note de cet aveu), mais ils n'ont pu tenir contre les troupes *prussiennes* (le 1er corps est en effet prussien)... Signé : De Manteuffel. » De son côté Bazaine écrivait à l'empereur : « Après une tentative de vive force, laquelle nous a amenés à un combat *qui a duré deux jours* aux environs de Sainte-Barbe, nous sommes de nouveau dans le camp retranché de Metz, avec peu de ressources en munitions d'artillerie de campagne ; ni viande, ni biscuit ; enfin un état sanitaire qui n'est pas parfait, la place étant encombrée de blessés. Malgré les nombreux combats *le moral de l'armée reste bon. Je continue à faire des efforts* pour sortir de la situation dans laquelle nous sommes ; mais l'ennemi est très-nombreux autour de nous... » On le voit, c'est toujours le même langage et le même système : Bazaine promet de *continuer ses efforts*, il ne craint même pas de les exagérer ; il parle d'un combat qui a duré deux jours, au lieu de dire exactement qu'il a duré *onze heures*. Il fera tout pour sortir de cette situation ; tout... mais l'ennemi sans doute grossit toujours autour de lui. Cet ennemi grossissant est l'issue qu'il se ménage constamment, afin de donner à ses promesses un certain vague que la prudence recommande.

tissement sur l'une des rives de la Moselle. Il acquérait ainsi la liberté de ses mouvements, il se procurait des approvisionnements qui assuraient à la forteresse de Metz et à l'armée des subsistances pour de longs mois. Il obligeait l'ennemi, même après le désastre de Sedan, à ramener de nouvelles forces sous Metz pour l'investir. La marche sur Paris était encore possible, mais l'investissement de la capitale ne l'était plus.

A l'heure où l'armée du Rhin rentrait dans ses campements après les fatigues et les épreuves d'une journée perdue, une horrible catastrophe se produisait aux environs de Sedan.

L'affaire de Beaumont avait jeté le trouble dans la plus grande partie de l'armée. Le 1er corps, déjà parvenu à Carignan, quittait cette localité pour Sedan. Le 5e, dispersé, éperdu, franchissait la Meuse et se répandait sans ordre dans des directions diverses, vers Carignan, Douzy et Mairy; le 7e gagnait Sedan par les deux rives de la Meuse; le 12e, dont deux divisions avaient été engagées, faisait seul bonne contenance et quittait le dernier le champ de bataille. Le dernier aussi il arrivait à Sedan par la route de Douzy et Bazeilles, dans la matinée du 31. La tête de colonne de ce corps, dont la marche avait été retardée par les 5e et 1er corps venant de Carignan, arrivait près de Sedan, au village de Bazeilles, lorsque des batteries prussiennes, établies sur la rive gauche de la Meuse, se démasquèrent et ouvrirent leur feu. Ce fait était un indice de l'ardeur et de la vivacité que l'ennemi mettait à nous poursuivre. On ne paraît pas en avoir tenu assez de compte dans l'état-major du maréchal de Mac-Mahon.

L'attaque venait des corps bavarois, marchant à l'aile droite de l'armée du prince royal. Sous la protection de leur artillerie, qui canonnait notre convoi, encombrant la route de Bazeilles à Balan, l'ennemi se montra entreprenant et tenta de franchir le pont du chemin de fer de Mézières à Thionville, qui, au sud de Bazeilles, traverse la Meuse. Le 12e corps fit bonne contenance, couronna sur-le-champ les hauteurs au nord de Bazeilles, et de là riposta vigoureusement aux batteries de l'autre rive. Les Bavarois furent rejetés du pont à la baïonnette. Toutes les mesures furent prescrites pour faire sauter le pont dans la soirée ou dans la nuit.

Mac-Mahon n'avait pas conscience de la situation très-critique où il se trouvait. Il pensait avoir eu devant lui, à Beaumont, l'armée du prince de Saxe qu'il estimait être de 70,000 hommes ; il croyait que le prince de Prusse suivait le mouvement du prince de Saxe, tandis qu'en réalité il le devançait ; il comptait enfin le lendemain prendre la route de Mézières qui suit la rive gauche de la Meuse. L'idée ne lui venait pas que l'ennemi pût l'inquiéter bien sérieusement sur cette route. Il y avait, en effet, grand danger pour les Allemands à s'exposer à livrer bataille ayant la Meuse à dos, c'est-à-dire sans ligne de retraite. D'ailleurs, il était absolument nécessaire de rallier les troupes, de leur distribuer des vivres, de réparer leurs pertes en équipement, de leur donner quelque repos, après six jours de marches continuelles dans des routes défoncées, sous une pluie torrentielle. La journée du 31 devait être utilement employée à tous ces soins. Si le maréchal eût été instruit des forces et des mouvements de l'ennemi, il eût assurément jugé qu'il fallait à tout prix, sans une heure de délai, continuer la retraite dès le matin du 31, dût cette retraite désordonnée ne sauver qu'une partie de l'armée. Mais le spectacle de la veille avait jeté dans l'âme de Mac-Mahon une tristesse et un trouble profonds ; il déclarait n'avoir dans toute sa vie militaire aucun souvenir aussi sombre [1]. Ceux qui l'entouraient ont remarqué, ce jour-là, sa surexcitation et l'altération de sa voix. Dans l'après-midi, on vint lui dire que les Prussiens passaient la Meuse à Donchery [2] ; il ne fit pas grande attention à ce rapport ; il ne pouvait se résoudre à croire que l'ennemi commît l'imprudence de s'engager entre le fleuve et la route. Il s'occupa donc de rallier ses divisions autour de Sedan et se prépara, pour le lendemain matin, à gagner Mézières. Le 1er septem-

[1] *La Retraite de Mézières*, par Charles Yriarte.

[2] « J'informai le maréchal (après-midi du 31) que des masses nombreuses préparaient et allaient effectuer leur passage sur la rive droite, près de Donchery. » (Rapport du général Douay, commandant du 7e corps.)

bre, en effet, ses bagages prirent la direction de cette ville.

A Paris, on reçut, le 30 au soir, une dépêche laconique de l'empereur, annonçant un engagement *sans grande importance*. Quelques heures après, nouvelle dépêche plus significative, mais non moins laconique, de Mac-Mahon au ministre :

« Mac-Mahon fait savoir au ministre de la guerre qu'il est forcé de se porter sur Sedan [1]. »

Cette sécheresse de ton ressemble assez à un reproche. Le ministre se plaint alors qu'on ne lui donne pas assez de renseignements du théâtre de la guerre ; il rappelle, non sans orgueil, qu'il est l'ordonnateur général des mouvements, et qu'il a besoin d'informations précises [2].

Les événements ont montré que le maréchal était serré de très-près par deux armées, ensemble de 240,000 hommes, manœuvrant de façon à lui couper toute retraite, aussi bien au Nord qu'à l'Ouest ; qu'il pouvait, en utilisant par des marches forcées le jour du 31 et la nuit du 31 août au 1er septembre, échap-

[1] Datée de Sedan, le 31 août à 1 h. 15 m. du matin.

[2] « Paris, le 31 août 1870, 9 h. 40 m. du matin — Guerre à maréchal Mac-Mahon. — Je suis surpris du peu de renseignements que M. le maréchal de Mac-Mahon donne au ministre de la guerre ; il est cependant de la plus haute importance que je sache ce qui se passe à l'armée, afin de pouvoir coordonner certains mouvements de troupes avec ce que peuvent faire MM. les commandants de corps d'armée. Votre dépêche de ce matin ne m'explique pas la cause de votre marche en arrière, qui va causer la plus vive émotion. — Vous avez donc éprouvé un revers? ».

per à cette manœuvre enveloppante ; mais pour juger avec équité la résolution à laquelle Mac-Mahon s'arrêta de ne reprendre sa marche que le 1er septembre, il faut se placer par la pensée au milieu des circonstances qui inspiraient ses déterminations. Les affirmations réitérées du ministre de la guerre lui permettaient de croire qu'il avait encore quelque avance sur le gros de l'armée du prince royal ; dans ses calculs, l'armée du prince de Saxe ne dépassait guère 60,000 hommes. Renseignements inexacts, sans doute, mais dont le maréchal n'avait pas seul la responsabilité, et auxquels toute l'administration militaire et civile avait concouru. L'ennemi, et ce fut peut-être la cause la plus efficace de ses succès, dissimula avec soin ses forces et masqua tous ses mouvements par le rayonnement de sa cavalerie. Partant de ces données et comptant avoir devant lui au plus 150,000 hommes, le maréchal avait-il tort, eu égard à la nécessité pressante de rallier, ravitailler et faire reposer ses troupes, de remettre au lendemain son départ pour Mézières ? Avait-il tort de ne pas croire au passage de la Meuse par l'ennemi ? Non, car en supposant ce passage opéré par 50,000 hommes, cette audacieuse imprudence pouvait coûter cher aux Prussiens ; les 80,000 hommes laissés à notre poursuite seraient assez facilement arrêtés par notre arrière-garde entre Sedan et les bois de Daigny et de Francheval, tandis que nos têtes de colonnes, en marche sur Mézières, mettraient dans le plus grand péril l'ennemi pris entre nous et le fleuve.

Pour l'intelligence des événements, il faut prendre connaissance du terrain sur lequel se mouvaient les trois armées en présence. De Mouzon à Sedan, la Meuse coule au Nord-Ouest, dans une vallée d'inégale largeur, bordée par des collines pouvant servir à défendre le passage sur l'une ou l'autre rive. La ville et la forteresse de Sedan sont situées sur la rive droite, occupant une longueur d'environ 2 kilomètres et demi. De ce côté, la ville est dominée par les hauteurs du Grand-Camp, reliées au corps de place par d'anciens ouvrages aujourd'hui sans portée, et vers le Nord par un plateau boisé (bois de la Garenne), dont le point culminant est situé au calvaire d'Illy, à 293 mètres au-dessus du niveau de la mer. Les contreforts de ce plateau s'inclinent, à l'Ouest, par des pentes allongées aux abords découverts et favorables à la défense [1]. Sur ces pentes sont situés, à l'Ouest, les villages de Casal et de Floing, et plus haut, au Nord, Illy.

Non loin d'Illy, en regard des pentes occidentales du plateau et contournant le massif boisé que nous venons de décrire, en arrière de Floing, Saint-Menges et Fleigneux, se dressent des hauteurs d'égale élévation. Elles viennent mourir sur la rive droite de la Meuse, qui, de Casal à Saint-Menges, fait un coude

[1] Rapport du général Douay.

brusque avec le Nord pour redescendre aussitôt au Sud, à la hauteur de Sedan, formant ainsi une boucle d'environ 3,500 mètres de long sur 3,000 de large à sa base, entre Sedan et Donchery [1]. De ce village, le cours sinueux du fleuve se dirige à l'Ouest vers Mézières, passant par Dom-le-Mesnil, Flize et Villers-Lumes.

Examinons maintenant les abords du plateau de la Garenne, à l'Est et au Sud. De ce côté le plateau est contourné par une route longeant le Grand-Camp, traversant le fond de Givonne, Givonne, et conduisant par les bois en Belgique (Nord-Est); c'est la route de Bouillon. Un ruisseau, sorti de ces bois, descend à la Meuse (Nord au Sud), suivant une ligne droite passant par Givonne, Hoybes, Daigny, la Petite-Moncelle, la Moncelle, la Platinerie, le château de Montvillers et Bazeilles. Ce ruisseau encaissé forme une bonne ligne de défense en avant du plateau, dont il est séparé par les fonds que suit la route de Bouillon.

De Remilly à Wadelincourt, Fresnois et Donchery, la rive gauche de la Meuse présente une vaste courbe dominée par des hauteurs en gradins, dont les plus élevés sont aux environs de Wadelincourt et du bois de la Marfée ; cette courbe fait face, par une extrémité, aux collines du ruisseau de Givonne qui couronnent Bazeilles, et par l'autre extrémité, aux pentes occidentales du plateau de la Garenne.

[1] Voyez notre carte de Sedan.

En résumé, nous voyons sur la rive droite un plateau formant un massif à peu près circulaire, ayant pour appendice le Grand-Camp, plateau tenu en échec au Nord par les hauteurs de Fleigneux, couvert au Sud par la forteresse et le fleuve, à l'Est par un ravin courant de Givonne à Bazeilles; sur la rive gauche nous voyons un amphithéâtre de collines, menaçant au Nord-Ouest les pentes du plateau, au Sud-Est les crêtes du ravin, au Nord Sedan.

De Sedan deux routes mènent à Mézières : l'une, au Nord, par Casal et Floing, sur la rive droite du fleuve, c'est la seule ouverte à notre retraite; l'autre, sur la rive gauche, par Fresnois et Dom-le-Mesnil. Sur celle-ci viennent s'embrancher, à Donchery la route de Vouziers et du Chêne, et à Torcy la route qui, par Remilly, conduit à Raucourt. A l'est et au nord de Sedan se trouvent la route de Bouillon et celle de Carignan. Cette dernière suit le cours de la Chiers à partir de Bazeilles et, à 4 kilomètres de là, à Douzy se croise avec la route qui, par Mairy, mène à Mouzon.

La canonnade, dirigée de Remilly par les Bavarois sur nos convois et sur le 12ᵉ corps, avait contribué à augmenter le désordre. Tandis que les troupes, avec un effectif réduit allaient occuper le terrain qui leur était assigné, les rues de la ville étaient encombrées par une foule de soldats débandés, affamés, par des estafettes se croisant en tous sens, des voitures d'intendance, des caissons et des canons. Le découragement se lisait sur tous les visages, l'esprit d'indiscipline se faisait jour à chaque pas dans ce pêle-mêle de gens armés. Ici passait un colonel blessé, là une ordonnance ramenait le cheval d'un général tué la veille. Celui-ci cherchait son régiment, ce général cherchait sa division. Des voitures de vivres et de bagages allaient à l'aventure; les cabarets s'emplissaient de soldats de tous les corps, insolents, déguenillés, ivres; des coups de feu partaient le long de la Meuse, où les hommes, renonçant à combattre, déchargeaient leurs armes en s'enfuyant à travers champs. La route de Mézières, les chemins de la frontière se couvraient de ces fuyards. Des colonnes entières, des batteries d'artillerie dépareillées abandonnaient le champ de bataille [1].

Cependant, le chef du 13e corps, arrivé dans la nuit à Mézières avec 6,000 hommes environ et douze batteries d'artillerie, prévenait le maréchal et lui demandait des ordres. On lui répondit de concentrer ses troupes à Mézières. Son arrivée tardive sur le théâtre de la lutte, les obstacles qu'il rencontra le lendemain du côté de Villers-Lumes et de Flize, empêchèrent cette concentration. Contre-temps fatal : si le général Vinoy fût arrivé la veille avec une quinzaine de mille hommes, son action pouvait entraver le mouvement de l'ennemi sur la rive droite de la Meuse et peut-être nous conserver la route de Mézières, dont la possession assurait la retraite de Mac-Mahon.

[1] *La Retraite de Mézières*, par Ch. Yriarte.

L'armée française prit position autour de Sedan. A l'extrême droite, au-dessus de Bazeilles et de Balan, et de Bazeilles à Daigny, le 12ᵉ corps ; en arrière et à la gauche de celui-ci, le 1ᵉʳ corps de Daigny à Givonne ; puis le 7ᵉ corps, en demi-cercle, de Givonne à Casal, par Illy et Floing, appuyé au bois et au plateau de la Garenne ; en réserve, au Grand-Camp, le 5ᵉ corps, dont le général de Wimpffen prenait le commandement. Sur le front des 1ᵉʳ et 12ᵉ corps, la position était forte ; elle fut énergiquement et victorieusement défendue. L'ennemi ne gagna du terrain sur le ruisseau de Givonne que par suite d'un mouvement de retraite ordonné vers huit heures par le général Ducrot.

La position occupée par le 7ᵉ corps avait sur son front deux points faibles : l'un, en avant de la gauche, où s'élève un gros mamelon boisé et que l'exiguïté de nos forces et son éloignement nous empêchaient d'occuper ; l'autre, sur la droite, bien plus dangereux, le plateau d'Illy, qui nous dominait et nous débordait, et qu'il était indispensable d'occuper fortement. On y plaça deux brigades, forces tout à fait insuffisantes, les seules disponibles [1].

Nous avions ainsi, en tenant compte des pertes précédentes produites par la bataille de Beaumont, par la panique qui l'avait suivie, par le désordre général, 80,000 hommes disposés sur un front un peu trop

---

[1] Rapport du général Douay.

étendu de neuf kilomètres. Le 7ᵉ corps et le 5ᵉ, dans la marche décidée pour le lendemain sur Mézières, formaient l'avant-garde de l'armée; le 1ᵉʳ et le 12ᵉ couvraient la retraite en combattant et pivotant autour de Sedan; le fleuve couvrait notre flanc.

Les dispositions de l'ennemi allaient anéantir tout ce plan. Le prince de Saxe suivait notre retraite par Carignan; il avait pour but de se glisser entre la frontière belge et la Meuse, et de nous fermer le chemin de la Belgique. Le soir du 31, ses avant-gardes s'étendaient de Pouru-aux-Bois à Pouru-Saint-Rémy et de là à Douzy; un de ses corps, le 4ᵉ, avait même franchi la Meuse et marchait vers Fresnois. La garde était à Carignan, le 12ᵉ corps à Mairy. L'armée de la Meuse traçait ainsi un demi-cercle autour de Sedan, interceptant la route de Carignan, menaçant à sa droite, la route de Bouillon, à sa gauche, mais de plus loin, la route de Mézières.

L'armée du prince royal avait employé la journée du 31 en marches rapides : Le 1ᵉʳ corps bavarois atteint Remilly, le 2ᵉ corps bavarois, Raucourt, le 5ᵉ corps, Chéhéry, le 11ᵉ corps, Donchery la division wurtembergeoise, Boutancourt. Le 6ᵉ corps ne put, le même soir atteindre que Sémilly et Attigny, prêt à se transporter encore plus à l'Ouest, pour nous couper la retraite de Mézières [1]. A ce moment, la troisième armée allemande tenait une ligne de plus de vingt kilo-

[1] Rapport officiel allemand sur la bataille de Sedan.

mètres, parallèle à la Meuse, de Sedan vers Mézières, et menaçant notre retraite même sur Laon et Soissons. Si nous lui échappions dans l'intervalle de Sedan à Mézières, il n'était pas douteux que ses têtes de colonnes ne fussent à portée de nous attaquer de flanc entre Mézières et Laon. La halte de l'armée française à Sedan donna le temps à l'ennemi de se rapprocher encore de notre ligne de retraite et de l'intercepter tout-à-fait. Les Wurtembergeois construisirent pendant la nuit du 31 août au 1er septembre un pont de bateaux à Dom-le-Mesnil, et passèrent le fleuve au point du jour. Dans la même nuit, quand on eut acquis la certitude que toute l'armée du prince de Saxe pourrait de grand matin tomber tout entière sur les positions françaises, ainsi que le 4e corps et les deux corps bavarois, M. de Moltke jugea que cette puissante diversion opérée par cent quarante mille hommes, permettait au 5e, au 11e corps et à la 4e division de cavalerie, près de quatre-vingt mille hommes, de s'éloigner de la Meuse à Donchery pour attaquer par Floing et Fleigneux en tournant le plateau d'Illy, clef de nos positions et centre de notre résistance. S'il arrivait, contre toute attente, que l'attaque de l'Est n'eût pas le succès espéré, on était du moins certain que Mac-Mahon, harcelé en queue par le prince de Saxe, arrêté en tête par les 5e et 11e corps, qui se rabattraient au besoin sur les Wurtembergeois et sur le 6e corps, n'aurait pas conservé, après un combat aussi inégal, la vigueur nécessaire pour acculer les Allemands au fleuve.

Le 1ᵉʳ septembre à 4 h. 1/2 du matin, au sein d'un brouillard épais, la fusillade éclata vers Bazeilles. On n'avait pas détruit le pont du chemin de fer; on n'avait pas pris la précaution de le barricader : le 1ᵉʳ corps bavarois venait de le franchir et nous attaquait sur la rive droite. Un instant après de nombreuses batteries, établies le long du chemin de Remilly à Wadelincourt et sur les hauteurs de la Marfée, ouvrirent un feu des plus vifs sur l'infanterie de marine du général Vassoignes, qui combattit malgré cela avec un avantage marqué l'infanterie ennemie qu'elle avait devant elle. Il devenait évident que ce n'était pas seulement un ou deux corps, mais une armée entière, armée sur les forces de laquelle nous étions mal renseignés qui venait nous attaquer. En effet, une heure plus tard, la ligne de la Givonne était attaquée; l'ennemi démasquait de ce côté des batteries nombreuses. On distinguait même dans le lointain, aux premiers rayons du soleil qui dissipait les vapeurs matinales, de fortes colonnes ennemies débouchant par Francheval et Villers-Cernay et paraissant se diriger à travers les bois vers le nord du plateau, afin de tourner Illy par Fleigneux [1]. C'était le 12ᵉ corps qui entrait en ligne, venant de Douzy, et s'établissait à la droite du 1ᵉʳ corps bavarois. A huit heures, la garde

[1] Rapport du général Lebrun.

arrivait sur le champ de bataille et ouvrait le feu sur notre ligne aux points occupés par le 1er corps. Cette attaque fut soutenue par nous avec un avantage marqué ; les Bavarois, malgré les renforts qui leur furent expédiés, ne purent faire un pas en avant, et il était à craindre qu'à certain moment ils ne fussent, par une offensive énergique de la division d'infanterie de marine, bousculés sans secours possible dans la Meuse. Le 1er corps prit à son tour l'offensive contre le 12e corps allemand qui se maintint à grand peine sur ses positions, et fut secouru à temps vers huit heures par la garde qui s'établit à sa droite.

Aux premiers coups de canon, le maréchal était accouru sur les points attaqués et s'était mis à parcourir nos lignes. Il avait pu se rendre compte des forces immenses qui se déployaient autour de lui depuis Wadelincourt et Remilly jusqu'à Douzy, Lamécourt et Villers-Cernay. Sans doute, il aurait compris le plan de l'ennemi tout entier en voyant une autre attaque se produire sur le front du 7e corps et dessiner le cercle de fer que les Allemands cherchaient à former autour de nous ; qui sait si, alors, vers huit heures, Mac-Mahon n'eût pas trouvé, dans quelque heureuse et soudaine inspiration, le moyen de rompre ce cercle fatal et d'arracher l'armée au désastre qui l'attendait ? Peut-être, à ce moment, rien n'était-il encore compromis sans ressource ; la route de Bouillon n'était pas encore interceptée ; trois corps réunis (pendant que le 12e, pivotant sur Sedan, couvrait, en combattant, le mouvement) pouvaient, en se précipitant des hauteurs de Casal et d'Illy, refouler ou trouer les 80,000 ennemis qui s'avançaient par Vrigne-aux-Bois, Saint-Menges et Fleigneux. Le sort, ou plutôt la volonté de celui qui conduit le sort des batailles, en décida autrement. Un éclat d'obus qui pénétra profondément dans les muscles de la cuisse, blessa le maréchal. Cet accident, fatal à l'armée française, épargna à Mac-Mahon, au milieu des douleurs dont il était depuis plusieurs jours abreuvé, la douleur suprême d'assister à cette catastrophe inouïe dans l'histoire et d'apposer son nom à cette capitulation qui fut sur l'Empire comme une pierre scellée sur un tombeau et sur la tête de la France comme la couronne d'épines au front du crucifié.

Il était six heures et demie.

On rapporta le maréchal à Sedan, où il subit en soldat une opération cruelle. En quittant le champ de bataille, il laissa le commandement au général Ducrot, lequel était, sans doute, initié aux vues de son chef.

Peu après, le 7e corps fut attaqué par le 11e corps ennemi, chargé de gagner par Vrigne-aux-Bois, Saint-Menges et Fleigneux, suivi et appuyé du 5e corps et d'une division de cavalerie. Le combat fut vif et court sur notre front avancé, le long du ruisseau qui descend par Saint-Menges à la Meuse. Le général Douay, en face des colonnes profondes qui l'assaillaient de toutes parts, se retira sur ses fortes positions entre Floing et Illy, et défendit d'abord avec énergie et succès les pentes occidentales du plateau. Sur ses derrières, le terrain était coupé de ravins, de chemins et de clôtures qui l'empêchaient d'établir une seconde ligne et le condamnaient à maintenir absolument sans rétrograder d'un pas ses positions. C'était là un des inconvénients de sa situation, le moindre peut-être, car il s'aperçut bientôt que, de Fresnois, sur sa gauche, l'ennemi ouvrait le feu, de manière à prendre ses lignes en écharpe, et que, sur sa droite, il allait être débordé dans la direction de Fleigneux, point culminant d'où l'attaque, le bombardement et l'abandon d'Illy devenaient possibles.

Dans cette situation, le général Ducrot comprit que tout l'effort de l'ennemi allait se porter au Nord vers Fleigneux et Illy; il fut d'avis de replier la droite du 12e corps par le fond de Givonne et le bois de la Garenne, pour se joindre au 7e corps. Le 1er et le 5e corps devaient successivement et par échelons suivre ce mouvement. Les quatre corps réunis auraient ensuite forcé le passage par Illy [1]. Le général Lebrun hésite à exécuter ce plan; il trouve que le moment n'est pas encore venu de recourir à ce moyen extrême, alors que sur tous les points de la ligne de bataille nous paraissons avoir l'avantage; il craint que ses troupes

[1] Rapport du général Lebrun.

perdent de leur confiance quand elles se verront en retraite, et que les routes à travers le bois de la Garenne ne soient pas suffisantes pour le transport rapide de l'artillerie et le passage des hommes. A neuf heures, Ducrot, voyant le mouvement de l'ennemi sur la droite de notre 7e corps et sur la gauche de notre 1er corps se prononcer vers Fleigneux et Daigny, ordonne définitivement le mouvement de retraite ajourné une demi-heure auparavant. A peine la division d'infanterie de marine l'a-t-elle exécuté avec une admirable solidité, qu'un contre-ordre survient. Ce n'est plus le général Ducrot qui commande, mais le général de Wimpffen, lequel a fait usage d'un ordre de service émanant du ministre de la guerre, et l'investissant du commandement suprême, au cas où le maréchal de Mac-Mahon ne pourrait l'exercer.

Le général de Wimpffen blâmait la retraite par le plateau d'Illy; il se flattait de maintenir jusqu'au soir l'armée sur ses positions; il lui semblait même que sur notre front de la Givonne et de Bazeilles nous pourrions remporter un succès partiel et *jeter*, comme il disait, *les Bavarois à la Meuse*[1].

Il serait oiseux de discuter les chances de succès du plan avorté du général Ducrot; il nous suffira de dire qu'il était certainement d'une exécution très-difficile et

---

[1] Voyez le livre intitulé : *Sedan*, par le général de Wimpffen, p. 161, 165, 207. Un vol. in-8°. Librairie internationale. Paris, 1871.

que chaque minute de retard en augmentait encore les difficultés; ce plan révèle toutefois chez le général l'intelligence des mouvements de l'ennemi et le pressentiment du danger qui nous menaçait. La résistance du général de Wimpffen, inspirée par une conviction sincère et le désir de mieux faire, ne nous semble pas aussi clairvoyante. M. de Wimpffen aura beau se récrier sur l'impossibilité de s'ouvrir un chemin vers Mézières, il devra reconnaître que cette impossibilité n'a pas été la même à toutes les heures de la matinée, qu'elle s'est accrue par l'occupation de Fleigneux, l'attaque d'Illy, la perte de la ligne de la Givonne, et que s'il avait, lui, la prétention de jeter 60,000 ennemis, vers le soir, dans la Meuse, à Bazeilles, le général Ducrot a pu, sans absurdité, espérer en bousculer 80,000, le matin, du côté de Vrigne-aux-Bois.

En tout cas, ces ordres et contre-ordres ont eu pour résultat, et c'est là par malheur le seul point incontestable, de mettre le trouble dans nos lignes du Sud et de l'Est. Le 12e corps réussit à se maintenir sur les hauteurs de Bazeilles; mais le 1er corps ne put reprendre les hauteurs au-dessus de Givonne, abandonnées pour opérer le mouvement de retraite sur Illy[1].

Vers dix heures, l'attaque de l'ennemi vers le Nord

[1] Le rapport officiel allemand dit inexactement : « Daigny fut même enlevé vers midi par le 12e corps. La 23e division de ce même corps s'avança alors en remontant la vallée et chassa l'ennemi de ses fortes positions. »

se prononce davantage; le général Ducrot insiste de nouveau pour qu'on tente la retraite par Illy. Il était trop tard! Le 7ᵉ corps faiblissait sous le feu meurtrier de l'ennemi. Notre artillerie impuissante, nos projectiles sans efficacité, nos pièces démontées, nos caissons broyés, nos servants tués, l'infanterie restait sans protection contre la mitraille vomie de tous côtés à la fois, en avant, à gauche, à droite, en arrière, sur nos bataillons décimés [1]. La cavalerie tente inutilement, comme à Frœschwiller, des charges héroïques.

[1] « On a dit surtout que l'artillerie prussienne avait plus de portée que la nôtre. C'est vrai; mais ces qualités lui donnent une supériorité insignifiante. Sur un champ de bataille, il ne s'agit pas d'atteindre un point déterminé, mais bien des groupes qui présentent un certain volume. Dans ces conditions, nos pièces, qui sont presque toutes neuves, ont une justesse suffisante. Elles sont disposées pour tirer à 3,500 mètres et peuvent atteindre au delà de 4,000 mètres quand elles sont placées sur un terrain élevé. Or, si l'on excepte la grande batterie du bois de la Marfée, par dessus la ville, et qui dominait tout le champ de bataille, l'artillerie ennemie ne s'est pas engagée à des distances supérieures à 3 ou 4,000 mètres.

« Mais ce qui fait l'impuissance de notre artillerie c'est que *nos projectiles ne peuvent éclater qu'à deux distances fixes, et que, si l'ennemi ne se trouve pas à la distance indiquée, ils éclatent en l'air et ne produisent aucun effet.*

« Ces distances ne sont même pas précises : car les qualités des fusées varient par suite des transports et des différentes influences qu'a subies le chargement. Dans tous les cas, il est matériellement impossible d'atteindre l'ennemi au delà de 3,000 mètres, puisque le dernier point d'éclatement est au-dessous de cette distance. Au contraire, les projectiles prussiens, tous munis de fusées percutantes éclatent au choc. Le projectile frappe donc sûrement à la distance voulue, et, ce qui est un immense avantage, la fumée qu'il produit, en éclatant sur le sol, permet de régler promptement le tir... Toute la question est là : ne pouvant avoir des fusées assez bien réglées

Déjà des groupes nombreux, tournant le dos à la lutte, se rapprochent en désordre des remparts de Sedan où ils pensent trouver un abri. Le général de Wimpffen, qui a jusque là conservé l'espoir de livrer avec succès une bataille défensive, demande des renforts au général Douay pour le 1er et le 12e corps. Mais celui-ci déclare qu'il ne pourra bientôt plus se maintenir sur son terrain et qu'il ne se bat plus que pour l'honneur de nos armes. A sa gauche, à son centre, ses lignes sont ravagées par de formidables batteries contre lesquelles nous ne pouvons rien ; à sa droite, le bois de la Ga-

pour que le projectile éclate toujours à bonne hauteur, il faut avoir des projectiles qui éclatent au choc. » (*Les Causes de nos désastres*, par F. de Suzanne.)

Il arrive assez souvent que les obus prussiens tombant dans les terrains mous n'éclatent pas ; il est certain que, pour éviter les accidents dans le transport et le maniement du projectile, on a construit la fusée de façon à ce qu'elle produise son effet seulement sous l'influence d'un choc violent. On a fabriqué à Paris, pendant le siège, des fusées percutantes d'une admirable précision ; elles ne *s'arment*, c'est-à-dire ne deviennent propres à produire l'explosion, que par le fait du choc résultant de l'expulsion du projectile hors du canon. Une fois armées il suffit pour qu'elles provoquent l'éclatement du projectile d'un simple ralentissement dans sa course. Aussi un obus muni de ces fusées éclaterait rien qu'en rasant la surface de l'eau.

On croit à tort que le chargement par la culasse du canon Krupp constitue un avantage exorbitant. Il a été constaté pendant la campagne que nous tirions onze coups pendant que l'ennemi en tirait douze ; la différence est donc peu appréciable, et il convient d'ajouter que nous n'aurions rien perdu à tirer moins vite. La plus grande supériorité de l'artillerie allemande est dans le mode d'éclatement.

Un officier supérieur anglais, le colonel Maxwell, signale quatre causes d'infériorité de notre artillerie : 1° Le calibre trop grand de nos pièces, qui augmente le poids et la surface du projectile, diminue la force de projection, ralentit la vitesse, rend la trajectoire

renne et le plateau d'Illy sont compromis; l'infanterie hésite à s'y maintenir, la cavalerie n'y rencontrant plus d'abri va se retirer. Wimpffen accourt, exhorte les fantassins, ramène les cavaliers, dépasse les soldats les plus avancés pour leur donner l'exemple et pour mieux reconnaître la position des nombreux bataillons allemands couchés ou assis en avant de leurs batteries et attendant le signal ou le moment pour se précipiter sur nous [1]; il réussit à prolonger la défense

plus courbe, etc.; 2° La nature du projectile (fusée fusante); 3° notre tir précipité; 4° notre manière de procéder dans l'éducation du canonnier. La théorie française est, dit-il, moins minutieuse, moins pratique que l'ensemble des instructions données aux artilleurs allemands.

Dans cette guerre le système de l'ennemi sur le champ de bataille a été constamment le même, il ne faut pas l'oublier; la lutte a toujours commencé par un long et violent duel d'artillerie où nous devions avoir le dessous; l'infanterie allemande, en soutien et hors de portée de nos projectiles, ne s'avançait et ne se montrait que pour occuper les positions foudroyées par l'artillerie et abandonnées par nos troupes.

Quant aux mitrailleuses, sur lesquelles on avait fait tant de fond avant l'expérience, aujourd'hui elles ne sont reconnues propres qu'à la guerre de montagne et des rues, à la guerre défensive surtout. C'est une arme de position, de surprise, de vitesse de tir. Mais ces différents cas ne peuvent se présenter que rarement en campagne. Pour des distances éloignées les mitrailleuses n'offrent pas par elles-mêmes le moyen de régler le tir, comme le fait pour le canon l'explosion d'un boulet percutant. De là, leur infériorité sur le canon, dont la portée (sans parler de l'effet moral), est en outre triple ou quadruple, et la précision telle que les mitrailleuses en rase campagne se trouvent toujours à sa merci, d'autant mieux encore qu'une batterie de mitrailleuses présente la même prise qu'une batterie d'artillerie.

[1] Notons encore une fois que ce fut chez les Prussiens une manœuvre constante, partout dans cette guerre, d'attendre, pour por-

sur ce point de quelques instants, mais, hélas! sans profit pour l'issue de ce fatal combat.

Il est une heure de l'après-midi : le corps du général Ducrot, chargé de reprendre ses positions du matin, non-seulement n'a fait aucun progrès vers le fond de Givonne, mais il s'est concentré vers le bois de la Garenne et en avant du calvaire d'Illy où la lutte est des plus vives. Le général Douay tenait encore, mais il était fortement ébranlé ; le 5e corps était dispersé en soutien sur presque tous les points du champ de bataille ; seul, le 12e corps, inébranlable, héroïque, se maintenait sur les hauteurs de Bazeilles.

Le général de Wimpffen sentit chanceler l'espoir qu'il avait jusque là conservé de livrer avec succès une bataille défensive, de garder jusqu'à la nuit ses positions et d'opérer sa retraite à la faveur des ténèbres. [1] Ce plan était désastreux, d'une exécution plus impossible que le mouvement de retraite par Illy, car il était certain qu'au cas supposé le plus favorable où nous pourrions nous maintenir dans nos positions, ce résultat

---

ter leurs troupes sur un point occupé par nous, que ce point fût préalablement écrasé de leurs projectiles. C'est là ce qu'ils appellent *enlever brillamment une position*. Quant aux charges à la baïonnette, dont ils se vantent, elles ne se sont produites que dans leurs rapports officiels.

[1] « Ce que j'avais vu à gauche, ce que je voyais au centre *ne me permettait plus de conserver l'espérance d'arriver à nous maintenir jusqu'à la nuit*, pour profiter des ténèbres, afin d'être moins inquiétés dans notre retraite. » (Sedan, par le général de Wimpffen, page 168.)

n'améliorait nullement notre situation ; nous n'avions pas, comme Bazaine, une forteresse pour nous retirer à l'abri de l'artillerie de l'ennemi. Sedan, dominé de toutes parts, ne nous offrait aucun des avantages d'une place forte ; ses remparts, impuissants à nous protéger, ne servaient qu'à gêner les mouvements des troupes. Si nous avions possédé dans cette ville des approvisionnements, comme Bazaine en avait à Metz, on comprendrait le plan consistant à faire occuper par l'armée les hauteurs environnantes, à les munir de tranchées et d'artillerie de position, à improviser enfin autour de la place un camp retranché; mais nous n'avions pas un biscuit à Sedan, et y rester pour livrer une bataille défensive, laquelle, même gagnée, nous réduisait à capituler le lendemain [1], c'était une malheureuse inspiration. La retraite par Illy sur Mézières, si on l'eût tentée à huit heures du matin, échouait peut-être et peut-être nous rejetait en Belgique. Quel qu'en fût le résultat, quels qu'en fussent les dangers et les difficultés extrêmes, elle était conseillée par la nécessité, par la conscience du péril qu'il y avait à rester sur place. En un mot, le plan du général Ducrot, s'il réussissait entièrement, sauvait l'armée, s'il réussissait partiellement, arrachait des mains de l'ennemi une fraction de nos dernières troupes régulières, soit

[1] Nous ne comprenons pas bien comment le général de Wimpffen avait pu espérer faire retraite à la faveur des ténèbres. Dès la matinée toutes les issues étaient interceptées, toutes les routes étaient au pouvoir de l'ennemi.

qu'il leur ouvrît la route de Paris, soit qu'il leur fît passer la frontière ; tandis que le plan du général de Wimpffen nous acculait sans issue, sans vivres, sans munitions aux remparts de Sedan, quand bien même il eût été exécuté victorieusement.

Vers dix heures, l'empereur, revenant de visiter le champ de bataille, avait rencontré de Wimpffen. Le général ramenait en cet instant les troupes de l'Ouest vers l'Est.

« — Sire, lui dit-il, les choses vont bien, nous regagnons du terrain. »

L'empereur, justement préoccupé de l'attaque de l'ennemi sur les pentes occidentales du plateau d'Illy, fit observer que ce mouvement devenait inquiétant. Wimpffen répondit :

« — Nous allons d'abord nous occuper de jeter les Bavarois à la Meuse, puis, avec toutes nos troupes, nous ferons face à notre nouvel ennemi [1]. »

Le danger n'était pas à l'Est, mais à l'Ouest.

L'empereur avait le pressentiment d'un désastre. Il avait voulu dégager sa responsabilité dans les événements sinistres qui s'annonçaient. Une proclamation, signée de lui, avait été affichée sur les murs de Sedan vers huit heures. Napoléon III y faisait allusion à l'indiscipline de l'armée ; il menaçait de peines sévères les soldats insoumis ; il essayait d'amoindrir le rôle qu'il avait joué depuis quelques jours.

[1] *Sedan*, par le général de Wimpffen, page 164.

« Dans ces graves circonstances, disait-il, l'impératrice me représentant dignement à Paris, j'ai préféré le rôle de soldat à celui de souverain. Les débuts de la guerre n'ayant pas été heureux, j'ai voulu, faisant abstraction de toute préoccupation personnelle, donner le commandement des armées aux maréchaux que désignait plus particulièrement l'opinion publique. »

Lorsque, à onze heures et demie, l'empereur franchit les murs de Sedan, il y avait déjà plus de 30,000 hommes, revenus du champ de bataille, découragés, entassés dans les rues. Les obus tombaient au milieu d'eux et augmentaient le désordre et l'agitation tumultueuse de cette cohue [1].

Voyons maintenant ce qui s'était passé à l'Ouest et au Nord, sur le front du général Douay et du général Ducrot. Deux corps ennemis, le 11º et le 5º, avec de la cavalerie, ayant franchi la Meuse à Donchery, marchaient par Vrigne-aux-Bois sur Floing, Saint-Menges et Fleigneux. Nous transcrivons ici le récit officiel allemand :

« A huit heures trois quarts, l'avant-garde du 11º corps vint se heurter contre l'ennemi, qui avait pris position, au Sud-Ouest, sur la rive gauche du ruisseau qui passe près de Saint-Menges. Il se livra un combat court, mais très-vif, lequel se termina par l'évacuation de Saint-Menges par l'ennemi. Celui-ci se retira sur de fortes positions dominantes entre Floing et Illy... Il

[1] Récit du général Pajol. (*Moniteur universel* du 22 juillet 1871.

devenait palpable pour l'ennemi qu'il était complètement cerné, car il recevait des batteries bavaroises, placées sur la rive gauche, au nord et à l'est de Fresnois, des projectiles sur son flanc et sur ses derrières. L'artillerie du 11ᵉ corps prit ensuite avec deux batteries une position au nord de Floing et fut soutenue par le 5ᵉ corps. Celui-ci avait pris son artillerie de réserve en tête et passait, pendant ce temps, avec elle, le ruisseau près de Fleigneux. C'est au sud de ce village que les batteries prirent leur première position [1] pour battre la position ennemie. Vers onze heures s'était ouvert, sur toute la ligne de cette aile, un violent feu qui dura plusieurs heures sans interruption.

« Vers une heure environ s'avancèrent l'infanterie du 11ᵉ corps et la 19ᵉ brigade de l'aile droite du 5ᵉ corps pour attaquer dans la direction de Floing. L'ennemi se défendit avec le courage du désespoir. Mais, malgré ses efforts, l'infanterie, soutenue très-fortement par ses batteries [2], réussit à occuper la portion de terrain située devant Floing [3].

« Plusieurs retours offensifs, surtout faits par la cavalerie, et dont la vivacité donnait à supposer l'inten-

---

[1] Position qui dominait les pentes occidentales du plateau et permettait de bombarder avec avantage les crêtes d'Illy.

[2] Il faut remarquer en tout cela l'action très-prépondérante de l'artillerie de l'ennemi.

[3] Le 7ᵉ corps, dont l'effectif était, au début de la campagne, inférieur à 20,000 hommes, comptait à peine en ce moment 15,000 hommes et avait à supporter l'effort de plus de 70,000 hommes.

tion de faire une trouée [1], vinrent échouer devant le calme inébranlable des bataillons du 11ᵉ corps et des fractions du 5ᵉ corps qui les appuyaient. Les attaques furent reçues, partie en carré, partie en ligne, et furent toutes repoussées par un feu calme, bien ajusté, qui coucha à terre la plus grande partie des assaillants et rejeta le reste dans Sedan [2]. Après la fuite de la cavalerie, l'infanterie française ne tint plus. »

Les choses en étaient là quand le général de Wimpffen, se voyant perdu au Nord et à l'Ouest, chercha à profiter du faible avantage conservé au Sud-Est. Il envoie aux 7ᵉ et 1ᵉʳ corps l'ordre de se porter vers la Moncelle et Bazeilles pour tenter de ce côté, sur le front du 12ᵉ corps, un coup de vigueur et s'ouvrir la route de Carignan. Le 1ᵉʳ était trop engagé vers Illy et déjà trop ébranlé pour opérer ce mouvement; quant au général Douay, il répondit « qu'avec trois brigades, sans artillerie, presque sans munitions, tout ce qu'il

---

[1] Erreur; on ne se battait plus, selon le mot du général Douay, que pour sauver l'honneur.

[2] « La 1ʳᵉ division de la réserve de la cavalerie reçut l'ordre de se placer sur la pente qui se dirige vers la Meuse en laissant Floing en arrière et à gauche... Chaque régiment devait s'efforcer de culbuter l'infanterie prussienne qui était devant son front de bataille. Ce mouvement s'exécuta avec un entier dévouement. Les premiers petits groupes furent renversés, mais nos efforts vinrent échouer devant les bataillons compacts, dont le feu habilement dirigé nous fit éprouver des pertes sensibles. Nos escadrons dispersèrent les premières lignes ennemies, mais durent se rallier promptement sur le point de départ. L'infanterie ennemie avait la confiance d'une victoire déjà certaine; elle n'avait été entamée ni par la fusillade, ni par l'artillerie. » (Rapport du général Gallifet.)

pouvait faire était de se retirer sans déroute du champ de bataille [1]. »

La résolution du général de Wimpffen était sans doute honorable. En vrai soldat, qui ne compte pas avec les obstacles, il ne voyait que le but : s'ouvrir un chemin, échapper à l'investissement. Au point de vue stratégique, ce plan n'avait aucune valeur; la trouée faite, notre colonne décimée, traquée par l'ennemi, mourant de faim, exténuée de fatigue, sans munitions, se trouvait en face de l'armée de Metz, ayant en queue des forces immenses. Le salut n'était pas du côté de Montmédy, mais du côté de Mézières. Le général de Wimpffen s'est obstiné, à tort selon nous, à ériger en plan stratégique ses tentatives de la dernière heure ; il serait resté inattaquable en les représentant comme des efforts désespérés, dignes de la vieille bravoure française, n'ayant d'autre but que de vendre notre défaite le plus cher possible à l'ennemi.

Le général écrivit aussitôt à l'empereur : « Sire, je me décide à forcer la ligne qui se trouve devant le général Lebrun et le général Ducrot plutôt que d'être prisonnier dans la place de Sedan. Que Votre Majesté vienne se mettre au milieu de ses troupes, elles tiendront à honneur de lui ouvrir un passage [2]. » En même temps il ordonne à la magnifique division d'infanterie de marine du général Vassoignes de se porter en avant

[1] Rapport du général Douay.
[2] Ce billet fut écrit à une heure un quart.

avec quelques bataillons de zouaves et le 47ᵉ de ligne. Malgré un feu formidable, ces cinq ou six mille hommes abordent résolûment la hauteur en avant du fond de Givonne qui domine la Moncelle, Bazeilles et Balan. A cet endroit, le général s'aperçut que les troupes qu'il avait dirigées sur ce point et les environs n'y étaient point. Il revint consterné vers Balan et Sedan au devant de l'empereur. Là, il se trouva devant une des portes de la ville, toute grande ouverte et par laquelle beaucoup de soldats du 12ᵉ corps étaient rentrés ainsi que le général Lebrun.

A trois heures et demie, Illy était perdu. Le 5ᵉ corps et la garde royale, formant l'extrémité des ailes des armées ennemies, venaient d'y faire leur jonction. Les généraux Douay, Ducrot et Lebrun, accourus auprès de l'empereur, lui rendaient compte de l'impossibilité de tenir plus longtemps devant l'artillerie foudroyante et les forces écrasantes de l'ennemi ; ils ajoutaient sans doute que l'idée du général de Wimpffen, de s'ouvrir la route de Carignan, était inexécutable, par cette raison invincible que les troupes étant presque entièrement débandées, on ne pourrait même pas former une colonne d'attaque.

Le moment suprême était arrivé ; au milieu de cette masse humaine entassée dans la ville, exposée au feu de l'ennemi, Napoléon III obéit, dit-il, à un mouvement d'humanité en envoyant dire par le général Lebrun à Wimpffen qu'il fallait demander un armistice. Une heure s'écoule à attendre une réponse, heure de mortelles angoisses, pendant laquelle le nombre des victimes augmente d'une manière effrayante. L'empereur fait arborer le drapeau blanc au haut de la citadelle. Il reçoit presqu'en même temps l'invitation de Wimpffen, et répond au général que l'encombrement des rues le tient prisonnier au centre de la ville [1], que, d'ailleurs, il n'entend pas, pour sauver sa personne, sacrifier la vie d'un grand nombre de soldats, qu'il partagera le sort de l'armée.

La raison d'humanité mise en avant par Napoléon III est grave; toutefois la raison d'honneur nous toucherait davantage. L'humanité conseillait de se rendre, l'honneur ordonnait de combattre, et, s'il le fallait, de mourir. Napoléon III, qui se vantait de s'être réduit au rôle de soldat, n'avait qu'un parti à prendre, obéir et rejoindre Wimpffen.

Il est quatre heures. Sentant que la victoire était sûre, l'ennemi fit demander, au nom du roi de Prusse, la reddition de la place. Wimpffen, cependant, recevait de l'empereur l'invitation de parlementer, et s'y refusait avec une courageuse et louable énergie. Il rentre en ville, appelant les soldats au combat, leur disant : « Il faut me suivre pour nous ouvrir un passage, si vous ne voulez pas être dans

---

[1] Cet encombrement n'était pas tel que les généraux Ducrot, Douay, Lebrun et plusieurs officiers d'ordonnance n'aient pu circuler dans la ville, y entrer et en sortir.

l'obligation de déposer les armes et de vous rendre prisonniers. » Il parvient ainsi jusqu'à la place de Turenne. Des officiers et des soldats résistaient, montrant au général le drapeau blanc qui flottait sur Sedan par ordre de l'empereur. Wimpffen entraîne avec lui environ deux mille soldats et deux bouches à feu. A la tête de cette poignée de braves, il s'empare du faubourg de Balan, où il se maintient jusqu'à cinq heures. Mais les renforts attendus n'arrivent pas. Il est contraint de se replier sur Sedan, où il rentre le dernier avec le général Lebrun, qui est venu le rejoindre et lui faire connaître les négociations entamées avec l'ennemi.

Notre défense aux environs de Bazeilles avait été glorieuse; le village, occupé par un détachement de la division du général Vassoignes, aux ordres du commandant Lambert, fut pour l'ennemi un obstacle terrible. Il fallut s'emparer de Bazeilles rue par rue, maison par maison; chaque enclos, chaque jardin devenait une place forte qui ne cédait qu'à un siége en règle. Les habitants, animés par le patriotisme, favorisèrent la résistance héroïque des soldats, qui se prolongea jusque vers trois heures. Les Bavarois, furieux des pertes qu'ils avaient éprouvées, se vengèrent honteusement par le sac et l'incendie de Bazeilles, par le massacre d'un certain nombre de vieillards, de femmes et même de prisonniers. Cet acte, digne des barbares, souillera d'une flétrissure ineffaçable l'armée allemande, et les chefs qui ont toléré ou ordonné un pareil forfait [1].

« L'empereur, convaincu que le roi de Prusse faisait la guerre, non pas à la France mais à son souverain, se décida à se constituer prisonnier, dans l'espoir que, le but de la guerre étant atteint par le sacrifice de sa liberté, le vainqueur serait moins exigent envers la France et envers l'armée [2]. » Il écrivit au roi : « Monsieur mon frère, n'ayant pas pu mourir au milieu de mes troupes [3], il ne me reste qu'à remettre mon épée entre les mains de Votre Majesté. Je suis, de Votre Majesté, le bon frère, Napoléon. »

Beaucoup se refuseront à croire que ce fut une pensée de dévouement à la France et non un calcul

---

[1] Dans une lettre adressée à l'*Allgemeine Zeitung*, le général bavarois Von der Tann a relevé les prétendues inexactitudes des divers récits, notamment de ceux de la presse anglaise, relatifs à l'incendie du village de Bazeilles, et au meurtre des habitants.

Le général proteste contre ces récits. Il produit contre eux le témoignage de M. Bellomet, maire de Bazeilles ; il affirme, après une enquête, que Bazeilles a été autant incendié par les obus français que par les projectiles ennemis ; que trente-neuf personnes seulement ont péri dans cette lutte, dont plusieurs sont des malades, des vieillards impotents ou des habitants réfugiés dans les caves.

A cette lettre, un témoin oculaire, M. Domenech, répond par un démenti ; *il a vu*, dit-il, les Bavarois mettre le feu, dans la matinée du 2 septembre, à la mairie, aux usines et aux maisons qui n'étaient pas encore brûlées ; *il a vu*, dans cette même matinée, des groupes d'hommes, de femmes et de soldats qu'on allait fusiller du côté de la Meuse et de Remilly.

2 *Des causes qui ont amené la capitulation de Sedan.*

3 Le texte du roi de Prusse porte : « N'ayant pas pu mourir *à la tête* de mes troupes. »

21

personnel, qui poussa Napoléon III à préférer la captivité à la mort. La mort d'ailleurs, qu'il prétend avoir inutilement cherchée, s'offrait à lui et pouvait intéresser à son infortune, par l'éclat de sa chute, l'histoire et la postérité.

Le général de Wimpffen, mécontent des mesures prises sans son concours, envoya le soir sa démission, qui fut refusée. Le général consentit à négocier avec l'ennemi et se rendit au quartier général ennemi, au château de Bellevue, près de Donchery.

— « Votre armée, dit M. de Bismarck, déposera les armes et sera conduite prisonnière en Allemagne. Nous ne devons négliger aucun moyen de diminuer la durée de la lutte.

— « Mais ces conditions sont inacceptables et notre armée n'est pas si abattue ; elle est prête à une lutte suprême pour éviter le déshonneur.

— « Général, interrompit M. de Moltke, toute tentative de résistance de votre part est désormais impossible. Vous n'avez pas de vivres ; vos munitions sont épuisées ; votre armée est décimée. Notre artillerie est en batterie tout autour de la ville sur les hauteurs qui la dominent. Elle peut anéantir vos troupes avant qu'elles aient eu le temps d'opérer le moindre mouvement. Un de vos officiers pourra vérifier les positions de nos troupes et de notre artillerie.

— « Après l'effort que l'Allemagne vient de faire, ajouta M. de Bismarck, elle en voudrait à la Prusse, si le roi se contentait d'une indemnité de guerre, et de laisser votre armée libre sur parole. Il faut donc que, dès aujourd'hui, vous consentiez à être prisonniers de guerre, ainsi que nous l'avons décidé.

— « Ou bien, dit M. de Moltke, dès demain, au point du jour, nous recommencerons le feu [1]. »

Le général de Wimpffen demanda que la réponse fut attendue jusqu'à neuf heures le lendemain. M. de Moltke s'y refusa d'abord et ne céda sur ce point qu'aux instances de M. de Bismarck.

A une heure du matin, l'empereur prévenu de la dureté des conditions proposées à l'armée, promit de tenter auprès du roi de Prusse, en allant se constituer prisonnier, tout son possible pour améliorer ces conditions.

Le conseil de guerre, réuni à six heures, entendit du général Wimpffen, le récit de son entrevue avec MM. de Moltke et de Bismarck. La grande majorité du conseil fut d'avis que la reprise de la lutte était absolument impossible. « Deux généraux [2], ayant exprimé l'opinion que l'on devait ou se défendre dans la place ou chercher à sortir de vive force [3] » cédèrent devant l'observation qu'on manquait de vivres et de munitions, et que le débouché de la place, dont l'ennemi tenait les avenues, serait même impraticable, qu'on serait anéanti avant d'avoir pu se déployer.

[1] *Sedan*, par le général de Wimpffen.
[2] Le général Pellé était l'un d'eux.
[3] Procès-verbal de ce Conseil.

Le roi de Prusse refusa durement de recevoir Napoléon III avant que les clauses de la capitulation fussent signées. Elles portaient en substance que l'armée serait prisonnière de guerre, que les officiers conserveraient leurs épées et leurs effets, que les armes de la troupe seraient déposées dans un magasin de la ville pour être livrées à l'ennemi, qu'enfin la place de Sedan, avec tout son matériel de guerre, serait mise immédiatement à la disposition du roi [1].

Les Allemands prétendent que l'armée du prince de Saxe fit pendant la bataille onze mille prisonniers et nous enleva en outre sept mitrailleuses, vingt-cinq

---

[1] Art. 1. — L'armée française placée sous les ordres du général de Wimpffen, se trouvant actuellement cernée par des forces supérieures de Sedan, est prisonnière de guerre.

Art. 2. — Vu la défense valeureuse de cette armée, il est fait exception pour tous les généraux et officiers, ainsi que pour les employés spéciaux ayant rang d'officier, qui engageront leur parole d'honneur, par écrit, de ne pas porter les armes contre l'Allemagne et de n'agir d'aucune autre manière contre ses intérêts jusqu'à la fin de la guerre actuelle. Les officiers et employés qui acceptent ces conditions conserveront leurs armes et les objets qui leur appartiennent personnellement...

Art. 5. — Les officiers qui n'auront pas pris l'engagement mentionné à l'article 2, ainsi que les troupes désarmées, seront conduits, rangés d'après leurs régiments ou corps et en ordre militaire. Cette mesure commencera le 2 septembre et sera terminée le 3. Ces détachements seront conduits sur le terrain bordé par la Meuse, près d'Iges, pour être remis aux commissaires allemands par leurs officiers, qui céderont alors le commandement à leurs sous-officiers. Les médecins militaires, sans exception, resteront en arrière pour prendre soin des blessés. — Fait à Fresnois, le 2 septembre 1870. Signé : de Wimpffen et de Moltke. (Extrait du Protocole de la Convention échangée le 2 septembre, entre les armées allemande et française.)

canons, deux fanions et une aigle ; les 5ᵉ et 11ᵉ corps auraient fait plus de dix mille prisonniers, qui, ajoutés à ceux provenant des corps bavarois s'élevèrent ensemble à vingt-cinq mille. Les Allemands [1] constatent aussi que nos pertes, causées particulièrement par l'artillerie furent très-considérables [2]. L'ennemi au contraire fut peu éprouvé, ce qui s'explique par sa tactique de ne mettre ses troupes en mouvement que vers des points préalablement foudroyés par l'artillerie.

Des récits mensongers, inspirés par les passions de l'esprit de parti plus que par la douleur et l'indignation du patriotisme, ont été publiés sur l'attitude de Napoléon III pendant et après la bataille de Sedan. La responsabilité de l'empereur est cependant assez lourde pour satisfaire ses ennemis les plus acharnés ; la calomnie était inutile là où la simple vérité suffisait pour écraser et confondre le souverain assez aveugle pour déclarer la guerre dans de telles circonstances, assez incapable pour la conduire si misérablement. On nous

---

[1] Rapport officiel sur la batailille de Sedan.
[2] L'armée française eut 20 généraux tués ou blessés et plus de 18,000 hommes tués ou blessés. Les Allemands comptent 25,000 prisonniers pendant le combat, 83,000 après la bataille, 14,000 blessés recueillis à Sedan ou dans les environs, 3,000 hommes échappés en Belgique et arrivent ainsi à attribuer près de 150,000 hommes à l'armée de Châlons. C'est un calcul erroné. En ajoutant aux 25,000 prisonniers du 1ᵉʳ septembre les 18,000 hommes tués ou blessés ce même jour, 4,000 tués ou blessés à Beaumont, 6,000 traînards ou malades, nous verrons qu'il reste, non compris la faible garnison de Sedan, environ 56,000 hommes qui furent conduits de Sedan à Iges.

montra Napoléon III insensible à ce grand désastre, cyniquement oublieux de ses devoirs de souverain, de ses sentiments de Français, occupé de ses équipages, entouré jusqu'au dernier moment d'un luxe asiatique ou plongé dans l'ivresse et l'abrutissement de ces fumeurs d'opium absorbés par leur grossière jouissance.

Ces calomnies ont fait leur temps; le gouvernement du 4 septembre a eu le tort de les accueillir avec une facilité regrettable. Napoléon III, s'il n'eût pas au dernier moment le courage d'aller au devant de la mort, ne paraît pas l'avoir redoutée : plus d'une personne tomba à ses côtés dans la journée du 1er septembre. Il resta à cheval et sur le champ de bataille toute la matinée. Le lendemain il se rendit en voiture au quartier général prussien, avec toute sa maison. On ne lui a pas pardonné ce brillant cortège et cet étalage à une pareille heure; mais la légende a singulièrement grossi ces détails. Son attitude en face du roi de Prusse fut ce qu'elle devait être. On lui assigna comme résidence le château de Wilhelmsœhe, près Cassel. L'empereur n'ayant rendu que sa personne, puisqu'il n'avait pas le commandement et avait abandonné le gouvernement à la régence, il ne put être question de traiter de la paix avec lui [1].

[1] Le roi Guillaume a raconté dans une lettre à la reine Augusta tous les évènements qui signalèrent les journées du 1er et du 2 septembre. Nous donnons la fin de cet important document :

La retraite de l'ennemi devenait sur plusieurs points une véritable débandade. L'infanterie, la cavalerie, l'artillerie,

Nos malheureux soldats, entassés dans la boucle de la Meuse, dans un état complet de délabrement, sans provisions, y furent surpris par des pluies persistantes qui transformèrent en lac de boue leurs bivouacs. La difficulté de faire arriver assez vite des

toute l'armée enfin se repliait en se pressant sur la ville. Toutefois, rien n'indiquait que l'ennemi fût disposé à se retirer de cette position critique par une capitulation. En conséquence, nous étions obligés de bombarder la ville par notre batterie. Au bout de vingt minutes, nous avions le feu en plusieurs endroits. C'était un spectacle saisissant que celui de ces incendies venant s'ajouter à ceux de tous les villages situés sur le champ de bataille. Je fis cesser le feu et j'envoyai le lieutenant-colonel de Bronsart, de l'état-major, en parlementaire, précédé du drapeau blanc, pour offrir la capitulation à l'armée et à la ville. Il fut rencontré par un officier bavarois, qui m'apprit qu'un parlementaire français s'était présenté à la porte de la ville. Le lieutenant-colonel de Bronsart entra dans la ville, et comme il demandait à voir le général en chef, on l'introduisit inopinément près de l'empereur, qui lui remit une lettre pour moi. Comme l'empereur lui demandait quels étaient ses ordres, il répondit qu'il venait sommer l'armée et la ville de se rendre. L'empereur lui dit alors qu'il devait s'adresser au général de Wimpffen, qui venait de recevoir le commandement des mains du maréchal Mac-Mahon, blessé. Il le chargeait de m'envoyer la lettre qui m'était destinée, par l'intermédiaire de son adjudant-général Reille. Il était sept heures quand Reille et Bronsard se présentèrent devant moi. Ce dernier arriva le premier et ce fut lui qui nous apprit positivement où se trouvait l'empereur. Tu peux t'imaginer l'impression que cette nouvelle causa sur moi et sur tout le monde. Reille sauta de cheval et me remit la lettre de l'empereur.

Avant même d'ouvrir la lettre, je lui dis : « Je veux,

approvisionnements, jointe au mauvais vouloir et à la froide cruauté de l'ennemi, fit de ce séjour une sorte d'enfer. Les hommes couchaient dans la boue; on voyait des figures hâves, décharnées, des regards fiévreux interroger avec angoisse les mouvements de leurs gardiens et épier l'instant d'une distribution de

comme première condition, que l'armée dépose les armes. » La lettre de l'empereur commence ainsi :

« N'ayant pas pu mourir à la tête de mes troupes, je dé-
« pose mon épée à Votre Majesté [*]. »

Pour tout le reste, il s'en remettait à ma discrétion.

Ma réponse fut que je regrettais de nous rencontrer dans de pareilles circonstances, et que je désirais l'envoi d'un fondé de pouvoirs chargé de traiter de la capitulation. Lorsque j'eus remis ma lettre au général Reille, je lui dis quelques mots en particulier, car je le connaissais d'ancienne date, et c'est ainsi que finit notre entrevue. Je donnai pleins pouvoirs à Moltke pour traiter et priai Bismarck de rester avec moi, en cas qu'il se présentât quelque question politique. Je montai en voiture, acclamé et accueilli par les hourras enthousiastes des soldats du train. Partout sur mon passage, on entonnait l'hymne patriotique. C'était saisissant! Tout le monde avait apporté des lumières, en sorte que j'avais l'air de m'avancer au milieu d'une illumination improvisée.

A onze heures, j'étais rentré et je buvais avec tous ceux qui m'entouraient à la santé de l'armée qui avait atteint un pareil but.

Comme le matin du 2 je n'avais pas encore reçu de Moltke la nouvelle de la capitulation qui devait se traiter à Donchery, je me transportai, vers 8 heures du matin, au champ de bataille. En arrivant, je vis Moltke qui venait à ma rencontre pour me demander mon consentement à la capitulation. Il m'apprit en même temps que l'empereur était parti, à

[*] En français dans le texte allemand.

pain trop longtemps attendue; alors c'était des bonds sauvages, des mouvements à fendre l'âme. Beaucoup sont morts littéralement de faim; beaucoup sont morts des suites de leurs privations et de leurs souffrances [1]. Les Allemands, avec une méthode savante et un raffinement inouï, ont continué à combattre et à détruire, par toute sorte de moyens en apparence permis, des hommes désarmés, vaincus, dignes de respect, si quelque chose pouvait inspirer le respect aux bandits qui, à la face du monde civilisé, et en profanant le nom

cinq heures du matin, de Sedan, et était arrivé à Donchery. Comme l'empereur désirait me parler, je choisis pour lieu de rendez-vous un petit château entouré d'un parc qui se trouvait dans les environs.

Vers dix heures, je débouchai sur la hauteur de Sedan. A midi, arrivent Moltke et Bismarck, avec le traité de capitulation. A une heure, je me mis en route avec Fritz, escorté par la cavalerie de l'état-major. Je descendis de cheval devant le petit château, et l'empereur vint à ma rencontre. L'entrevue dura un quart d'heure. Nous étions tous les deux très-émus de nous rencontrer en pareille circonstance. Je ne puis exprimer tout ce que j'éprouvais lorsque je pensais que trois ans auparavant j'avais vu l'empereur, qui était alors au faîte de sa puissance.

Après cette entrevue, je visitai toute l'armée de Sedan, depuis deux heures et demie jusqu'à sept heures et demie.

Je ne puis te décrire en ce moment ce que j'éprouvais en revoyant mes troupes et surtout la garde qui avait été décimée. J'étais profondément ému de voir tant de témoignages d'affection et de dévouement.

GUILLAUME.

[1] Vingt mille de nos prisonniers non blessés sont morts en Allemagne.

de Dieu, ont prémédité et tenté d'accomplir l'assassinat d'une nation généreuse, jadis leur ennemie loyale et chevaleresque, naguère leur bienfaitrice, la patronne de leurs lettrés, de leurs artistes, de leurs trafiquants.

Le général de Wimpffen déclara qu'il ne séparerait pas son sort de celui de ses troupes ; il voulut partager leur captivité.

Les nouvelles de cette catastrophe ne parvinrent à Paris que dans la nuit du 2 au 3 septembre par la Belgique. Le Gouvernement n'y put ajouter foi d'abord. La réalité dépassait la vraisemblance. Le lendemain, tout se confirma. Le désastre était consommé. Les plus incrédules, ceux qui la veille rêvaient encore de victoires et de revanche et prédisaient la prochaine destruction de l'ennemi, s'arrêtaient, atterrés, devant cette proclamation des ministres :

« Français,

« Un grand malheur frappe la patrie.

« Après trois jours de luttes héroïques soutenues par l'armée du maréchal de Mac-Mahon contre 300,000 ennemis, 40,000 hommes ont été faits prisonniers.

« Le général de Wimpffen, qui avait pris le commandement de l'armée, en remplacement du maréchal de Mac-Mahon, grièvement blessé, a signé une capitulation.

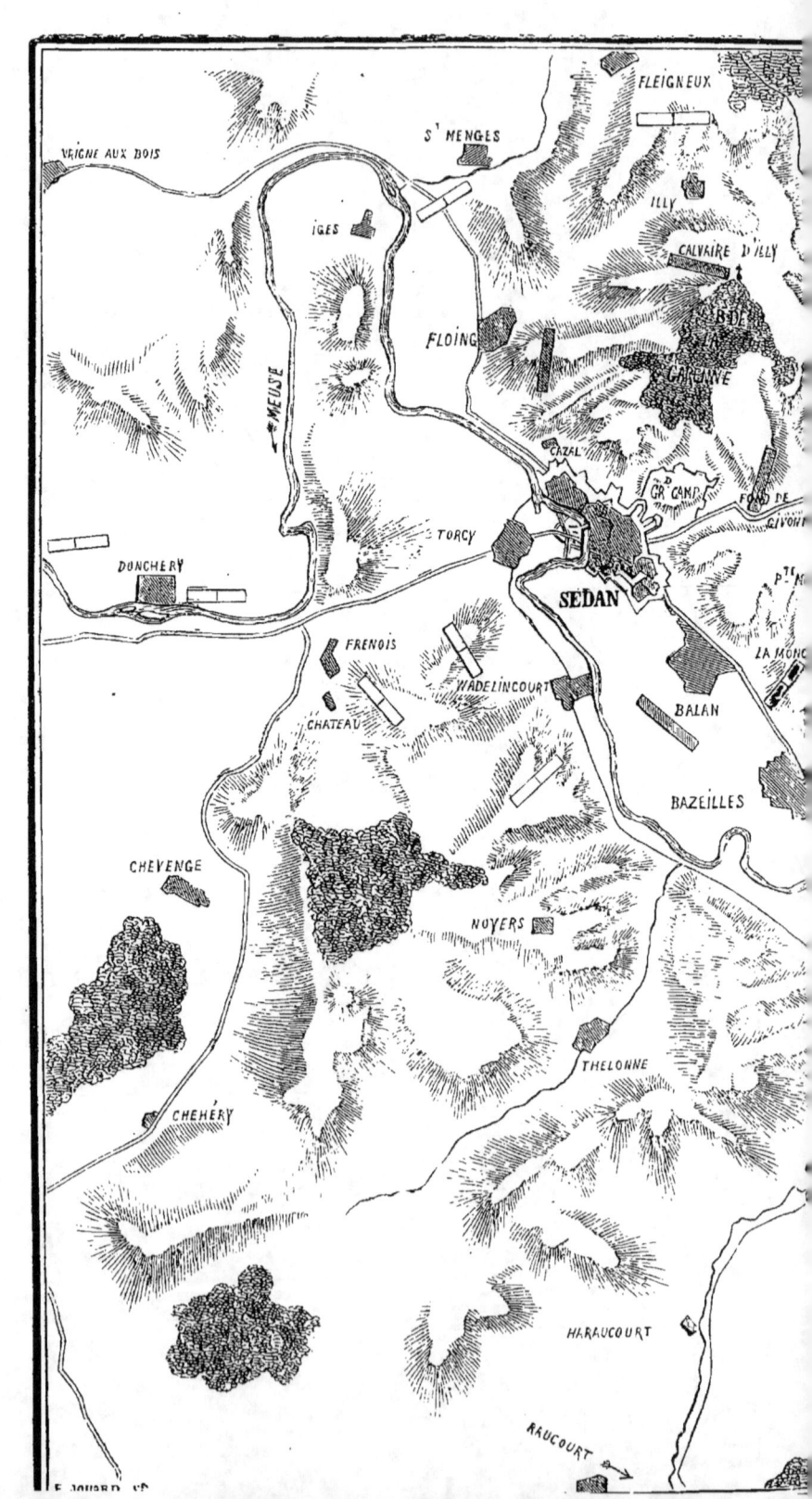

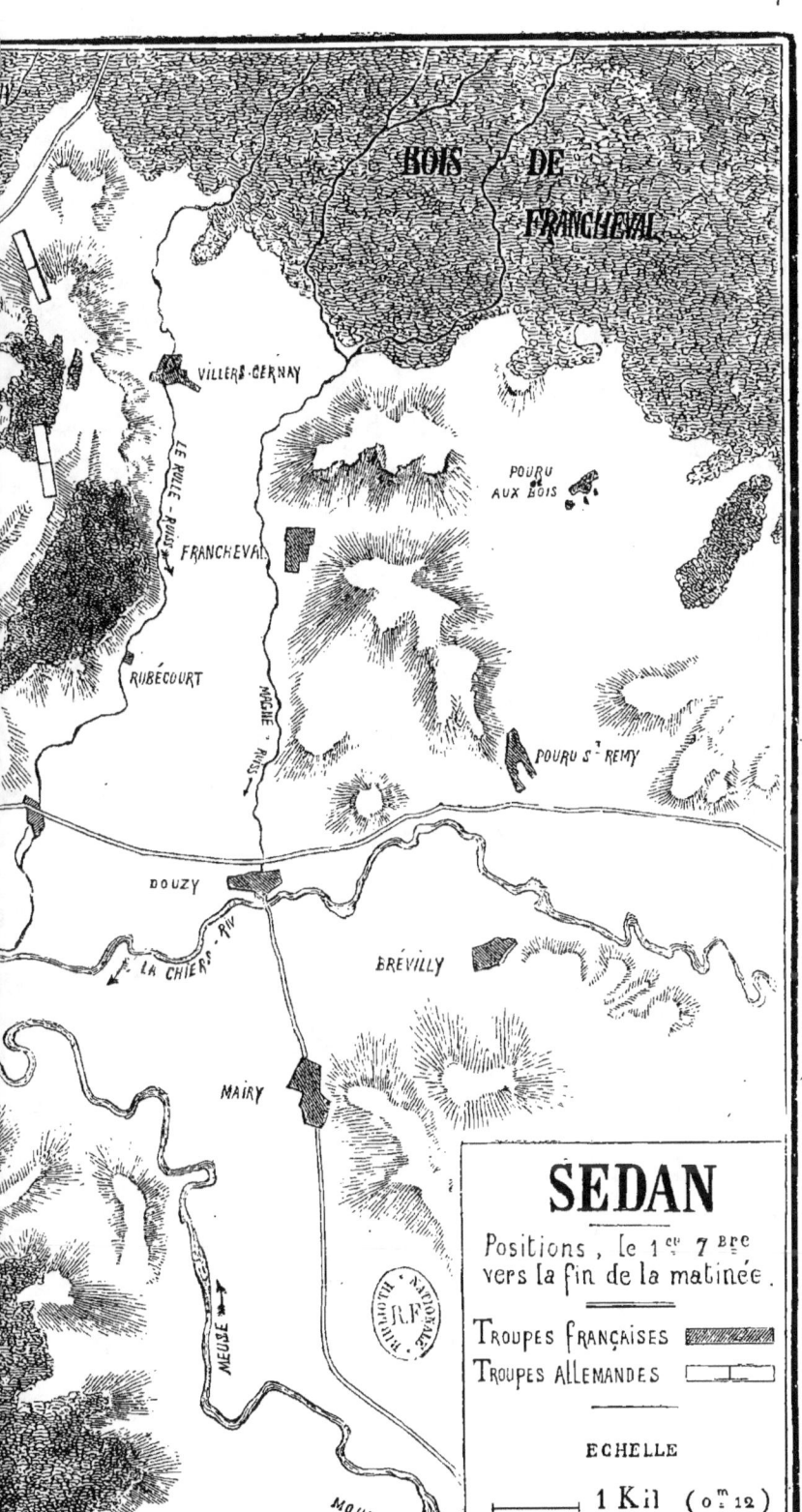

« Ce cruel revers n'ébranle pas notre courage.

« Paris est aujourd'hui en état de défense.

« Les forces militaires du pays s'organisent.

« Avant peu de jours, une nouvelle armée sera sous les murs de Paris. Une autre armée se forme sur les rives de la Loire.

« Votre patriotisme, votre union, votre énergie sauveront la France.

« L'empereur a été fait prisonnier dans la lutte.

« Le Gouvernement, d'accord avec les pouvoirs publics, prend toutes les mesures que comporte la gravité des événements. »

Vains appels! Inutile affectation de courage et de fermeté. L'Empire avait vécu. La Révolution allait triompher sans coup férir, grâce aux succès inespérés de MM. de Moltke et de Bismarck.

CHAPITRE XIII

Le procès de Sedan

La conclusion naturelle de ce lugubre drame sera l'indication de la part de responsabilité qui revient à chacun dans le désastre.

Il y a une explication commode, et dont on a abusé, qui manque rarement son effet sur la foule et les ignorants; elle se contente du mot trahison. Traîtres sont les généraux, les ministres, l'empereur, les officiers qui ont combattu l'ennemi et se sont laissés vaincre. Sans la trahison, nous étions, nous sommes et resterons invincibles. Nous aussi, nous avons prononcé ce mot, en parlant de l'incurie de nos gouvernants, de leur légèreté et de leur aveuglement. Nous avons à cœur de nous expliquer sur ce point. Les gouvernants sont coupables, mais les gouvernés n'ont-ils rien à se reprocher?

Napoléon III s'est défendu, dans un Mémoire intitulé : *Des causes qui ont amené la capitulation de Sedan* [1].

En résumé, ce Mémoire justificatif, que nous avons discuté précédemment et au cours des événements, prétend établir :

1° Que l'empereur n'a ni voulu ni cherché la guerre ; qu'en la déclarant il a cédé à l'opinion publique ;

2° Que l'administration militaire est seule coupable de l'impossibilité où nous avons été d'exécuter un plan offensif ;

3° Que l'insuffisance de l'armée, au point de vue du

[1] Nous donnons ici l'analyse de cette pièce intéressante.

La concentration des troupes n'a pu se faire rapidement à cause des habitudes mauvaises et invétérées de l'administration militaire française, surtout à cause de l'impossibilité d'utiliser convenablement les chemins de fer. L'équipement des hommes s'est opéré lentement. Nos réserves, avant de rejoindre leurs corps, ont souvent fait de longs et inutiles détours. On a perdu beaucoup de temps à réunir le matériel disséminé des trains et de l'artillerie. Les différents services de l'Intendance (subsistances, fournitures d'équipement et de campement, service médical, etc.) sont restés constamment au-dessous de leur tâche et des besoins. D'ailleurs, la Chambre des députés refusait l'argent nécessaire aux améliorations projetées ; non-seulement elle disputait au Gouvernement les sommes indispensables pour tenir notre état militaire sur un pied suffisant, mais encore elle venait, tout récemment, de réduire le contingent annuel de la conscription.

Le plan de campagne de Napoléon III consistait à concentrer cent mille hommes à Strasbourg, cent cinquante mille à Metz, soixante mille à Châlons. Les deux premières armées

nombre et de l'armement, a été produite par la résistance du Corps législatif à voter les crédits nécessaires, à exécuter la loi sur la garde nationale mobile, à accorder un contingent annuel assez nombreux;

4° Que l'armée, surtout celle de Châlons, a manqué de discipline et du sentiment de devoir qui rend les troupes invincibles;

5° Que le gouvernement de la Régence est seul responsable de la marche sur Stenay, entreprise malgré la

passaient le Rhin à Maxau, séparaient la Confédération du Nord de celle du Sud, obligeaient celle-ci à la neutralité et frappaient un coup décisif. L'armée de Châlons, servant de réserve, assurait nos communications.

L'attaque de l'ennemi sur Spickeren et sur Wissembourg nous a pris *en flagrant délit de formation*. Nous avons été défaits avant d'avoir pu achever de rassembler nos forces. Depuis ces deux affaires, *l'impénétrable rideau de cavalerie dont les Confédérés ont couvert leur front a empêché nos généraux de connaître leur situation et leur force, et de pressentir leurs mouvements*.

Napoléon III a quitté l'armée de Metz avec l'intention de couvrir Paris au moyen de l'armée de Châlons. Contrairement à ce désir, le ministère de la Régence, à deux reprises et malgré les insistances du commandant en chef de l'armée, le maréchal de Mac-Mahon, a persévéré dans le plan qui devait délivrer Bazaine par une marche sur Stenay et Montmédy.

L'armée de Mac-Mahon se composait des débris du 1er corps, écrasé à Reichshoffen, découragé et semant l'alarme; — du 5e corps (de Failly), lequel, sans avoir combattu, avait été très-éprouvé, et, après de dures privations, était parvenu à rallier Mac-Mahon, presque sans matériel et sans bagages; — du corps de Douay, formé à Belfort, et qui avait gagné Châlons

résistance et la répugnance de l'empereur et du maréchal de Mac-Mahon.

A ces diverses allégations, nous avons répondu. Nous répéterons, toutefois, que l'examen minutieux des faits laisse peser sur l'empereur et son entourage toute la responsabilité de la déclaration de guerre. Qu'il y ait eu aux Tuileries un parti de la guerre, ardent à la provoquer, ce n'est ni contestable ni contesté; que ce parti ait été formé et inspiré par l'impératrice;

par Paris; — de quelques régiments de marche, issus des quatrièmes bataillons des dépôts; — enfin de quelques régiments d'infanterie de marine, peu habitués aux marches, et qui semèrent la route de leurs traînards. C'était une armée sans solidité et sans cohésion, créée à la hâte au moyen d'éléments disparates juxtaposés et non fondus ; on la destinait cependant à opérer une marche de flanc très-dangereuse, même pour une excellente armée aguerrie et parfaitement organisée.

Mac-Mahon se dirige vers le Nord. *La difficulté des approvisionnements retarde le mouvement.* Au Chêne-Populeux, on s'aperçoit que le prince de Saxe a fait sa jonction avec le prince royal. Mac-Mahon songe à rétrograder sur Paris; mais un ordre nouveau, pressant, arrive du ministère. Le maréchal obéit à regret, tente vainement le passage de la Meuse et est acculé autour de Sedan, dans une position impossible à défendre.

Napoléon III, à ce moment, pouvait rejoindre son fils à Mézières. Il ne l'a pas voulu.

Le 1er septembre, la lutte continue dans des conditions désastreuses pour l'armée française. Les lignes prussiennes se rapprochent peu à peu de Sedan. La retraite sur Mézières est coupée; la retraite sur la Belgique était le seul mouvement capable de sauver l'armée. Pour cela, il fallait occuper

qu'il ait dominé et entraîné l'empereur au dernier moment, cela est possible. Mais il n'en reste pas moins avéré que la France, accusée par Napoléon III d'avoir voulu la guerre, d'avoir dicté les résolutions de la dernière heure, que la France et l'opinion publique sont innocentes de ce chef. La vérité est que le gouvernement impérial a mis tout en œuvre pour surexciter l'amour-propre national, et que, sous l'influence de

et garder le plateau d'Illy. Par malheur, la blessure du maréchal de Mac-Mahon, son remplacement par le général Ducrot, puis par le général de Wimpffen, empêchèrent de poursuivre ce plan, chacun des chefs qui se sont succédé dans la journée, ayant un but particulier. Une trouée dans la direction de Carignan était impossible : notre colonne eût été exposée, sur la gauche et sur la droite, au double feu de l'armée ennemie.

Alors Napoléon III, *convaincu*, sur la foi de la déclaration que la presse avait prêtée au roi de Prusse, *que ce dernier ne faisait la guerre qu'au souverain de la France, espérant que la reddition de l'Empereur pourrait faciliter la paix et obtenir de meilleures conditions à l'armée*, se décida à se constituer prisonnier. Dans la matinée de ce jour (1er septembre) il était resté pendant cinq heures exposé au feu des obus prussiens, à côté du général en chef. Dans l'après-midi, de Wimpffen refusa d'abord de parlementer et invita Napoléon III à venir se mettre à la tête de la colonne qui tenterait une trouée sur Carignan. L'empereur *répondit que l'encombrement des rues de Sedan le tenait prisonnier au centre de la ville* et l'empêchait de se rendre à cette invitation. De Wimpffen, dans un effort désespéré, rassemblait deux mille hommes, essayait un retour offensif et pouvait se convaincre de l'inutilité de tout effort. Les positions de l'artillerie ennemie étaient telles, que leurs feux se croisaient sur la place

cette surexcitation, la France, qui se croyait grossièrement outragée, a voulu combattre.

Dans sa politique extérieure, Napoléon III a manqué de droiture, de vigilance, de fermeté. Il n'a pas su nous créer d'alliances; il n'a pas su nous conserver les sympathies de l'Europe. Il y a à ceci une circonstance atténuante qu'il importe de rappeler, c'est l'égoïsme qui, comme une lèpre immonde, envahit et dévore tout en Europe. La maxime du *Chacun chez soi* est de-

et sur nos troupes. D'ailleurs, nous n'avions d'autre issue que les portes étroites de l'enceinte fortifiée; il fallait, pour livrer bataille, nous déployer et prendre position sous la mitraille des Confédérés. Le Conseil de guerre considérant, en outre, qu'on manquait de munitions, que ce qui restait de vivres serait absorbé en un jour, que l'armée était exténuée de faim et de fatigue et que toute tentative de dégagement devait aboutir à un horrible massacre, décida presque unanimement (trente voix sur trente-deux) qu'il fallait capituler.

Napoléon III n'est point coupable d'avoir voulu cette guerre. La France, violemment excitée, ne lui a pas permis de reculer; dans un discours public, l'Empereur a d'ailleurs constaté que l'*élan irrésistible de la nation* avait dicté ses résolutions.

Nous avons été vaincus par des armées formidables auxquelles nous n'avions à opposer que des troupes relativement peu nombreuses. Notre armée a manqué généralement de solidité et a révélé des vices profonds. Le plus grave est le défaut de discipline. L'armée n'est que le reflet de la société dont elle est issue; les principes d'obéissance aux lois, de respect à l'autorité, d'abnégation en face du devoir, qui font la force des sociétés, se sont affaiblis chez nous. De là, l'affaiblissement de l'armée, en même temps que l'aplatissement des caractères et l'avilissement des âmes.

venue le fond de la morale internationale, et les plus abominables attentats peuvent se perpétrer sans soulever ni protestation ni dégoût. Symptôme effrayant de malaise et de dissolution.

L'empereur cherche inutilement à rejeter sur l'administration seule les torts irréparables qui nous ont réduit à l'impuissance; le chef de l'État est responsable de ces torts qu'il devait connaître et qu'il aurait dû prévenir. On n'entreprend pas une guerre avec des instruments aussi défectueux, quand on a pu améliorer ces instruments.

Sans doute, c'est le gouvernement de la Régence et surtout le ministre de la guerre qui ont voulu et imposé la marche sur Stenay, marche extrêmement périlleuse, commencée tardivement, conduite lentement et terminée d'une manière si funeste sous les murs de Sedan. Il est regrettable que le ministre de la guerre n'ait pas été mieux inspiré, mieux renseigné, mais il est étonnant que Napoléon III oublie à quel point il a partagé avec le gouvernement la terreur du désastre révolutionnaire, et que cette terreur l'a toujours rendu docile aux suggestions et aux ordres venus de Paris.

Dans les négociations relatives à l'incident Hohenzollern, qui ont provoqué la rupture, l'empereur paraît, toutefois, moins coupable que le parti de la guerre, dont le cabinet et la Chambre ont été les instruments plus ou moins conscients.

Dans la période où il a commandé les armées, Napoléon III n'a point racheté ses fautes par les qualités de l'homme de guerre intelligent. Son plan offensif, prétendu savant, repose sur une erreur impardonnable, sur cette supposition que nous pouvions dépasser la Prusse par la rapidité de nos concentrations, par la rapidité du passage du pied de paix au pied de guerre. Toute la question était là. On a disséminé sur un rayon trop étendu nos corps en formation, au lieu de ne les déployer, comme la prudence l'ordonnait, et de ne les éloigner de nos bases d'opérations, Metz et Strasbourg, qu'au fur et à mesure que leur organisation s'achevait. On a pris l'offensive à Sarrebruck, alors que la défensive était rendue chaque jour plus nécessaire par l'imperfection de nos services et l'inachèvement de nos préparatifs. On voulait donner un aliment à l'attente générale, une satisfaction à la vanité nationale. Un chef d'armée n'a point de ces concessions à faire ; il faut souhaiter qu'on le comprenne aussi bien en France que partout ailleurs.

Après Frœschwiller et Forbach, Napoléon III n'a pas su prendre de dispositions promptes pour la défense de la Moselle. Il a laissé déborder l'armée et la forteresse de Metz, qu'il fallait couvrir en aval et en amont du fleuve et sur la Nied. Son indécision, sa mollesse, son vertige ont compromis l'armée du Rhin. Il abandonne alors le commandement ; et le gouvernement de la régence prend, dans les résolutions qui suivirent, un ascendant considérable, ascendant fatal pour les opérations militaires, parce que les préoccupations politiques sont devenues les principaux mobiles.

A Châlons, Napoléon III conserve encore quelques lambeaux de ses prérogatives de souverain : il nomme les officiers généraux, il discute les plans du gouvernement; mais, au fond, il n'exerce aucune action prépondérante ou efficace. On le trouve prêt à se déjuger à chaque instant; c'est bien le gouvernement de Paris, c'est bien le cabinet qui commande. On saurait gré aujourd'hui à l'empereur d'avoir résisté aux plans et aux ordres du général Palikao. Si la clairvoyance et la volonté lui ont fait encore ici défaut, la justice exige qu'on ne le charge point d'une responsabilité plus lourde.

A Sedan, Napoléon III ne fut ni lâche ni cynique; ses calomniateurs ont été écoutés avec une faveur qui n'a pas honoré notre pays devant l'étranger. Sachons nous respecter dans l'infortune et n'oublions pas que ce serait une honte de plus pour nous de voir tombé si bas l'homme acclamé, soutenu, glorifié par nos suffrages, notre ignorance ou notre sottise. Souvenons-nous que, sans être ses complices, nous ne pouvons dépouiller toute solidarité avec lui.

A Sedan, Napoléon III tomba platement, pouvant finir avec quelque éclat. La raison d'humanité, qu'il a mise en avant, empêchera toujours qu'on lui fasse un reproche d'avoir parlementé le premier.

Sedan fut un désastre, non une honte. Dans cette malheureuse entreprise, beaucoup ont commis de lourdes fautes, nul n'a commis d'infamie. Presque tout le monde a fait noblement son devoir [1].

Nous prononcerons avec respect le nom du maré-

---

[1] A la suite de la capitulation de Baylen (Espagne, 1808), consentie par le général Dupont, et qui fut si désastreuse pour notre armée, Napoléon Ier rend un décret, le 1er mai 1812 : « Art. 1er. — Il est défendu à tout général, à tout commandant d'une troupe armée, quel que soit son grade, de traiter en rase campagne d'aucune capitulation, soit écrite, soit verbale. — Art. 2. — Toute capitulation de ce genre, dont le résultat aurait été de faire poser les armes, est déclarée déshonorante et criminelle et sera punie de mort... — Art. 3. — Tout commandant militaire prévenu des délits sus-mentionnés sera traduit devant un conseil de guerre extraordinaire, sur le rapport du ministre de la guerre..... » Dans le *Mémorial de Sainte-Hélène*, Napoléon explique et justifie les dispositions de ce décret qui avaient pu paraître excessives. « Les dangers d'autoriser les officiers et les généraux à poser les armes en vertu d'une capitulation particulière, écrit l'Empereur, et dans une autre position que celle où ils forment la garnison d'une place forte sont incontestables. C'est détruire l'esprit militaire d'une nation, en affaiblir l'honneur, que d'ouvrir cette porte aux lâches, aux hommes timides ou même aux braves égarés. Si les lois militaires prononçaient des peines afflictives et infamantes contre les généraux, officiers et soldats qui posent leurs armes en vertu d'une capitulation, cet expédient ne se présenterait jamais à l'esprit des militaires pour sortir d'un pas fâcheux ; il ne leur resterait de ressources que dans la valeur ou l'obstination, et, que de choses ne leur a-t-on pas vu faire ? Mais quel parti doit prendre un général qui se voit cerné par des forces supérieures ? Nous ne saurions faire à cette question d'autre réponse que celle du vieil Horace. *Dans une situation extraordinaire, il faut une résolution extraordinaire.* Plus la résistance sera opiniâtre, plus on aura de chance d'être secouru ou de percer. Que de choses qui paraissent impossibles ont été faites par des hommes résolus n'ayant plus d'autres ressources que la mort ? Plus vous ferez de résistance, plus vous tuerez de monde à l'ennemi et

chal de Mac-Mahon; dans ces jours de deuil, il a paru comme l'incarnation de la France, toujours grande;

moins il en aura, le jour même ou le lendemain, pour se porter contre les autres corps de l'armée. Cette question ne nous paraît pas susceptible d'une autre solution, sans perdre l'esprit militaire d'une nation et s'exposer aux plus grands malheurs. »

C'est aussi l'avis que nous trouvons exprimé dans une brochure anonyme, publiée à Annecy en 1870, à laquelle nous empruntons ces considérations; l'auteur, qui appartient évidemment à l'armée, se représente comme l'écho du sentiment général de ses camarades.

Sous la monarchie de juillet, l'opinion que le décret impérial de 1812 était trop rigoureux s'accrédita dans la magistrature. Le lieutenant Marin, condamné à mort par un conseil de guerre pour avoir posé les armes et s'être constitué avec sa troupe prisonnier d'Abd-el-Kader, en ayant appelé de ce jugement, la Cour de cassation, le 21 mai 1847, l'acquitta, sur le rapport de M. Dupin, procureur général. Le commandant Tombeur, pendant l'insurrection de Juin 1848, s'étant rendu à l'émeute, demanda à l'Assemblée, par une pétition, d'être traduit devant un conseil de guerre. Mais le général désigné comme rapporteur de cette pétition, et prévoyant un nouveau conflit de juridiction dont le dénouement serait analogue à celui de l'affaire Marin, refusa de se prêter à ce jeu et la pétition n'eut pas de suite.

Le Code militaire de 1857 donna raison à la magistrature en rédigeant ainsi l'article 210 : « Tout général, tout commandant d'une troupe armée qui capitule en rase campagne, est puni : 1° De la peine de mort avec dégradation militaire si la capitulation a eu pour résultat de faire poser les armes à sa troupe; ou si, avant de traiter verbalement ou par écrit, il n'a pas fait tout ce que lui prescrivaient le devoir et l'honneur; 2° de la destitution dans tous les autres cas. »

Il en résulte que le général de Wimpffen, aux termes mêmes de la loi, a encouru la destitution.

De ces rapprochements il résulte encore que Napoléon III, qui le premier a parlementé à Sedan, était loin de professer sur le devoir et l'honneur militaires les doctrines de son oncle; qu'enfin, l'armée, meilleur juge de son honneur que le public et la magistrature, proteste contre les opinions qui ont amené l'abrogation du décret de 1812 et contre de l'art. 210 de la loi militaire de 1857.

noble, héroïque jusque dans son trouble et ses erreurs. Nous nommerons avec sympathie le général de Wimpffen, dont la bravoure et le patriotisme ne méritaient pas le malheur de signer la capitulation de Sedan.

Nous avons maintenant à peser les responsabilités engagées en ce qui concerne l'infériorité de notre armée pour le recrutement et l'armement.

On sait que la fâcheuse expédition du Mexique a obéré pour de longues années nos finances; cette gêne a paralysé bien des détails dans l'administration [1], empêché bien des améliorations, réclamées, désirables, mais qu'on ne voulait pas reconnaître pour telles, dans l'impossibilité où on était de les réaliser. C'est ainsi que nos troupes ont été tardivement armées du fusil à tir rapide, et que notre artillerie n'a pas été transformée. De ce chef, l'empereur doit encourir une responsabilité fort grande.

Le maréchal Lebœuf pourra se plaindre que son budget ait été réduit par cette gêne et par la parcimonie de la Chambre, à des proportions telles qu'il lui ait été impossible de mieux faire qu'il n'a fait, il n'en restera pas moins établi qu'il n'a pas compris l'importance des modifications apportées récemment à la construction du canon.

---

[1] On a été jusqu'à dire qu'une somme de 25 millions était prélevée chaque année secrètement par l'empereur sur le budget de la guerre, pour éteindre certaines dettes créées par l'expédition mexicaine.

La Chambre connaissait le nombre des soldats sous les drapeaux ; tout récemment elle venait, par raison d'économie, de renvoyer 100,000 hommes en congé ; elle ne pouvait ignorer le système des réserves. La Chambre devait savoir que le passage du pied de paix au pied de guerre, pour être accompli entièrement chez nous, exige au moins un délai de six semaines. C'est dans le sens de toutes ces restrictions qu'elle devait accueillir la déclaration du maréchal Lebœuf : « Nous sommes prêts ! » Ces restrictions étaient de nature à calmer l'enthousiasme produit par cette déclaration. En l'acceptant d'une manière aussi puérile, la Chambre a prouvé qu'elle n'avait de la situation administrative aucune idée ; et pourtant son devoir était de la connaître et de la contrôler.

Le jour où, après un débat plus passionné que décisif, la Chambre a accepté de croire à la réalité de l'outrage fait à notre ambassadeur par le roi de Prusse, elle a péché par entraînement, par faiblesse, par ignorance.

Ce jour-là, la Chambre, oubliant que chaque année, surtout l'année précédente, elle avait imposé au gouvernement, par sa commission du budget, des réductions sur les dépenses afférentes au ministère de la guerre, a commis une énorme contradiction, une absurdité [1]. Il faut savoir choisir entre la paix et la

---

[1] Voyez *la Vérité sur la campagne de* 1870, par M. F. Giraudeau, p. 125 et suiv.

guerre, entre la dépense et l'économie. Déclarer la guerre quand on est entré dans la voie de l'épargne, c'est imiter le lutteur qui jeûnerait avant le combat.

Il y a eu, à la Chambre, une fraction dont la conduite révèle plus de passion et d'ambition que de logique et de patriotisme. L'opposition (nous parlons surtout de la gauche républicaine) ne manqua jamais l'occasion de reprocher au gouvernement impérial d'avoir laissé démembrer le Danemark; à ses yeux, Sadowa pesait sur la France d'un poids non moins lourd que sur l'Autriche. Et quand on la pressait un peu, l'accusant de pousser à la guerre par ces récriminations intempestives, l'opposition s'écriait hypocritement : « A Dieu ne plaise! Nous voulons la paix et, pour preuve, nous combattrons le projet du maréchal Niel sur l'organisation de la garde mobile, qui tend à *militariser* la nation; nous nous récrierons, comme il convient, lors de la discussion du budget, sur l'énormité des sommes dépensées par le ministère de la guerre, sur l'exiguité de celles dépensées par le ministère de l'instruction publique; nous parlerons même, en philosophes éloquents et convaincus, du désarmement général, qu'il est en notre pouvoir d'opérer, en donnant les premiers l'exemple. »

Plus tard, quand naquit l'incident Hohenzollern, quand on vit poindre avec une effrayante rapidité l'éventualité d'une guerre, l'opposition eut le rôle facile. Les diatribes relatives au Danemark et à Sadowa étaient loin; l'Allemagne était un grand peuple avec lequel nous devions vivre en paix; la guerre est une impiété, un sacrilége : il faut à tout prix éviter la guerre. Au reste, on ne manquait pas de bonnes raisons pour demander la paix; au fond, la plus déterminante était, comme je l'ai dit, qu'on craignait de voir l'Empire se consolider par des victoires. Aussi la douleur inspirée par nos premiers revers n'est-elle pas suffisante à dominer la joie qu'éprouve l'opposition de voir l'Empire compromis. Dès lors, moins occupée du péril de la patrie que de l'espérance d'un prochain triomphe, l'opposition poursuit avec âpreté de ses reproches, de ses invectives le gouvernement; elle lui suscite des embarras journaliers, des querelles sans utilité; loin de donner l'exemple du ralliement, commandé par la sagesse et l'amour du pays, elle triomphe chaque jour avec moins de modestie et accentue de plus en plus ses rancunes et ses exigences.

La presse doit porter aussi sa responsabilité. La presse s'est dépravée. Le journal n'est plus une tribune pour un parti ou pour une école; c'est une boutique où se débite une marchandise. Le journaliste n'est plus un homme à idées et à convictions, c'est un homme d'affaires. Dans le journal, tout s'est trouvé peu à peu subordonné à l'affiche, à la réclame, à la fantaisie, à l'agrément. De là, une rédaction ou honteuse, ou vide, ou scandaleuse; de là, l'inutilité pour le journaliste d'avoir une valeur, des connaissances, de la tenue. Nous avons donc eu des écrivains ignorants, présomptueux, spirituels et tarés. Ces gens-là ne connaissaient point l'Allemagne. Nous l'ignorions comme eux. Il est vrai qu'ils étaient censés nous renseigner sur toute chose, mais il fallait, avant tout, que le renseignement fût piquant; et le moyen de s'intéresser aux choses de cette ennuyeuse Allemagne! A part de très-rares et d'honorables exceptions, la presse a donc manqué à sa mission d'informatrice.

La veille de la déclaration de guerre, si on excepte trois ou quatre organes, enfoncés dans un parti pris violent et acharnés à demander la paix par haine pour l'Empire, la presse fut très-généralement belliqueuse. Tel écrivain qui maudit aujourd'hui, de son style le plus sonore, Napoléon III, ses généraux et ses ministres, a gourmandé jadis le gouvernement de sa patience et traité avec une arrogante hauteur Bismarck et Guillaume.

L'Empire avait droit de la part de la presse, complice des entraînements qu'il a provoqués, coupable, comme lui, de l'ignorance du public, l'Empire avait droit à une indulgence qu'on lui a refusée, d'autant plus durement qu'on la savait plus méritée, parce qu'elle était compromettante. Absolve qui l'osera ce manque de mémoire!

L'armée n'est pas non plus exempte de reproches. Chez nos ennemis, toutefois, on lui a rendu justice.

« L'armée française, dit un écrivain militaire allemand, s'est bien et bravement battue ; en particulier la vieille infanterie française s'est montrée parfaitement à la hauteur de la meilleure infanterie allemande, en courage, en ténacité, en habileté surtout pour utiliser le terrain. Presque tous les régiments français ont combattu héroïquement à Sedan ; quelques régiments de cavalerie se sont littéralement jetés à la mort, et l'infanterie a montré tout ce qu'il était possible de faire dans une défense de villages aussi habile qu'opiniâtre [1]. »

Ceci constaté et justice rendue à la bravoure de nos troupes, disons que leur discipline laissait à désirer. L'insubordination n'a point été générale, et si elle a eu des effets d'une étendue désastreuse, il faut reconnaître qu'elle est restée un mal relativement restreint. L'armée du Rhin a donné des preuves de soumission à ses chefs et d'abnégation dont nous avons le droit de la féliciter au nom de la France.

Le progrès de l'indiscipline dans l'armée nous semble dû à diverses causes, dont la plus considérable est l'influence des idées révolutionnaires et la propagande de ces idées dans les casernes [2]. Sous prétexte de donner un peu d'*amour* aux frères de l'armée, on ouvrit dans un journal, *la Marseillaise* de M. Ro-

---

[1] M. de Wickede, Lettres à la *Gazette de Cologne*.
[2] Voyez *Paris livré*, de M. Gustave Flourens, pages 16, 17 et 18. Un vol. in-12. Librairie internationale. Paris, 1871.

chefort, une colonne aux délations et aux plaintes des subordonnés contre les chefs. On appela cela *la tribune militaire*. Le but était, dit-on, de démocratiser l'armée; on la démoralisait. La campagne entreprise jadis en l'honneur des baïonnettes intelligentes avait donné le branle à ce mouvement, qui ne tendait à rien autre chose qu'à détruire l'armée, la seule force sociale restée solide, sinon intacte, au milieu de nos crises quotidiennes et de nos bouleversements continus. La démagogie voyait dans l'armée un danger, un obstacle, une menace; elle travailla ardemment à renverser l'obstacle, et, si elle n'y parvint pas tout à fait, elle réussit du moins à l'entamer. Si nous ne portons pas à cela un prompt remède, la plaie peut devenir mortelle.

Un autre mal rongeait l'armée, le remplacement. Le gouvernement l'avait exploité et y avait amassé les millions de la *Caisse de dotation*. Nous avons tout lieu d'espérer que le remplacement va disparaître, que la carrière d'officier va devenir enviable, occupée, sérieuse, et que la nation ne sera plus réduite à confier sa suprématie dans le monde et sa sécurité intérieure à la plus infime partie d'elle-même.

Nous comptons aussi sur une réforme du corps d'état-major, qui n'a pas été à la hauteur de sa tâche, et dont le rôle est en campagne de la dernière importance.

Ce long réquisitoire nous coûte, mais il nous paraît

d'une nécessité absolue; car « si nous voulions continuer à rejeter sur un homme ou sur un régime l'entière responsabilité de nos malheurs, nous ne parviendrions jamais à en supprimer la cause réelle et permanente, qui est en nous [1]. »

L'empereur, ses généraux, ses ministres, la Chambre, l'opposition, la presse, l'armée ont concouru, par leur conduite, leurs fautes, leurs vices ou leurs faiblesses, aux désastres qui nous ont frappés.

Les deux grands coupables, à titre égal, sont : l'Empire (n'oublions pas que nous l'avons acclamé et soutenu vingt années) avec son cortége d'immoralités et de mensonges, et la Démagogie avec ses rancunes implacables et ses brutales fureurs.

[1] *La Vérité sur la campagne de 1870*, par F. Giraudeau.

APPENDICE

Nous avons cru devoir réunir ici, sous forme d'extraits, les parties importantes des documents officiels cités par nous et que leurs dimensions nous ont empêché de publier soit dans le texte, soit dans les notes.

I

Rapport sommaire sur les opérations de l'armée du Rhin, du 13 août au 1er septembre 1870, par le commandant en chef, maréchal Bazaine.

« Ce résumé a pour but de donner un aperçu, aussi exact que possible, sur les faits intéressant l'armée du Rhin pendant cette période.

« Les rapports spéciaux établis après chaque combat, citant les corps, les officiers et les soldats qui s'y sont distingués, sont déposés aux archives de l'état-major de l'armée, sous le couvert du ministre de la guerre, et lui parviendront dès que les relations seront rétablies avec la capitale.

« Nommé, par décret du 10 août, commandant en chef de l'armée du Rhin, j'en pris, le 13, le commandement, ayant pour chef d'état-major général le général de division Jarras, désigné pour ces fonctions par le même décret qui supprimait celles du major général et des deux aides-majors généraux.

« Mes instructions étaient de faire passer l'armée de la rive droite de la Moselle, où elle était réunie depuis le 11, sur la rive gauche, pour se diriger sur Verdun. Ce mouvement était en pleine voie d'exécution le 14, s'opérant par les deux ailes, quand, vers deux heures de l'après-midi, les troupes allemandes commencèrent l'attaque sur la division Metman, du 3e corps. Il fallut l'appuyer pour maintenir l'ennemi qui devenait entreprenant ; le 4e corps, qui avait presque effectué son passage de rivière, revint en partie prendre position en avant du fort Saint-Julien, et concourut à ce combat qui dura jusqu'à la nuit et prit le nom de bataille de Borny.

« Nous n'eûmes pas la satisfaction de déjouer les projets de l'ennemi, dont le but était de retarder notre concentration sur le plateau de Gravelotte, et de donner le temps à ses troupes d'y arriver avant nous. Leur passage était signalé à Nomeny et à Gorze, et l'armée du prince Frédéric-Charles dont les coureurs avaient été vus dans les environs de Briey, avançait du même côté.

« Le mouvement de nos troupes sur la rive gauche de la Moselle continua le 15 août, et les 2e et 6e corps furent échelonnés derrière la division de cavalerie du général de Forton, qui, depuis la veille, éclairait la route de Mars-la-Tour, tandis que la division du général Du Baral éclairait la route de Conflans. La garde impériale fut établie en avant de Gravelotte.

« La concentration des 3e et 4e corps sur le plateau n'était pas complète le 16 au commencement de la bataille, les passages sur les ponts, qui étaient en nombre insuffisant, ayant été plus longs qu'on ne l'avait supposé.

« Le 16 août, vers neuf heures du matin, l'ennemi attaqua d'abord la division de Forton qui dut se replier sur le 2e corps ; l'action devint bientôt après générale et dura jusqu'à la nuit close. Ce combat, qui fit éprouver des pertes sensibles à l'ennemi et le tint un moment en échec, prit pour nous le nom de bataille de Rezonville. L'extrait suivant de la dépêche que j'adressai à S. M. l'empereur et au ministre de la guerre, le 17 août, expose la situation de l'armée après ce combat [1].

[1] Voir cette dépêche, pages 187 et 188.

« Je joignis à cette dépêche une note du général Soleille, indiquant le peu de ressources qu'offrait la place de Metz pour le ravitaillement en munitions de l'artillerie et de l'infanterie. Depuis, on trouva dans les magasins du chemin de fer 4 millions de cartouches, et M. le général Soleille donna une telle impulsion à l'arsenal de Metz, que l'on y put fabriquer des fusées percutantes, de la poudre et des cartouches avec un papier spécial; un marché fut passé pour fondre des projectiles.

« Le 17 août, l'armée vint s'établir sur les positions de Rozériculles à Saint-Privat-la-Montagne, pour les raisons suivantes :

« 1º Manque d'eau à Gravelotte et aux environs;

« 2º Obligation, avant de continuer la marche en avant, d'aligner les vivres et de remplacer les munitions consommées, principalement en projectiles de 4;

« 3º Evacuer les blessés sur Metz.

« Des suppositions ont été faites sur la possibilité de continuer la marche sur Verdun dans la nuit du 16 au 17; elles étaient erronées. Ceux qui les émettaient ne connaissaient pas la situation. L'ennemi recevait à chaque instant des renforts considérables et avait envoyé des forces pour occuper la position de Fresnes, en avant de Verdun; l'armée française, en marche depuis plusieurs jours, venait de livrer deux batailles sanglantes, et elle avait encore des fractions en arrière, y compris le grand parc de réserve de l'armée, qui était arrêté à Toul, attendant une occasion favorable pour rejoindre, ce qu'il n'a pu faire. L'armée pouvait éprouver un échec très-sérieux, qui aurait eu une influence fâcheuse sur les opérations ultérieures.

« Les corps reçurent l'ordre de se fortifier dans leurs nouvelles positions et d'y tenir le plus longtemps possible. Mon intention était de reprendre l'offensive, le ravitaillement terminé.

« Le 18 août, toute l'armée allemande, sous le commandement de S. M. le roi de Prusse, attaqua nos lignes avec une nombreuse artillerie et des masses considérables d'infanterie. Le succès resta toute la journée indécis; mais, le soir, un suprême effort exécuté par l'ennemi sur Saint-Privat-la Montagne, rendit cette position intenable pour notre aile droite, qui, malgré la bravoure et le dévouement du maréchal Canrobert et de ses troupes, dut l'évacuer et le fit en très bon ordre.

« La division de grenadiers de la garde, envoyée comme réserve, n'avait pu être engagée que tardivement.

« Le 6ᵉ corps de l'armée du Rhin n'était pas complètement constitué en artillerie, génie, cavalerie, ni même en infanterie; une de ses divisions n'avait même qu'un seul régiment.

« Pendant cette action, qui fut des plus meurtrières pour l'ennemi, je dus me tenir, avec les réserves d'artillerie et la garde, sur le plateau de Plappeville pour repousser les tentatives faites par l'ennemi, soit par Vaux et Sainte-Ruffine, soit par Woippy, sur les derrières de nos positions, son but étant de nous couper de Metz. Cette bataille prit le nom de défense des lignes d'Amanvillers.

« Dans la matinée du 19, l'armée vint s'établir entre les forts détachés de Metz, et dès ce jour elle resta sur la défensive. Elle avait besoin de repos et surtout de reconstituer ses cadres en officiers de tous grades.

« L'ennemi ne perdit pas un instant pour compléter notre investissement, en détruisant les ponts sur l'Orne (petite rivière qui se jette dans la Moselle) et en rendant impraticable la voie ferrée de Thionville.

« Le 26, les 4ᵉ, 6ᵉ corps et la garde passaient sur la rive droite; j'avais le projet de forcer le passage le long de cette rive; mais une véritable tempête nous surprit et rendit inexécutable, dans de bonnes conditions, tout mouvement offensif dans des terrains aussi détrempés.

« Les commandants des corps d'armée et les chefs des armes spéciales furent réunis à la ferme de Grimont, et ils émirent l'avis que l'armée devait rester sous Metz, parce que sa présence maintenait devant elle 200,000 ennemis, qu'elle donnait le temps à la France d'organiser la résistance, aux armées en formation de se constituer, et qu'en cas de retraite de l'ennemi, elle le harcèlerait, si elle ne pouvait lui infliger une défaite décisive. Quant à la ville de Metz, elle avait besoin de la présence de l'armée pour terminer les forts, leur armement, les défenses extérieures du corps de place, et il fut reconnu que celle-ci ne pourrait tenir plus de quinze jours, sans la protection de l'armée. Malheureusement les autorités civiles et militaires de cette place n'avaient pas pris de dispositions, quand il en était temps encore, pour faire rentrer dans son enceinte toutes les ressources en vivres et fourrages des cantons voisins et augmenter ainsi les approvisionnements, en prévision d'un long blocus. (Quelque temps avant, l'intendant en chef de l'armée était parti pour activer l'exécution des marchés; après lui, j'envoyai M. l'intendant de Préval; personne ne put revenir.) Ces autorités ne firent pas non plus sortir de la ville les bouches inutiles, les étrangers qui pouvaient être nuisibles par leurs relations nationales. Les sages dispositions prescrites par les règlements militaires furent négligées pour ne pas inquiéter la population.

« Nous étions donc réduits, dès le début, aux faibles approvisionnements des magasins de Metz et des villages sur lesquels nous étendions notre action.

« Il fut en outre convenu, dans la réunion du 26, que, pour soutenir le moral des troupes, on ferait des coups de main pour harceler l'ennemi et augmenter nos ressources.

« Des compagnies de partisans furent organisées dans les divisions et rendirent de bons services.

« Le 30 août, je reçus, par le retour d'un émissaire que j'avais envoyé à S. M. l'empereur au camp de Châlons, l'avis suivant :

« Reçu votre dépêche du 19 dernier à Reims; me porte
« dans la direction de Montmédy; serai après-demain sur
« l'Aisne, où j'agirai selon les circonstances pour vous venir
« en aide. »

« Je réunis l'armée le 31, en avant des forts de Queuleu et de Saint-Julien, et j'indiquai comme objectif à enlever de vive force le plateau de Sainte-Barbe, ayant le projet, en cas de réussite, de gagner Thionville par Bettelainville et Kedange avec les 3e, 4e et 6e corps, en faisant filer la garde et le 2e corps par la route de Malroy.

« La rive droite offrait l'avantage de ne pas traverser l'Orne; puis, en prenant Sainte-Barbe pour objectif, l'ennemi était incertain si je me dirigerais vers l'Est pour couper les communications, ou vers les forteresses du Nord.

« L'opération réussit en partie le 31; mais, pendant la nuit, les troupes qui occupaient Servigny furent obligées de se replier par suite d'un retour offensif de l'ennemi en nombre très-supérieur.

« Le combat recommença le 1er, par un brouillard très-intense qui nous fut défavorable; nous ne pûmes reprendre la position conquise le 31, et le maréchal Le Bœuf dut quitter le village de Noisseville, sur lequel s'appuyait la droite du 3e corps, parce qu'il était fortement battu par un feu violent d'artillerie et voyait sa retraite compromise par l'arrivée de fortes colonnes ennemies.

« Nos pertes étaient sensibles; il était à craindre que l'ennemi ne nous inquiétât pendant notre retour sur la rive gauche, car ses projectiles fouillaient déjà les terrains en arrière des forts.

« Les 4e, 6e corps et la garde repassèrent sur la rive gauche pour reprendre des positions plus étendues et plus favorables à l'installation des troupes que les anciennes, et l'on s'occupa activement d'y faire exécuter les travaux de défense nécessaires, travaux sommairement indiqués par le général Coffinières de Nordeck, et qui devaient nous établir solidement dans un véritable camp retranché. Je prévins l'empereur et le ministre de la guerre de notre insuccès par la dépêche suivante (cette dépêche, envoyée le 1er septembre, fut expédiée en duplicata le 3, puis expédiée de nouveau le 7) :

« Après une tentative de vive force, laquelle nous a amenés

« à un combat qui a duré deux jours, dans les environs de
« Sainte-Barbe, nous sommes de nouveau dans le camp re-
« tranché de Metz, avec peu de ressources en munitions d'ar-
« tillerie de campagne; ni viande ni biscuit; enfin un état
« sanitaire qui n'est pas parfait, la place étant encombrée de
« blessés. Malgré les nombreux combats, le moral de l'armée
« reste bon. Je continue à faire des efforts pour sortir de la
« situation dans laquelle nous sommes; mais l'ennemi est
« très-nombreux autour de nous. Le général Decaen est mort.
« Blessés et malades, environ 18,000. »

« J'ai toujours ignoré si cette dépêche était parvenue, car depuis cette époque je n'ai plus reçu aucune communication du gouvernement.

« Nous connûmes indirectement la bataille de Sedan et la capitulation qui s'ensuivit par les hourras poussés dans les avant-postes allemands et par un médecin de l'internationale qui avait été soigner les blessés allemands. »

II

La lettre suivante, attribuée à l'impératrice, a pour objet de rectifier certaines assertions émises à la tribune par le général Trochu. Elle est adressée à la princesse Murat :

« Chislehurst, le 17 juin 1871.

« Ma chère Anna,

« Je viens de lire dans le *Journal officiel* le discours du général Trochu. Je ne sais si l'indignation sera assez forte pour me faire surmonter le dégoût que j'éprouve à la pensée de cet homme qui, après avoir trahi et abandonné la souveraine, essaie aujourd'hui, du haut d'une tribune française, de déshonorer la femme.

« Dans un récit fantastique, il ose me présenter comme une ambitieuse prête à trahir le pays et l'empereur, voulant effacer son nom d'une proclamation pour des raisons que le général seul a pu trouver dans son cœur, mais qui, grâce à Dieu, n'ont jamais eu de place dans le mien.

« Il côtoie la vérité comme il a côtoyé les Tuileries sans y entrer. Il s'empare d'un fait réel pour le dénaturer. La première phase de sa proclamation, dont il me montra le projet dans la nuit du 17 août, annonçait que le *général précédait l'empereur seulement de quelques heures.*

« Lorsque l'éventualité de ce retour fut écartée, il fallait nécessairement modifier cette phrase. J'en fis l'observation au général, et *c'est là l'incident* dont il profite pour me prêter un rôle odieux. Vous qui savez que l'empereur m'est devenu plus cher depuis nos malheurs, vous qui savez combien j'admire son abnégation, son courage, son calme inébranlable en présence des plus viles calomnies, croyez-vous que j'eusse choisi un tel moment pour le renier !

« Il est aussi une accusation que je veux relever. Le général Trochu prétend que le gouvernement de la régence n'a rien fait pour la défense de Paris, du 17 août au 4 septembre. L'enquête, j'en ai la certitude, prouvera le contraire. Le général s'accuse lui-même, puisqu'il était à la tête du comité de défense. Personne ne pouvait paralyser son autorité ; la loi concentrait entre ses mains les pouvoirs de l'état de siége, ces pouvoirs exceptionnels que Cavaignac a exercés en 1848, et Mac-Mahon en 1871. Quant à moi, j'accepte résolûment toute la *part de responsabilité* qui me revient dans les événements politiques auxquels j'ai été mêlée comme régente ; mais il est un bonheur que je ne me laisserai pas enlever, celui de n'avoir eu qu'une pensée, le salut du pays, et d'avoir en toute circonstance subordonné à sa cause toutes les questions dynastiques.

« Je n'ai fait en cela que suivre l'exemple de l'empereur ; lorsque sur le champ de bataille de Sedan il se sacrifiait pour sauver 70,000 existences, lorsqu'il s'effaçait pour laisser à la régence *toute liberté* de traiter sans lui, il croyait supprimer ainsi le seul obstacle qui s'opposait *à la paix*, le roi de Prusse ayant déclaré que c'était l'empereur qu'il combattait et non la France.

« Pendant ce temps, le général Trochu, d'accord avec l'opposition, fait une révolution, prive ainsi la France de l'appui de l'Europe *monarchique*, *dégage les souverains et leurs gouvernements des engagements* PRIS, et commence « cette héroïque folie » qui est la cause de nos désastres. Pourtant, il l'avoue lui-même, à partir de la fin de septembre, il ne croit plus ni à la défense de Paris, ni aux armées de province. Il n'a d'espoir que dans l'intervention de l'Angleterre, de l'Italie et de *l'Amérique !* rêve maladif de son imagination surexcitée; pour le réaliser il commence par enfermer le ministre des affaires étrangères dans Paris, et l'isole du corps diplomatique, lui qui s'est tant et si durement élevé contre ce qu'il appelle les imprévoyances de l'Empire; il ne sait rien prévoir; il attend que les événements le relèvent de son poste et que le hasard donne une issue à la défense de Paris. Sa capacité politique est *jugée;* quant à son caractère, puis-je l'estimer, quand je me rappelle encore de quel air convaincu il disait, pour me rassurer sur ses sentiments *que je ne voulais pas suspecter :* « Souvenez-vous que je suis Breton, catholique et soldat. » Il a oublié, depuis, que la Bretagne est la terre classique de la fidélité, que le catholique est lié envers Dieu par le serment qu'il a fait aux hommes, et que le soldat ne doit jamais tirer contre une cause l'épée qu'il a reçue pour la défendre.

« Je finis ici ma trop longue lettre, et pourtant j'aurais bien des choses à ajouter, mais le temps me presse voulant profiter d'une occasion sûre.

« Je vous embrasse tendrement vous et les vôtres.

« Votre affectionnée tante,

« Eugénie. »

Nous ferons là-dessus une seule remarque.

La lettre parle d'engagements pris envers la France impériale par les souverains de l'Europe; nous avons des doutes très-sérieux sur la réalité de ces engagements, et nous craignons que cette allégation ne couvre rien autre chose qu'une ruse de parti.

III

Extraits du Rapport officiel allemand sur la bataille de Sedan.

« ..... Sa Majesté le roi se rendit au point du jour de Vendresse à Fresnois, à l'ouest de Sedan, et choisit comme observatoire les hauteurs qui s'élèvent au sud de ce village, à l'est et contre la chaussée. Une forte canonnade se faisait entendre depuis six heures du matin du côté de Bazeilles.

« Le 1er corps bavarois avait attaqué de grand matin l'ennemi, qui s'était fortement établi dans ce village. D'un autre côté, on savait que le 11e corps, qui formait l'extrême gauche de la ligne de bataille, avait pu s'avancer jusqu'à Vrigne-aux-Bois sans rencontrer l'ennemi. On pouvait conclure, sur la foi de ces renseignements, que l'armée française avait abandonné le projet de se retirer sur Mézières pour livrer bataille autour de Sedan. Le doute n'était plus possible ; toute retraite lui était coupée. Peut-être lui était-il encore facile de s'échapper en violant la frontière belge. Mais l'ennemi, dédaignant d'user de cette ressource extrême, préféra s'arrêter à l'honorable résolution d'accepter la bataille. L'armée allemande, par la supériorité de son effectif, par l'habile direction donnée à la marche de ses corps d'armée, allait, au bout de quelques heures, lui fermer ce dernier passage et lui préparer une catastrophe inattendue.

« Voyons comment elle se produisit.

« A Bazeilles, le 1er corps bavarois rencontrait une résistance opiniâtre. La division Walter fut envoyée sur la rive droite de la Meuse pour appuyer l'aile gauche du 1er corps, et, après un combat acharné, conduit des deux côtés avec la plus grande bravoure, on parvint, dans le courant de la journée, à rejeter l'ennemi de Bazeilles sur Balan, et de ce dernier endroit sur Sedan.

« Pendant ce temps, les têtes de colonne de l'armée du prince royal de Saxe entraient en action, vers six heures et demie du matin, à Lamécourt (un quart de mille au sud-est de la Moncelle) et à la Moncelle. Cette armée se trouvait en présence du 1er corps d'armée français, fortement établi à Montvillers (un huitième de mille au sud de la Moncelle), à la Moncelle, à Daigny, ainsi que sur les hauteurs situées à l'est de ces villages.

« La 24e division réussit à rejeter l'ennemi en arrière, aussi loin qu'il lui était possible de le faire, par suite de la nécessité où elle se trouvait de se déployer entre la Moncelle et Daigny. Sur sa gauche, la 4e armée avait bientôt donné la main au 2e corps bavarois. A ce moment, le 12e corps français prit l'offensive contre cette division. Un très-violent feu de mitrailleuses et de canons précéda l'attaque. Ces charges furieuses furent si bien repoussées que, vers neuf heures et demie, elles ne se renouvelaient déjà plus, lorsque la 23e division entra en ligne et enleva la Moncelle à l'ennemi. Le corps de la garde, qui avait à parcourir le chemin le plus long, arriva vers huit heures à Villers-Cernay (environ un demi-mille à l'est de Givonne), trouva le 12e corps dans une situation de combat favorable et reçut, pour cette raison, du commandant de l'armée, l'ordre de remonter la vallée jusqu'à Fleigneux aussitôt que la section Givonne–Daigny fut prise.

« Le 12e corps dut appuyer ce mouvement à gauche. Vers neuf heures, des batteries d'artillerie venaient une à une prendre position sur le flanc gauche du corps de la garde, près de Villers-Cernay, tandis que, sur son aile droite, l'artillerie de ce corps d'armée préparait l'attaque en tirant sur Givonne et plus tard balayait le ravin qui conduit à Illy.

« La 2e division de la garde s'avança vers onze heures sur Daigny et le hameau de Hoybes (à un huitième de mille au nord de Daigny); Daigny même fut enlevé à midi par le 12e corps.

« La 23e division de ce corps remonta la vallée et rejeta l'ennemi de sa forte position, pendant que la garde, en marche sur Illy, menaçait de plus en plus son flanc. L'espace devenu libre entre elle et le 1er corps bavarois fut rempli par la 8e division.

« Tous les canons disponibles furent dirigés sur les hauteurs qui venaient d'être enlevées d'assaut. Cent pièces de canon environ se trouvaient alors en batterie sur notre aile droite. Vers trois heures, le corps de la garde opérait à Illy sa jonction avec le 3e corps. »

Le Rapport continue par le récit de l'attaque au Nord, vers Saint-Menges et Fleigneux; puis il ajoute :

« Vers onze heures, un fort combat d'artillerie s'engageait tout le long de cette aile et continua, sans interruption, pendant des heures entières.

« A une heure environ, l'infanterie du 11e corps et la 19e brigade de l'aile droite du 5e corps se mettaient en mouvement pour procéder à l'attaque de Floing. L'ennemi se défendit avec le courage du désespoir, mais notre infanterie, appuyée efficacement par ses batteries d'artillerie, n'en réussit pas moins à enlever la section de terrain située en avant de Floing. Plusieurs charges, exécutées principalement par la cavalerie, dans l'intention de pratiquer une trouée, se brisèrent contre l'immobilité impassible des bataillons du 11e corps soutenus par ceux du 5e.

« Notre infanterie, disposée partie en bataille, partie en carrés, repoussa ces attaques par un feu ajusté avec calme, exécuté avec précision, qui coucha à terre un grand nombre des assaillants et rejeta le reste sur Sedan. Le lieutenant général von Kirchbach dirigea le combat de ces deux corps d'armée, après la blessure grave que reçut le commandant provisoire du 11ᵉ corps. Après la fuite de la cavalerie, l'infanterie abandonna ses positions.

« A trois heures de l'après-midi, l'ennemi était déjà sur plusieurs points en pleine retraite sur la forteresse.

« Le 5ᵉ corps avait, sur ces entrefaites, ouvert avec son artillerie un feu efficace entre l'ensemble de la position d'Illy et des hauteurs avoisinantes. Il était fortement secondé dans son attaque par une batterie de 6 du 11ᵉ corps, établie à l'est de Floing. Sur les hauteurs qui entourent ce village s'engagea un combat acharné qui se termina également à trois heures, et à la suite duquel l'ennemi battit en retraite sur Sedan, à travers le bois de la Garenne.

« A ce moment de l'après-midi, nous avions entièrement complété l'investissement de l'armée française en rase campagne. Les dernières troupes encore en position reculaient peu à peu sur Sedan devant les colonnes prussiennes, qui, de tous côtés, s'avançaient au pas de charge. Plusieurs d'entre elles, déjà coupées, durent déposer les armes et se rendre, toutes les issues étant fermées.

« L'armée du prince royal de Saxe fit 11,000 prisonniers sur le champ de bataille; elle prit, en outre, 25 canons, 7 mitrailleuses, 2 étendards et 1 aigle.

« Le 5ᵉ et le 11ᵉ corps avaient ramené 10,000 hommes environ. Si on ajoute à ces nombres les prisonniers tombés entre les mains des Bavarois, on peut évaluer à 25,000 le total des prisonniers faits pendant le combat.

« La ligne de bataille de l'ennemi était, en premier lieu, dirigée face à l'Est; le maréchal Mac-Mahon ayant été de bonne heure grièvement blessé par un des premiers obus, fut remplacé par un général qui essaya un changement de front vers l'Ouest, pour s'ouvrir un passage.

A midi[1], le général de Wimpffen prit le commandement et tenta encore un effort dans la direction opposée. C'est

---

[1] Erreur : Wimpffen prit le commandement entre huit heures et neuf heures; et ce fut entre une heure et deux heures que se produisit l'offensive dont il est question.

pourquoi les Bavarois eurent encore à soutenir un choc très-vif, à la suite duquel l'ennemi fut vigoureusement repoussé. Les pertes de l'ennemi, notamment celles que lui fit subir le feu de notre artillerie, furent très-importantes ; les nôtres, par rapport à celles des combats précédents, furent moindres.

« En résumé, l'armée ennemie avait eu à subir le feu concentrique de 400 à 500 pièces de canon manœuvrées constamment avec une grande bravoure ; elle fut finalement rejetée en plein désordre sur Sedan. L'empereur était en personne au milieu de son armée pendant la bataille ; dans les premières heures de l'après-midi, il rentra dans la ville d'où il envoya le général Reille remettre par écrit, à Sa Majesté le roi, son épée qui fut acceptée.

« Peu à peu le feu de l'artillerie s'éteignit sur toute la ligne ; la forteresse était au pouvoir des Prussiens en position sur les hauteurs dominantes qui l'entourent. Complétement enveloppés par des forces doubles, sans possibilité de se frayer un passage ou d'opposer une longue résistance, il ne restait aux Français d'autre parti à prendre que d'entrer en pourparlers sur les termes d'une capitulation. Les conditions en furent posées par les Prussiens et discutées à Donchery dans le courant de la nuit.

« Le rejet de ces conditions devait entraîner pour le lendemain la reprise des hostilités.

« Le 2, au matin, l'empereur Napoléon se présenta aux avant-postes, et, vers midi, les articles de la capitulation furent signés au château de Bellevue, à Fresnois, par le général de Moltke et le commandant en chef de l'armée française. L'armée ennemie, aux termes de la capitulation, était prisonnière de guerre, et la forteresse de Sedan était livrée aux Allemands. »

IV

Extraits des rapports des généraux de Wimpffen, Lebrun et Douay, sur la bataille de Sedan.

Le général de Wimpffen explique ainsi les motifs qui l'ont conduit à prendre le commandement à la vue du mouvement de retraite par Illy, ordonné par le général Ducrot :

« Le mouvement projeté me semblait fort dangereux par divers motifs :

« 1º La route était difficile à suivre pour plusieurs corps d'armée ;

« 2º Il fallait parcourir au moins six kilomètres, espace fort long pour des troupes déjà fatiguées par cinq heures de lutte ;

« 3º Enfin l'on devait s'attendre à ce que l'ennemi qui était en force et qui prévoyait le mouvement, se jetât sur elles avec d'autant plus d'ardeur, qu'il savait les refouler en arrière sur des troupes nombreuses ayant pris position pour barrer le passage.

« J'ordonnai en conséquence au général Ducrot de reprendre ses premières positions, et je renforçai sa gauche de la brigade Saurin du 5ᵉ corps, bien qu'il regardât ce secours comme inutile.

« Je me portai alors au centre du 7ᵉ corps pour chercher à me rendre compte de la situation des troupes engagées dans la direction de cette ligne de retraite. Là, j'acquis davantage encore la conviction que la marche de notre armée sur

Mézières ne pourrait que difficilement s'opérer pendant le jour, et je résolus de tenir dans mes positions jusqu'à la nuit.

« Je revins me placer vers midi au centre des lignes, afin de donner plus facilement mes ordres, et de suivre les péripéties de la lutte qui paraissait se soutenir avec succès. Le commandant du 7e corps ayant témoigné des inquiétudes au sujet des troupes qui occupaient les bois de la Garenne, près de la ferme, et qui étaient exposées à un feu d'artillerie meurtrier, je portai de ce côté des troupes, des trois armes du 5e et même du 1er corps, ainsi qu'une partie de la réserve de cavalerie, et je m'y rendis de ma personne. Je constatai bientôt que les obus lancés par l'ennemi exerçaient d'affreux ravages parmi nos troupes. La cavalerie, l'infanterie elle-même étaient dans l'impossibilité de tenir. Trois batteries d'artillerie mises en position furent désorganisées en dix minutes à peine.

« Il fallut retirer l'artillerie et abriter la cavalerie dans une clairière, au milieu du bois, et faire de grands efforts pour y maintenir l'infanterie.

« Je revins au milieu du champ de bataille et remarquai que l'artillerie ennemie avait resserré le cercle de son feu, de manière à couvrir le plateau d'obus lancés dans tous les sens. Le général Douay me fit avertir qu'il lui était impossible de se maintenir plus longtemps et qu'il avait devant lui des forces très considérables qui ne lui permettaient pas d'opérer une retraite sur Illy.

« Le 12e corps se maintenant d'ailleurs toujours avec succès sur les fortes positions qu'il occupait, je crus devoir joindre à ce corps toutes les troupes disponibles du 1er et du 5e pour jeter une fraction de l'armée ennemie dans la Meuse et me frayer une issue dans la direction de Carignan. J'écrivis dans ce sens à l'empereur, en engageant Sa Majesté à venir se placer au milieu de ses troupes qui tiendraient à honneur de lui ouvrir un passage. Il était environ une heure et demie.

« L'ennemi céda devant notre mouvement offensif, mais en même temps les troupes des 7ᵉ et 1ᵉʳ corps restées sur le plateau pour faire l'arrière-garde étaient vivement abordées par des forces supérieures et étaient refoulées. Ces troupes, au lieu de suivre le mouvement du 12ᵉ corps en passant entre le grand camp et le bois de la Garenne, se rapprochèrent peu à peu des fortifications de la place qui étaient pour elles un aimant irrésistible et finirent par se ranger sous le canon de la citadelle et dans la ville, dont les portes étaient ouvertes.

« Je me plaçai avec mon état-major à la tête de troupes de tous corps massées autour de la ville, il était environ trois heures, et je marchai sur les traces du 12ᵉ corps en suivant la grande route de Givonne et escaladant les hauteurs qui dominent cette route à l'est; mais arrêté par une série de clôtures et de parcs, plus encore que par la défense de l'ennemi, je dus prendre un chemin à droite qui me conduisit à la porte Balan.

« C'est à ce moment, quatre heures, qu'un officier m'apporta une lettre par laquelle l'empereur me prévenait que le drapeau blanc avait été hissé à la citadelle et m'invitait à cesser le feu et à me charger de négocier avec l'ennemi. Je refusai à plusieurs reprises d'obtempérer à cette injonction.

« Malgré les pressantes instances de Sa Majesté, je n'en crus pas moins devoir tenter un suprême effort, et je rentrai en ville pour appeler à moi toutes les troupes qui s'y trouvaient accumulées; mais, soit fatigue provenant d'une lutte de douze heures sans prendre de nourriture, soit instructions mal comprises, soit ignorance des suites dangereuses que pouvait avoir leur agglomération dans une ville impropre à la défense, peu d'hommes répondirent à mon appel, et c'est avec deux mille soldats seulement auxquels se joignirent quelques gardes mobiles et un certain nombre de courageux habitants de la ville de Sedan que je chassai l'ennemi du village de Balan.

« Ce fut le dernier effort de la lutte, l'effectif de ces

hommes étant trop peu considérable pour tenter la seule retraite qui fût possible, eu égard à la disposition des forces ennemies. »

Nous prenons le rapport du général Lebrun au moment où il mentionne l'ordre de retraite du général Ducrot :

« Tout en étant prêt à exécuter cet ordre s'il m'était confirmé d'une manière positive, je crus devoir faire remarquer au général Ducrot que le mouvement dont il était question présenterait des difficultés sérieuses ; qu'il n'était possible qu'à la condition de traverser le bois de la Garenne par une ou deux routes au plus sur lesquelles il serait difficile à l'artillerie de marcher ; qu'en outre, il était à craindre que mes troupes, qui s'étaient maintenues avec énergie sur toutes leurs positions depuis le matin, n'eussent plus la même confiance et la même énergie, dès qu'elles verraient qu'il s'agissait pour elles d'un mouvement de retraite. J'ajoutai en outre que, suivant moi, le moment n'était pas encore venu de recourir à ce moyen extrême, alors que, sur tous les points de la ligne de bataille, nous paraissions avoir l'avantage. Le général Ducrot n'insistant pas pour le moment, les troupes restèrent sur leurs emplacements pendant une demi-heure encore solidement reliées entre elles ; mais, vers neuf heures, le général Ducrot revint à moi pour renouveler l'invitation de commencer le mouvement de retraite indiqué ci-dessus, et cette fois d'une façon impérative. Il m'offrit, pour faciliter ce mouvement, de faire soutenir la 3e division (Vassoignes) par la brigade Carteret du 1er corps. A neuf heures, le général Vassoignes dessinait son mouvement de retraite, et cela dans un ordre parfait ; à peine avait-il amené ses troupes sur la position que je lui avais indiquée, et formé ainsi le premier échelon des trois divisions en retraite sur Illy, que ce n'était plus le général Ducrot qui commandait, mais bien le général de Wimpffen.

« C'est alors, vers dix heures [1], qu'ayant été informé par le

---

1. Ce rapport est adressé au général de Wimpffen.

général Ducrot du mouvement qu'il m'avait prescrit d'exécuter, vous me donnâtes l'ordre formel de ne pas le continuer et de reporter en avant les divisions Vassoignes et Grandchamp pour leur faire reprendre leurs positions premières. Ces deux divisions étaient en marche pour venir se replacer à la droite de la division de Lacretelle qui n'avait pas commencé son mouvement de retraite et qui maintenait l'ennemi sur ma gauche avec vigueur en face de la Moncelle, lorsqu'une canonnade très-vive se fit entendre dans la direction du corps du général Douay, vers le carrefour d'Illy. M. le général Ducrot insista de nouveau, près de vous, sous mes yeux, pour que la retraite se fît sur Illy; je prenais déjà mes dispositions et faisais reconnaître les routes qui conduisent à ce village, quand tout à coup nous vîmes descendre à travers les bois, par ces mêmes routes, le 7e corps et presque en même temps le 5e rejetés en partie sur mes derrières.

« En ce moment, le feu des batteries ennemies se croisait sur toutes mes troupes prises en écharpe par les batteries établies sur la Marfée et la rive gauche de la Meuse, de front par celles très-nombreuses placées le long du cours de la Givonne, et à revers par celles que le général Douay avait en face de lui. L'intensité du feu de l'ennemi était des plus vives. Il se produisit là, en arrière de moi, une confusion assez grande et qu'il est impossible d'éviter lorsque des troupes sont repoussées et qu'elles se jettent toutes à la fois sur le même point, espérant y trouver un abri. Les hommes des 7e et 5e corps se précipitèrent bientôt par masses sur les glacis du château de Sedan. Il était évident pour moi que nous étions débordés par des forces ennemies beaucoup plus considérables que celles auxquelles nous avions cru avoir affaire dans la matinée, et que, par conséquent, il était impossible que la lutte se prolongeât avec espoir de succès.

« Toutefois, mon général, voyant que mes troupes tenaient toujours bon sur le plateau de la Moncelle et la route de Stenay, dans le village de Bazeilles, vous fûtes d'avis que le seul parti à prendre était de forcer le passage par cette dernière route afin de gagner Carignan et de là Montmédy. Bientôt cette dernière porte de salut nous fut fermée complétement ; déjà une moitié des troupes était rentrée dans Sedan, et il devenait impossible d'arrêter le flot de celles qui se pressaient sur leurs traces, quoi qu'on pût faire pour les contenir.

« De deux heures et demie à six heures, il n'y eut plus de mon côté qu'un combat soutenu dans le faubourg de Balan pour en repousser les tirailleurs de l'ennemi s'avançant progressivement et contrariant la retraite de nos troupes sur la place de Sedan Vers cinq heures et demie, vous m'ordonniez de faire cesser le feu et de replier tout notre monde dans la place. A six heures, je fis fermer les barrières, quand j'eus pris l'assurance que plus un seul des nôtres ne se trouvait entre les tirailleurs et moi.

« Je n'ai plus qu'un mot à ajouter : Les troupes que j'ai eues sous mes ordres dans cette malheureuse journée n'ont pas cédé devant l'ennemi ; elles ont été écrasées par une formidable artillerie. Les trois divisions d'infanterie avec les batteries des deux réserves des 6e et 12e corps, la cavalerie des généraux de Fénélon et Lichtlin, les compagnies du génie attachées aux divisions et celles du parc du 6e corps d'armée ont soutenu avec la même énergie une lutte opiniâtre qui n'a pas duré moins de treize heures. »

Nous prenons le rapport du général Douay à midi :

« Le combat continuait toujours avec violence sur le front du 7e corps; néanmoins je me privais de tout ce dont je pouvais disposer, à cause de l'importance capitale qu'il y avait pour toute l'armée à rester en possession du bois de la Garenne et du plateau d'Illy. De ce côté, en effet, l'ennemi venait de mettre en position une artillerie formidable, et nous enserrait dans un cercle de feu qui nous prenait de front, de droite, de gauche et de revers.

« La situation devenait difficile; je cherchais à m'en rendre un compte bien net, lorsque je m'aperçus tout à coup (midi et demi) que le plateau d'Illy venait d'être évacué par le 1ᵉʳ corps.

« Il n'y avait pas un moment à perdre : l'ennemi, concentrant de plus en plus le feu de son artillerie, avait démonté la majeure partie de nos batteries. L'infanterie, l'artillerie et la cavalerie d'un nouveau corps d'armée passé sur la rive droite, montraient déjà leurs têtes de colonne. Si l'ennemi arrivait sur le plateau d'Illy, notre position devenait intenable.

« Je me portai aussitôt sur la route de Givonne. J'y trouvai le général Dumont qui, avec sa 1ʳᵉ brigade et d'autres troupes de la gauche du 1ᵉʳ corps, venait d'être vigoureusement repoussé. Je fis réoccuper par cette brigade et la portion de la 1ʳᵉ division que j'avais sous la main, le plateau d'Illy, et je les fis soutenir par une partie de la brigade Fontanges (5ᵉ corps), arrivée peu après sur les lieux. Deux batteries de la réserve, appelées par le général Liégard, essayèrent de soutenir cette infanterie ; mais à peine en position, elles furent désemparées, des caissons sautèrent et leur personnel, très-maltraité, ne put qu'à grand'peine ramener ce qui restait de matériel.

« L'infanterie en bataillons déployés et embusqués, couverts par un rideau de tirailleurs, continua néanmoins à tenir bon. A ce moment, il était environ deux heures ; la division Liébert, qui était restée très-ferme sur sa position, était complétement tournée par la gauche ; des pelotons entiers de chevaux sans cavaliers, revenant des charges infructueuses tentées par le 1ᵉʳ corps, désorganisaient ses rangs ; sur notre droite des masses considérables nous pressaient, nous tournaient et allaient nous envelopper ; il fallut se décider à la retraite n'ayant plus d'artillerie en état de la protéger.

« Je reçus alors un billet du général de Wimpffen, m'annonçant qu'il se décidait à tenter de percer sur Carignan et qu'il me chargeait de soutenir la retraite de l'armée.

« Je lui répondis que dans l'état où j'étais, avec trois brigades seulement, sans artillerie, presque sans munitions, tout ce que je pouvais faire était de me retirer, sans déroute, du champ de bataille.

« Ce mouvement se fit en bon ordre; les bataillons en échelons mirent près de deux heures pour se replier sur les glacis de la place, dont l'intérieur, les abords et les fossés étaient déjà encombrés de troupes de toutes armes : infanterie, cavalerie et artillerie.

« Pendant cette journée, le 7e corps, réduit à environ trois brigades par les renforts qu'il avait été appelé à envoyer sur d'autres points, a dû lutter contre deux corps d'armée qui ont mis en ligne plus de trois cents pièces de canon, d'une grande supériorité de calibre, de portée et de justesse.

« Notre adversaire ne s'est pour ainsi dire servi que de son canon pour nous réduire; ce n'est que vers la fin de l'affaire, lorsque nos batteries, notre infanterie et notre cavalerie avaient été écrasées et en partie désorganisées par le feu de l'artillerie, que l'infanterie ennemie s'avança en masses considérables.

« La cavalerie ennemie était présente sur le champ de bataille, mais elle était hors d'atteinte, soigneusement dérobée et ne prit aucune part à l'action. »

V

Extraits d'une lettre du général Pajol sur la bataille de Sedan.

« Dès onze heures du matin, l'empereur s'était rendu compte de la situation ; pendant cinq heures, il s'était trouvé au plus fort de l'action sous le feu croisé de la mitraille ; les projectiles éclataient autour de sa personne et de son état-major. Le général de Courson et le capitaine de Trécesson avaient été gravement blessés près de lui ; en se retirant, les troupes d'infanterie l'obligèrent à rétrograder, et il se trouva, pour ainsi dire, acculé aux murs de la place. Lorsqu'à onze heures et demie il les franchit, il y avait déjà plus de trente mille hommes entassés dans les rues, pêle-mêle, sans ordre ; les obus tombaient au milieu d'eux comme sur le champ de bataille et y faisaient les mêmes ravages. Sur le pont, un obus éclata à deux pas de l'empereur et tua deux chevaux à côté de lui ; il est extraordinaire qu'il n'ait pas été tué là !

« L'empereur se rendit d'abord chez le maréchal, puis voulut remonter à cheval, mais l'encombrement était tel qu'il dut y renoncer et attendre à la sous-préfecture la fin du drame qui se déroulait. Bientôt les chefs de corps arrivèrent, déclarèrent que leurs troupes étaient refoulées en désordre dans les rues de la ville et que toute résistance était devenue impossible ; on tomba d'accord qu'il fallait arrêter l'effusion du sang et arborer le drapeau parlementaire. Le général

Pellé qui, le lendemain, vota contre la capitulation, vint aussi et adressa à l'empereur ces paroles que je ne puis oublier :

« — Sire, je ne suis qu'un soldat, je voudrais sauver Votre Majesté, mais elle ne peut en ce moment sortir des remparts, toute tentative serait inutile.

« L'empereur répondit qu'il n'entendait pas, pour sauver sa personne, sacrifier la vie d'un seul soldat, et qu'il était décidé à partager le sort de l'armée. — Après avoir scrupuleusement interrogé les officiers généraux sur l'état des choses, l'empereur chargea le général Lebrun d'aller trouver le général de Wimpffen et de lui conseiller, puisque la lutte était désormais inutile, de demander un armistice. Au bout d'une heure, d'une grande heure, pendant laquelle le nombre des victimes augmentait dans une proportion effrayante, sous un feu multiple auquel l'artillerie française ne répondait même plus, aucune réponse n'étant parvenue, l'empereur prit sur lui de faire arborer le drapeau blanc au haut de la citadelle. Aussitôt le roi de Prusse envoya un de ses aides de camp demander la reddition de la place. L'empereur, persuadé qu'en livrant sa personne il obtiendrait de meilleures conditions pour l'armée et pour la France, envoya à son tour un aide de camp au roi Guillaume pour lui dire qu'il remettait son épée entre ses mains.

« Le lendemain, sous la présidence du général de Wimpffen, un conseil de guerre, composé de trente officiers généraux, reconnut que la capitulation était inévitable. Deux généraux seulement votèrent contre la capitulation ; il ne m'appartient pas d'examiner quel mobile les porta à cette abstention.

« Ce que je veux constater, cher ami, parce que cela est la vérité, c'est que l'empereur est resté absolument étranger aux dispositions stratégiques qui ont conduit l'armée de Châlons à Mouzon, et de Mouzon à Sedan. Rendre Napoléon III militairement responsable de la capitulation de Sedan est une injustice, puisque le maréchal a été libre de ses mouvements.

La personne de l'empereur a été fatalement attachée au naufrage de notre armée; il ne pouvait qu'essayer de sauver l'équipage du bâtiment dont il n'était plus le capitaine, c'est ce qu'il a fait en donnant l'ordre à trois heures d'arborer le drapeau blanc. Une demi-heure plus tard on l'eût arboré sur l'ordre d'un général quelconque, mais plusieurs milliers de soldats de plus auraient péri.

« La politique, et cela est dans la logique des événements, a voulu rejeter toute la responsabilité de Sedan sur l'empereur, à qui elle aurait certainement contesté le bénéfice d'une victoire, mais le maréchal de Mac-Mahon, dont la noble simplicité et le caractère loyal sont connus de tous, écrivait, en octobre dernier, à l'empereur, une lettre datée de Pouru-aux-Bois, dans laquelle il disait :

« L'empereur peut être persuadé que je n'aurai jamais la
« pensée de dénaturer, dans un but de défense personnelle,
« l'exactitude des événements dont j'ai été témoin dans la
« dernière campagne. »

« Ces paroles font honneur au duc de Magenta et laissent à chacun la responsabilité de ses actes.

FIN DU PREMIER VOLUME

TABLE DES MATIÈRES

	Pages
Préface	I

PREMIÈRE PARTIE
Origines et préludes de la guerre

Chapitre Ier. — L'Empire	5
Chapitre II. — Les Conséquences de Sadowa	15
Chapitre III. — L'Agression de M. de Bismarck	32
Chapitre IV. — Le Ministère Ollivier	60

DEUXIÈME PARTIE
De Reichshoffen à Gravelotte

Chapitre V. — La Guerre déclarée	91
Chapitre VI. — Frœschwiller et Forbach	151
Chapitre VII. — Intrigues et plans	103
Chapitre VIII. — Borny, Rezonville et Amanvillers	167

TROISIÈME PARTIE
Sedan

Chapitre IX. — La Régence	207
Chapitre X. — La Régence (suite)	219
Chapitre XI. — Beaumont	236
Chapitre XII. — Noisseville et Sedan	270
Chapitre XIII. — Le Procès de Sedan	324
Appendice	343

CLASSEMENT DES CARTES

Plan de Frœschwiller et Forbach	136
Plan des alentours de Metz	166
Plan de Sedan	323

Librairie internationale
A. LACROIX, VERBOECKHOVEN et Cⁱᵉ, ÉDITEURS
15, boulevart Montmartre et faubourg Montmartre, 13

GARIBALDI

ET

L'ARMÉE DES VOSGES

Récit officiel de la campagne de l'Est

PAR

le général BORDONE

Chef d'état-major de l'armée des Vosges

Un beau et fort volume in-8, avec quatre cartes. — Prix : 7 fr. 50

Au milieu des nombreuses relations qui ont paru sur les événements militaires de la campagne de 1870-71, il en est une que le public attendait avec impatience, parce que tour à tour décriés ou exaltés, l'armée des Vosges et son illustre chef, placés pour ainsi dire en dehors des conditions qui furent faites aux autres corps d'armée, et presque sans conjugaison avec eux, ont cependant en outre d'une action individuelle très-importante, pris une part active à quelques unes des grandes opérations militaires de la campagne et peuvent nous fournir des éléments pour les apprécier sainement.

Il était temps, d'ailleurs, que la vérité se fît sur des événements et sur des hommes que la passion politique a si faussement, on pourrait dire si maladroitement représentés.

L'histoire, nous employons le mot à dessein, l'histoire de l'armée des Vosges, écrite avec des documents authentiques, qui ne permettent plus de contester une date ni un fait, est partagée en trois parties, qui correspondent à trois périodes distinctes des opérations militaires dans l'Est de la France.

DOLE, AUTUN, DIJON, telles sont les divisions que l'auteur a adoptées et qui permettent de suivre, depuis sa naissance jusqu'à son licenciement, un corps d'armée qui a opéré, sans avoir eu un seul jour d'insuccès, sur un territoire plus étendu que celui des autres armées plus importantes.

Une carte spéciale à chacune de ces bases d'opération, et une carte générale, permettant de bien apprécier l'ensemble des mouvements et les rapports que l'armée des Vosges a eus avec les corps d'armée qui ont manœuvré dans son voisinage, sont jointes à chacun de ces trois fascicules, qui paraîtront à quelques jours d'intervalle, et qui, réunis en un seul volume, formeront un ouvrage d'environ 500 pages.

Outre les nombreux documents officiels renfermés dans le texte, ou mis en note au bas des pages, suivant l'intérêt plus ou moins direct qu'ils présentent pour le récit, un appendice, à la fin de chaque fascicule, contient toutes les pièces d'un procès que le général Bordone vient plaider devant les assises de l'opinion publique, et où seront entendus, par leurs dépositions écrites et par conséquent irréfutables, plusieurs témoins qui ne s'attendaient probablement pas à y figurer.

L'ouvrage se termine par un projet sommaire de défense territoriale et de réorganisation de l'armée.

Les paroles volent, les écrits restent.

Il ne s'agit plus ici de ces relations plus ou moins fantaisistes écrites par des romanciers en quête de copie. Les lignes qui sont en tête de l'ouvrage prouvent suffisamment dans quel esprit il est fait.

Les voici : *Suaviter in modo, fortiter in re.*

« *On dit qu'il faut cent vérités pour tuer un mensonge, nous leur en donnerons mille et le mensonge sera tué.* »

(Lettre du général Bordone à Garibaldi, 8 mars 1871.)

Paris. — Imp. E. Voitelain et Comp., rue J.-J. Rousseau, 61.

LIBRAIRIE INTERNATIONALE

A. LACROIX, VERBOECKHOVEN et Cie, Éditeurs

13, Faubourg Montmartre, à Paris

PUBLICATIONS DE 1870

Motley. Histoire des Provinces-Unies des Pays-Bas. traduit de l'anglais par M. E. Rordy, 8 vol. in-8, le vol. . . . . 5 fr.
*** Le Machiavel français, broch. in-8 de 150 p. . 2 fr.
*** Le Catholicisme romain et l'Orthodoxie russe. 1 fr.
Ch. Mismer. Soirées de Constantinople, 1 v. in-8. 6 fr.
Th. Funck-Brentano. La Pensée exacte en philosophie, 1 volume in-18. . . . . 3 fr. 50.
A. de Corval. La Danse des Vivants, 1 v. in-18, 2 fr.
De l'Etang. l'Ouvrier, sa Femme et ses Enfants, 1 volume in-18. . . . . 1 fr. 25
Alphonse Esquiros. l'Emile du XIXe siècle, 1 beau volume in-8. . . . . 7 fr. 50.
Godinus. l'Esprit de Famille, 1 vol. in-18. . . 3 fr.
Raymond François. Les Derniers Jours d'un Empire, 1 volume in-18. . . . . . . 3 fr. 50.
M. de Montifaud. Marie-Magdeleine, 1 b. v. in-8 5 fr.
P. Foucher. Le Démon de l'Amour, 1 v. in-18. 2 fr.
Plouvier. Le Livre d'or des Femmes. 1 beau volume avec 40 gravures hors texte, broché 10 fr., relié 14 fr.
Janus. Le Pape et le Concile, traduit par GIRAUD-TEULON, 1 volume in-18. . . . . 3 fr. 50.
Pétruccelli della Gatina. Histoire diplomatique des Conclaves, 4 forts volumes in-8. . . . 24 fr.
Laurent. Le Catholicisme et la Religion de l'avenir, 2 volumes in-8. . . . . 15 fr.
Gneist. La Constitution communale de l'Angleterre. 5 volumes in-8. . . . . 25 fr.

*** Études politiques sur le second Empire. in-8. 2 fr.
Armand Pommier. Les Monologues d'un Solitaire, 1 volume in-8. . . . . 7 fr. 50
Xavier Broca. Projet concernant l'extinction du Paupérisme, in-8. . . . . 1 fr.
A. de Lourmel. Le Tir et la Chasse, 1 v. in-18, 2 fr.
J. Levallois. L'Année d'un Ermite, un v. in-18. 3 fr. 50.
Jules Simon. Le Travail, un volume in-8. . 6 fr.
Claire de Chantemeux. Les Remèdes contre l'Amour, 1 volume in-18. . . . . 3 fr.
Adèle Daminois. Corps et Ame, 1 vol. in-18. 3 fr.
Neptali Chambellan. Les Deux Vicaires, 1 volume in-18. . . . . 3 fr.
Le Doux. La Bordelaise, 1 vol. in-18. illustré. . 3 fr.
De l'Etang. l'Ouvrière et ses Enfants, 1 v. in-18. 50 c.
Armand Mayem. Quelques conséquences du principe des Nationalités. 1 volume in-18. . . . . 2 fr. 50.
— La Démocratie représentative, 1 v. in-18. 1 fr. 50.
— De la Représentation nationale. 1 v. in-18. 1 fr. 50.
Docteur Oliviéri. La Science devant la Philosophie et la Foi. 1 volume in-18. . . . . . . 1 fr. 50
Ambert. Portraits Républicains, 1 vol. in-18. 3 fr. 50
Charles Delprat. L'art du Chant, 1 vol. in-8. 2 fr.
Lazare. La Légende des rues, 2 vol. in-18. . . 7 fr.
Jules Simon. Le Travail, 1 vol. in-18. . 3 fr. 50.
— L'Ecole, 1 volume in-18. . . . . . . 3 fr. 50
— L'Ouvrier de huit ans, 1 volume, in-18. 3 fr. 50.
— La Politique radicale, 1 volume in-18. 3 fr. 50.
D. P. Le Sublime ou le Travailleur, comme il est en 1870, 1 volume in-8. . . . . 7 fr. 50.
Jules Simon. Le Libre-Echange, 1 vol. in-8. . 6 fr.
— La Peine de mort, 1 volume gr. in-18. . . 1 fr.
Edgar Quinet. La Création, 2 vol. in-8. . . 10 fr.
Léon Vaquez. Raymonde, 1 v. gr. in-18. . . 3 fr.
*** Réponse à Alexandre Dumas fils, à propos de la préface de l'*Ami des femmes*, 1 broch. in-12. . 50 c.
Paul Aréne. Jean des Figues, avec une eau-forte d'Émile BENASSIT, 1 volume gr. in-18. . . . 3 fr.

Henri Cernuschi. La Mécanique de l'Échange, 1 volume in-8. . . . . 3 fr. 50.
— Contre le billet de banque, 1 vol. gr. in-18. 2 fr.
— Illusions des Sociétés coopératives, 1 v. in-18. 2 fr. 50.

P.-J. Proudhon. (*Œuvres posthumes*) *Théorie du Mouvement constitutionnel* au XIXe siècle. Les Contradictions politiques, 1 vol. gr. in-18. 3 fr. 50.

Comtesse de Juillan. Les Trois amours (Caprice, Passion, Tendresse) 1 volume gr. in-18. . . 2 fr.

Edmond Castellan. Recherches sur le Principe d'autorité, 1 volume gr. in-18. . . . . . 3 fr. 50.

Charles Gouraud. La Société française et la Démocratie, 1 volume gr. in-18. . . . . 3 fr. 50.

L. Guyot-Montpayroux. La France du Suffrage universel, broch. in-8. . . . . 1 fr.

E. Darcey. Le Concile, satire. broch. in-8. . . 50 c.

*** L'Empire austro-hongrois et la Politique du comte de Beust. Esquisse politique des hommes et des choses de 1866 à 1870, avec cartes, traduit. de l'anglais, 1 volume in-8. . . . . 5 fr.

G. Hervé. La Question religieuse au point de vue de la Conscience générale, 1 volume gr. in-18. . 3 fr. 50.

Ch. Potvin. Les Prix quinquennaux et triennaux en Belgique. — Rapports officiels de 1850 à 1870. 1 volume in-8. . . . . 5 fr.

Ch. Desmaze. Le Chatelet de Paris, son organisation, ses priviléges, 1 volume in-8. . . . . . . 3 fr.

Hippolyte Babou. Les Amoureux de Mme de Sévigné. Les Femmes vertueuses du grand siècle. 1 vol. in-8. . . . . 3 fr.

Paul Merruau. L'Égypte contemporaine, de Méhémet-Ali à Saïd-Pacha. Nouvelle édition augmentée d'une Étude sur l'Isthme de Suez, par Ferdinand de Lesseps, 1 volume in-8. . . . . 3 fr.

Louis Blanc. Histoire de la Révolution de Février 1848, 2 volumes gr. in-18. . . . . 7 fr.

Mme Gagneur. Les Forçats du Mariage, 1 v. in-18. 3 fr.

Fr. Laurent. Études sur l'Histoire de l'Humanité. Histoire du Droit des Gens. t. XVIII. 1 v. in-8. 7 fr. 50.
— La Philosophie de l'Histoire, 1 vol. in-8. 7 fr. 50.

Edouard Langeron. Grégoire VII et les Origines de la Doctrine ultramontaine, 1 vol. in-8. . 5 fr.

X. Emmanuelli. Aux Paysans. Le vote du Plébiscite de 1870, brochure. . . . . 50 cent.

*** Danger de la Médecine et des Préparations pharmaceutiques, par un Philosophe, brochure. . 1 fr.

L'abbé C***. Au Clergé français. — A bas les masques. — Caractères et Portraits. — Études sur le Clergé. 1 volume gr. in-18. . . . . 3 fr. 50.

Alexis Bouvier. Les Pauvres, 1 vol. in-18. 3 fr.

Ponson du Terrail. L'Héritage de la Maltote. La Conspiration Cadoudal, 1 vol. gr. in-18. . 3 fr.

G. de Boisville. Mélanges. — Mémoires d'un Pion. — Toullens ou une petite ville bretonne. — Études sur la Bible, 1 volume gr. in-18. . . . . . 3 fr.

Ernest Lavigne. Les Échos de Paris, 1 vol. gr. in-18. . . . . 3 fr.

Georges Mancel. Les Paysans de Paris, 1 volume gr. in-18. . . . . 3 fr.

Auguste Deschamps. Eugène Cavaignac, 2 volumes gr. in-18 jésus . . . . 7 fr.

Mannequin. Le Problème démocratique, 1 fort vol. in-8. . . . . 7 fr. 50.

Lessing. Théâtre complet, traduit par F. Salles. 3 volumes gr. in-18 jésus . . . . . . 10 fr. 50.

*** Les Français sur le Rhin, broch. in-8. . 50 c.

Hadrian Ségoillot. Lettres sur l'Espagne, 1 volume in-18. . . . . 3 fr.

Martineau. Richelieu, 3 vol. in-8. . , . 22 fr. 50.

Ch. de Coster. Le voyage de Noces, 1 volume gr. in-18. . . . . 3 fr. 50.

Ch. Jolliet. Les Romans patriotiques. — La Frontière. — L'Occupation. — 1 vol. gr. in-18. . . . . 3 fr.

EN VENTE CHEZ LES MÊMES ÉDITEURS

Ouvrages de M. Edgar QUINET

ŒUVRES POLITIQUES, 2 vol. gr. in-18 . . . . . 7 fr.
LA RÉVOLUTION, 2 forts et beaux vol. in-8 . . 15
LE MÊME OUVRAGE, 2 vol. gr. in-18 7
LA CRITIQUE DE LA RÉVOLUTION, 1 vol. in-8 . 1
FRANCE ET ALLEMAGNE, 1 vol. in-8 1
L'EXPÉDITION DU MEXIQUE, 1 vol. in-18 . . . 1
LA CRÉATION, 2 beaux vol. in-8 10
LA RÉVOLUTION RELIGIEUSE AU DIX-NEUVIÈME SIÈCLE,
   1 vol. in-18 . . . . 1 fr.
LE SIÈGE DE PARIS ET LA DÉFENSE NATIONALE, 1 vol.
   in-18 . . . . 1 fr. 50

Ouvrages de Mme Edgar QUINET

LES MÉMOIRES D'EXIL. — Bruxelles, l'Oberland,
   1 vol. gr. in-18 . . . . 3 fr. 50
LE MÊME OUVRAGE, 2e série, 1 vol. gr. in-18. 3 50

Ouvrage de Louis BLANC

HISTOIRE DE LA RÉVOLUTION DE 1848, 2 vol. grand
   in-18 (nouvelle édition) 7

Ouvrages de P.-J. PROUDHON

ŒUVRES ANCIENNES COMPLÈTES, 19 vol. gr. in-18, à
   3 fr. 50 le vol.
ŒUVRES POSTHUMES, inédites, 4 vol. grand in-18, à
   3 fr. 50 le vol.
ŒUVRES INTERDITES EN FRANCE, 7 vol. gr. in-18, à
   3 fr. 50 le vol.
LA BIBLE ANNOTÉE : LES ÉVANGILES, LES APÔTRES,
   2 forts vol. gr. in-18, ensemble . . . 9 fr.

Paris. — Imp. Émile Voitelain et Cie, rue J.-J.-Rousseau.

www.ingramcontent.com/pod-product-compliance
Lightning Source LLC
Chambersburg PA
CBHW071948220426
43662CB00009B/1049